1928年，
林徽因、梁思成在横穿大洋的轮船上合影

# 林徽因传

林杉 著

国际文化出版公司
·北京·

图书在版编目（CIP）数据

林徽因传 / 林杉著 . -- 北京 : 国际文化出版公司，
2021.8
ISBN 978-7-5125-1252-8

I.①林… II.①林… III.①林徽因（1904-1955）-
传记 IV.① K826.16

中国版本图书馆 CIP 数据核字（2021）第 194504 号


## 林徽因传

| | | |
|---|---|---|
| 作　　者 | 林 杉 | |
| 总 策 划 | 鲁良洪 | |
| 责任编辑 | 侯娟雅 | |
| 统筹监制 | 于慧晶 | |
| 出版发行 | 国际文化出版公司 | |
| 经　　销 | 国文润华文化传媒（北京）有限责任公司 | |
| 印　　刷 | 文畅阁印刷有限公司 | |
| 开　　本 | 710 毫米 × 1000 毫米 | 16 开 |
| | 21.5 印张 | 318 千字 |
| 版　　次 | 2021 年 8 月第 1 版 | |
| | 2021 年 8 月第 1 次印刷 | |
| 书　　号 | ISBN 978-7-5125-1252-8 | |
| 定　　价 | 69.80 元 | |

国际文化出版公司
北京朝阳区东土城路乙 9 号　　　　邮编 : 100013
总编室：（010）64271551　　　传真：（010）64271578
销售热线：（010）64271187
传真：（010）64271187—800
E-mail: icpc@95777.sina.net

林徽因水彩作品《故乡》

《学文》月刊

（一九三四年第一卷第一期，林徽因为其设计
封面并在该刊发表小说《九十九度中》。）

林徽因书作

林徽因《关于〈中国建筑彩画图案〉意见》手稿

林徽因《敦煌边饰初步研究》手稿

林徽因手绘边饰图样

1926年圣诞节，林徽因设计的卡片

林徽因指导常沙娜、钱美华、孙君莲设计的丝头巾

林徽因指导莫宗江设计的烟灰缸

1949年10月林徽因等
设计的国徽方案

1953年林徽因为人民英雄纪念碑
设计的雕刻装饰

位于杭州西湖畔的林徽因雕塑

# 目录

CONTENTS

第二章 是燕在梁间呢喃

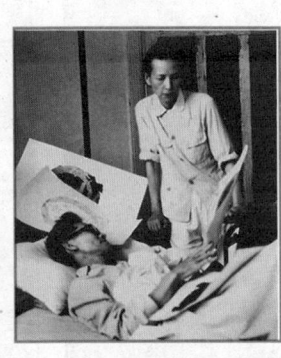

# 自序

20世纪二三十年代，享有京津地区"第一才女"美誉的林徽因，在中国现代文学史上是一位颇具传奇色彩的作家和建筑美学家。

这位著名的诗人、作家和不可多得的建筑美学家，中华人民共和国国徽的主要设计者和人民英雄纪念碑的设计者，因她的早逝和各种原因，到后来竟曾被人们遗忘。她的诗作、散文、小说和古建筑考察等文章，又因未被收入集子而被后来人一无所知。

20世纪80年代中期，我在阅读港台报刊时偶然发现了有关她的一条非常简短的消息，后经四处搜集，在一本杂志中见到一篇萧乾先生的文章——《一代才女林徽因》，我立刻感到，这是一个非常值得表现的题材。

"发现"，这个明亮而幽深的词多么神奇，它是启蒙，是探索，是祛魅，并且带着谱系的奇趣，它能让你看到邈远的青山和那紫色的光点。看山不远走山远。要走近它，还需相当的距离和时日。

在那个封闭的特殊年代里，没有捷径可走，她的郡望、她的业绩和她的心路历程，都必须靠走访和查阅文献才能弄清楚。在接下来几年工作之余，我迎着无数个日出日落，顶风冒雨，跑遍了北京的大小图书馆、书店和书报摊，然而，得到与林徽因有关的直接材料却很少，在《梁任公年谱长编》和《梁思成先生诞辰85周年纪念文集》里倒是有一些。值得一提的是，中国作协现代文学馆和中国社会科学院近代史所的朋友，他们收集的《林长民给林徽因的信》26 札和《林徽因给胡适的英文信》7 札，都是极其宝贵的收获。后来，我还托朋友从香港购买了《徐志摩新传》《新月派诗选》等书籍，从这些文献中检索出与林徽因有关的史料，分别写入她的年表中，至此，林徽因一生的线条才算有了眉目。

在这些繁多的资料中，最主要的是抽象出传主的性格特征。又在千回万折的构思中，否定之否定中，找出她的性灵真义。同时，我又从国内外建筑书籍中搜集资料，补充我对建筑基本知识的不足。

梁思成说，"林徽因是个非常特别的人"，她性格率真，思维敏捷，说话犀利，真诚待人。傅斯年说："今之女学士（林徽因），才学至少在谢冰心辈之上。"梁从诫说母亲是受过中西两种文化教育的人，写好她，要具备同样的条件。我感到，写好林徽因，必须站在一定的高度去超越高度，写出她的诗意人生，尽最大努力达成一种内在与外在的契合。

1993 年春，《一代才女林徽因》出版，并数次再印。第二年又被中国传记文学学会评为优秀作品，据说选票排名第二。这之后，又在数家出版社再版，还有四次被盗版。有部分章节被选入中学生课外读物。出版 27 年来，粗略统计，印刷达百万册之多。

林徽因祖籍福建闽县（今福州），1904 年 6 月 10 日出生在杭州西湖畔的陆官巷住宅。她的祖父林孝恂是光绪朝进士，历官杭州附近多个州县，最后任杭州市同府。她的父亲早年毕业于日本早稻田大学，辛亥革命后曾任"国务院法制局"局长、司法总长，是民初立宪派名人，1925 年在反奉战争中阵亡。

林徽因从小受到良好的家庭教育，后入北京石驸马大街（今新文化街）英国人创办的培华女中读书。她 16 岁时随父亲到英国求学，不久认识了在英国读书的学子徐志摩，第二年深秋回到北京，再入培华女中读书。1923 年毕业并考取半官费留学资格，翌年与梁思成同赴美国，先后就读于康奈尔大学和宾夕法尼亚大学美术学院美术系，选读建筑系全部课程。1927 年毕业得学士学位，再转耶鲁大学专修舞台美术。1928 年 3 月，与梁思成在加拿大渥太华结婚。同年 8 月赴欧洲游历后回国。夫妻二人任教于东北大学建筑系。"九一八事变"前夕回到北平，到中国营造学社任职。

1930 年，林徽因受徐志摩鼓励，开始了她的文学生涯。20 世纪 30 年代，是林徽因生命中的黄金年华，她的诗、散文、小说、剧本全面开花。她还结合古建筑考察，把科学的缜密、史学的哲思、文学的激情融于一身，写出一批建筑美文，创造性地提出"建筑意"的概念。她的诗《别丢掉》《笑》，散文《窗子以外》《纪念志摩去世四周年》和《平郊建筑杂录》，小说《九十九度中》等，给中国文坛吹来一阵清新之风，广受读者好评。《窗子以外》还被朱自清选为西南联大文学院学生读物。

　　读这些诗文，今天仍让人感到清风扑面，不落后于时代，涌动着 20 世纪文学的新思维和先锋性。早在 1936 年，她在《大公报》发文《究竟怎么回事？》谈创作，她紧追着时代，穿越美国爱默生的超验主义、意大利克罗齐直觉艺术、爱尔兰乔伊斯和英国伍尔夫意识流，以及奥地利弗洛伊德的潜意识等创作方法，趟过岁月之河，独步自我，写广博的人生物语，可谓青萍起舞，新意迭出，与众不同。在她的家庭沙龙里，她的博学，她的灵性，征服着留学英美的学兄们，总是默默地洗耳静听。人们称她为才女，绝不为过。

　　然而，也有不同的声音。同乡才女谢冰心比她早出道十年，是五四文坛闯出来的新秀，倒也不太服气。她写了《我们的太太客厅》小说，连载于天津《大公报》上，对她的客厅里的人多有辛辣的讽刺。林徽因不曾发声，她从山西考察回来，派人送了一瓶老陈醋回应了事。从此乡谊淡然，不再有交往，至下一代人那怨怼也未消解。

　　北京卢沟桥事变爆发，打破了她的宁静生活，她毅然举家奔向西南大后方，从昆明南到四川李庄。八年离乱，不仅使她的心灵受到难以弥合的伤痛，也极度地摧毁了她的健康，在病魔的折磨下，她协助梁思成编写《中国建筑史》，那一页页颤抖的笔迹，倾注了她对事业的炽爱。抗战结束后，她被医生宣布"将不久于人世"。

　　1946 年秋天，阔别 9 年的故都重新回到她的梦中，此时的林徽因已是病骨支离。翌年，她又在西四中央医院，切除了被结核菌侵染的一个肾脏，从那时起，她的身体渐渐有了好转。

　　北平和平解放前后，林徽因协助梁思成筹建清华大学营建系。很快她以高昂的热情，投入国徽设计任务，当国徽图案在毛主席主持的政协大会上鼓掌通过的时候，她病弱的身体已无力从座位上站立起来。接下来，她又主持了濒于失传的景泰蓝工艺的抢救。最后的大手笔，是设计与建造人民英雄纪念碑，她亲自为碑座和碑身设计了全套纹饰。

　　1955 年 4 月 1 日，林徽因瘦弱的身体终于承受不了灵魂的重量，最后竟没有和梁思成说上一句告别的话，大约是请他关照她在世的母亲吧，带着许多牵挂告别了这个世界，走完了 51 岁人生历程。追悼会后她被安葬在八宝山革命公墓。

　　那座矮矮的西式墓碑上，雕刻着"建筑师林徽因之墓"和她为人民英雄纪念碑座设计的浮雕花环：橄榄枝环抱着牡丹、荷花和雏菊，那是中国原产的花朵。

　　一座有灵性的墓碑，一座能歌唱的墓碑，一座有温度的墓碑，站在恒久的岁月之上，用横溢的才华，成为点燃生命之火的人！

　　林徽因的传记这次再版，比上次再版作了较多的改动，重写、调整了某些章节，补充了我多年考察和收集的新资料，不妥之处请方家指正，是为序。

林杉

2020 年 5 月

第一章

# 林家有女初长成

伦敦的雾，仿佛最先是从泰晤士河水的涟漪中荡漾出来的。它似乎也是那河水的一部分。

# 01

## 初识志摩

伦敦的雾，仿佛最先是从泰晤士河水的涟漪中荡漾出来的。它似乎也是那河水的一部分。

那雾，闪动着水色与橙黄的灯影，烟一般从身后升腾起来。它裹挟着淡淡的康乃馨的气味，让人感到一个季节的温馨。

因了这雾，周围的景色也生动起来。

海德公园的湖水也越发安详与平静。水波不兴，番红花的落英，星星点点地漂浮在上面。被一个梦境切掉了半轮的月亮，静静地游弋在上面。菩提树的树冠撑起一面面硕大的伞，夕光从伞盖中透露出来，斑斑点点地抛洒在湖面上，湖水如同一张唱片，那些无声无字的歌便飞扬出来。

对于那些漂洋过海，从大陆另一端来到这里的莘莘学子，这月光灯影下的湖畔，使海德公园更具有一种别样的风情。那湖水的美，不只是油画般的异国情调，它的高贵和宁静又带有几分忧郁，犹如那故国淡远的箫声。

少女林徽因总是踩着泼洒下来的月光和雾，和徐志摩静静地在湖畔的石板路上漫步。这个时候，远处哥特式教堂里晚祷的钟声，在他们身后悠远而苍凉地响起。那金属的声音是一种感召，总是让他们怀想起一样的隔山灯火。

在以后的岁月里，他们一如既往地怀念着，1920年那一个个酒一样浓烈的月光之夜。

十年之后，林徽因写下了注定要载入中国现代文学史册的名作《那一晚》：

那一晚我的船推出了河心，
澄蓝的天上托着密密的星。
那一晚你的手牵着我的手，
迷惘的黑夜封锁起重愁。
那一晚你和我分定了方向，
两人各认取个生活的模样。

到如今我的船仍然在海面飘，
细弱的桅杆常在风涛里摇。
到如今太阳只在我背后徘徊，
层层的阴影留守在我的周围。
到如今我还记着那一晚的天，
星光，眼泪，白茫茫的江边！
到如今我还想念你岸上的耕种，
红花儿黄花儿朵朵的生动。

那一天我希望要走到了顶层，
蜜一般酿出那记忆的滋润。
那一天我要挎上带羽翼的箭，
望着你花园里射一个满弦。
那一天你要听到鸟般的歌唱，
那便是我静候着你的赞赏。
那一天你要看到零乱的花影，
那便是我私闯入当年的边境！

　　这首诗记录了1921年10月林徽因告别伦敦时，与徐志摩的缱绻之情。林徽因那年17岁，已是风姿绰约的纯情少女。她的美丽，已为许多青年男子所倾倒。然而，却没有谁能像他那样，以一个诗人独到的慧眼，从她谜一样的眼睛中，读出她与生俱来的忧郁。

他，便是24岁的徐志摩。

海德公园是伦敦最大的一个公园，在伦敦市的中心地带，占地360多英亩（约合1.46平方千米）。18世纪前是英王的狩猎场，18世纪末，这里与市区连成一片，不久被辟为公园。它距林徽因的住处和上学的圣玛丽学院都不远。公园的南北都是闹市，然而公园中心却异常安静，灌木丛里不时传出各种啼啭的鸟声。当他们踏上湖堤畔的时候，林徽因耳边响起了波浪一样的话语："徽因，在这样的时候，你最想做的一件事是什么？"

她微笑不语，伸手摘下一枚菩提树的叶片，轻轻地衔在嘴上。

那时候，他们正走上海德公园长湖和九曲湖之间的一座小桥上，这桥，是海德公园最精美的一座，在月光下迷离着一种心灵的深蕴。那些白衣白裙的金发少女，三三两两，用长篙撑着小木船从桥洞下穿过，把一串串青春烂漫的笑声远远带开去，雾和月光的帷幕被掀开，又迅即合拢，只看见叶子一样飘过水面的白色影子，让人心驰神往。

"我很想像英国姑娘一样，用篙撑起木船，穿过桥洞，在水中箭一样划行，可惜我试过几次，那些篙在我手里不听摆布，不是原地打转，就是没头没脑地往桥墩上撞。"志摩说。

徽因默默地走着。

"你知道海德公园的湖水最美的是什么？它是那伦敦的雾和月光，像母亲一样梳理你的发丝，擦你眼角的泪滴。有了这雾，这月光，你才不会感到无家可归，它成了你生命中不可或缺的一部分。"志摩继续说，"你知道吗，不是谁都有这种感受的。这美总是给你一种战栗，这才是美的真正品质。没有战栗，美也就没有了。"

他们缓缓地走着，不知不觉来到海德公园的东北端。徽因指着那个有绅士风度的演讲人问："你知道'演说角'吗？"

志摩说："海德公园的出名并不在于它的花木扶疏，湖水清幽，而在于它有着一个世界出名的'演说角'。英格兰人有公道、宽容和尊重个人自由的性格特征，'演说角'就具有它的代表性。这个民族最自豪的是200多年没有打过内战，有许多冲突，都通过政治渠道去解决。中国如果也能这样尊重个人自由，那么国人的命运早就改变了。"

那个时候，她总是默默地听他说话，看着他玳瑁眼镜后面那双深不可测的眼

睛。她觉得，他笑的时候很沉郁，那笑容常常在中途就被那长长的柔柔的下巴很
吝啬地兜了回去，一个24岁的青年，无论如何也不应该有这种笑容。

"我想，我以后要做诗人了。徽因，你知道吗，我查过我们家的家谱，从永
乐以来，我们家里，没有谁写过一行可供传诵的诗句。我父亲送我出洋留学，是
要我将来进入金融界的。徽因，我的最高理想，是做一个中国的Hamilton（汉密尔
顿，美国历史上资产阶级著名政治家、联邦党领袖、曾任美财政部部长）。可是
现在做不成了，和你在一起的时候，我总是想写诗。"

他娓娓地说着，眼睛定定地看着湖水，仿佛他的满腹心事已交付给荡漾在水
波里的影子。

初相识的时候，这目光就让她的心莫可名状地颤动了一下。

那天，在英国伦敦大学政治经济学院留学的江苏籍学生陈通伯，带了一个高
高瘦瘦、飘然长衫的青年，到他们父女下榻的公寓，陈通伯介绍说："这位叫徐
志摩，浙江海宁人，在经济学院从赖世基读博士学位，敬重先生的道德文章和书
法艺术，慕名前来拜访。"

官场失意之后的林长民，被派到欧洲"国际联盟协会中国分会"任理事，对各
国政治动向进行考察。他刚刚摆脱了政坛的困扰，很喜欢和青年交朋友，他的周围
经常围拢着一些青年学生。看得出，父亲很快就喜欢上了这个玳瑁式眼镜后面闪动
着迷离目光的青年。他们谈得很开心，更多的时候，林长民谈起徽因，甚至当着这
个陌生青年的面儿喊她的乳名"徽儿"。

徽因莫名其妙地发现，志摩的目光里有一种异样的神情，她不时地注意到他
那长长的柔柔的下巴，当那下巴总是恰如其分地收回他的微笑时，她觉得这个人
很有趣。

林长民问志摩："徐先生府上在海宁什么地方？"

"硖石。"志摩回答。

"硖石？"林长民的眼睛放出光来，"家严曾任海宁知州，硖石我是去过
的，玻璃一样的平原上，镇两侧兀自矗起两座秀丽的山峰，你们那里叫双山。东
山很美，那时我还小，常爬到山坡上去，那山坡上有种浮石，放在水里沉不下
去，西山有一种芦苇，丢到水里却一下就沉下去了，你说怪不怪？"

志摩笑了："浮石、沉芦，是硖石两件罕事，难得你还记得那么清楚。"

林长民接下去说："我还爬过东山顶上的六角宝塔，也和几个小孩子把三不朽祠的香炉搬出来，我们轮流扮菩萨，享受香火。"他仿佛又回到那个搬香炉的年代，突地神采飞扬起来。

"如今那庙破得可不像样子啦！香炉没有了，菩萨也没有了，没有变的，只有后山的白水泉，水还是那么清，清得能看见水底的石子。"志摩也忘情了。

"那时正贪耍，乌青青从屋头往出跑，也勿晓得脚深脚浅。"

"格老人家是伊拉格大官官哦！"

两人欣然忘机，竟不由自主地用硖石土话聊了起来。徽因如堕五里雾中，那双杏子般的眼睛转动着："爸，你们说什么呀？"

"伊勿晓得也那介，志摩哩格位乡党！"林长民依然收不住兴头。

徽因和志摩笑得直不起腰来。

乡音如水，迅疾把初识的陌生消解了。

那一晚，一老一少谈了很久。

从此，志摩便成了林家常客。每天下午4点，饮茶是林长民的功课，这也是英国式的生活方式，他很快入乡随俗，这也是他祖上的习俗。英国人嗜茶，也有300年历史，英文里茶叶的发音，在19世纪中叶即按其故乡福建语发音叫作"tea"。

林家的下午茶，是完全英国式的，茶壶却是传统的中国帽筒式茶壶，壶上加一棉套，用来保温，棉套做成穿长裙少女的样式。客人喝茶时，徽因便端上几碟热腾腾的小点心。

志摩常携二三好友来陪林长民聊天。聊到兴酣，林长民照例铺开宣纸，呼徽因磨墨，笔走龙蛇，几幅大字，爆出一片喝彩之声。林长民的即兴之作总是上乘的，常常是墨迹未干，就被来客拿走了。兴致高时，他挥毫悬肘，可从黄昏直写到夜半。志摩等人，铺纸奉茶，也一样兴致勃勃。那些出神入化的书法作品，有许多被英国的朋友视为珍宝，必欲努力求之。

林长民写字陶然忘机，有时徽因便同志摩在里屋聊天。有一天，林长民放下笔时，恰巧徽因、志摩双双从里屋出来，他竟脱口对房中的陈通伯等客人

1920年，林徽因在伦敦

叫道："你们看，我家徽儿和志摩是不是天生的一对？"

徽因和志摩顿时红了脸颊。

便是陈通伯也感到突兀，张大了嘴巴。

此时，林家住在伦敦西区的阿尔比恩门27号，是租住的一套公寓。那里离牛津街、摄政街不远，是热闹的华人聚居处，走在街上，耳朵里随时会挤进几句南腔北调的国语。三年前志摩只身出国，先到美国麻省克拉克大学读历史，第二年，又到纽约哥伦比亚大学学经济，为追随罗素学习政治，1920年9月，他与刘叔和从大洋彼岸赴英国伦敦。因罗素辞职去了中国访问，他只好先在伦敦大学政治经济学院就读，这个学院亦在伦敦西区，距这里有一段路程。有时他们聊得晚了，林长民也让女儿代自己送徐志摩一段路。

他们沿着石板路缓缓地走着，浓重的雾气悄悄地从四周弥漫上来。头上不时有几片枯黄的叶子飘落下来，那个季节已退到了时光的边缘。

"又是一叶便知天下秋了。"志摩感叹着。

"徽因，你知道我最怕秋天。"他捡起一片叶子放在鼻子下嗅着，仿佛要把那生命的余烬吸进肺里，"这是离人心上秋啊！三年了，我感觉自己就像这片叶子，在不定的风里飘来飘去，不知道哪儿是我的归宿。"

徽因看着他的眼里噙满了泪水，她哪里知道，长期以来，这种莫名的忧伤何曾离开过志摩一时。

徐志摩在美国读经济学期间，接触到罗素的哲学，毅然决定到英国投师罗素门下，然而罗素却因与校方意见相左被解聘，此时去中国讲学，徐志摩与心中的师哲失之交臂。被希望折磨得几近绝望的他，只得先考取伦敦大学的经济学院读书。

徽因默默地听着。

志摩娓娓地讲着这些，他神情平静，仿佛是在讲别人的故事。然而，徽因已经懂得了苦难对于亲历者才是具有实际意义的苦难。而她，仅仅是个听故事的人吗？她多想把纤细的手搭上他微微抖动的肩头。

"徽因，我真的写了一首诗，可以读给你听吗？"志摩问。徽因点点头，她仿佛加快了心跳。

草上的露珠儿

颗颗是透明的水晶球，
新归来的燕儿
在旧巢里呢喃个不休；

志摩那夹杂着硖石官话的男中音，在夜雾里缭绕着：

嗤嗤！吐不尽南山北山的瑶瑜，
洒不完东海西海的琼珠，
融和琴瑟箫笙的音韵，
饮餐星辰日月的光明！

徽因不由自主地接下去：

诗人哟！可不是春在人间，
还不开放你
创造的喷泉！

志摩的眸子倏然亮了：

这一声霹雳
震破了漫天的云雾，
显焕的旭日
又升临在黄金的宝座；
柔软的南风
吹皱了大海慷慨的面容，
洁白的海鸥
上穿云下破浪自在优游；

徽因又接下去：

诗人哟！可不是起航的时候，

还不准备你

歌吟的渔舟！

志摩亢奋地说："徽因，你的句子真是妙极了！"他朗诵的语调更加昂扬了：

你是高高在上的云雀天鹨，

纵横四海不问今古春秋，

散布着稀世的音乐锦绣……

徽因用双手捂住脸庞，她不敢让志摩看见，泪水已涌出了她的眼睛。晚祷的钟声苍老地在远处咳了两声，志摩停住脚步。半分钟之后，他把手伸给徽因，徽因却把那只手电筒塞到他的手里。

她有几分怅然地望着那缕光束，如一片橙黄的叶子，朦朦胧胧地飘进了远处的雾岚。

## 02

/

# 予家曾住西湖畔

伦敦的秋天是个多雨的季节。佩奈恩山麓的云，按捺不住它的骚动，从西北天际裹挟着云的浪头滚滚而来，笼罩在人们的头顶，慵懒得不再有半丝游动。盛年的帝国之都，大慈大悲的阳光，霎时间被云的块垒遮蔽得密不透风，不透一丝天光，接着周围的景色也都暗淡下来。

雷声在空中炸响，地面随之而颤动。云隙间舞动着几道闪亮的金蛇，铜钱大的雨点便噼噼啪啪地从九天砸落下来，真切地感受到雨点的力量，飞珠溅玉，混沌一片，已看不清前面的道路。水汇成细流，叹息着弃绝而去。水是造物的灵与肉，水是生命的自在功德，水是万有等待还乡的心跳。这是季节转换最为明显的一幕，也是季节嬗变勘落一塘芰荷光芒的沧桑。

唯有威斯敏斯教堂、议会大厦、维多利亚塔、大本钟等高层建筑轻笼着一身雾气的薄纱，迷离在风雨中不为所动，幻化成一幢幢宁静与崇高的剪影。

这好像是多年前杭州三月的鬼雨，同样潮湿而阴冷。林徽因孤独地坐在床边，两条腿垂在下面，两眼里浸满了泪水，她极度地思念着去瑞士"国联"开会的父亲。她清楚地记得，那天她帮父亲整理服装和物品，到维多利亚车站送行的情景。楼下飘来炸牛排和咸肉的香味。她一个人在偌大的客厅里边吃饭，边咬着手指哭泣。理想的她总希望有点事情发生，有人叩门进来坐在对面同她谈话，或是同她坐在炉边给她讲故事，最要紧的是要有个人来爱她。这是所有女孩到了青春期都会做的梦。

1920年伦敦的秋雨，深刻地印在她的青春记忆中，许多年后与沈从文的通信中还提到这件事。在伦敦国际联盟的一次集会上，她与父亲认识了英国作家狄更生和中国留学生陈通伯、徐志摩等人。好客的林长民此后常请些中国莘莘学子到他的公寓里吃伦敦的"下午茶"。每到此时，他们便高谈阔论，边吃边谈，常常语涉屈原、李杜、韩元、易卜生、萧伯纳和古希腊的文明，作中国式文人绵邈思古、意气风发、气吞山河之滥觞。林徽因也介入其中，帮父亲给客人冲茶倒水，端上英国人制作的甜点。便是从这时起，徐志摩成了林长民的忘年小友，由此也开始了与林徽因的交往。

1904年6月10日，正是杭州荷花开放的季节，林徽因出生在西湖水畔的清波街南边陆官巷祖父的寓所，院子黛瓦白墙，清幽安谧，绿树成荫，西去可到西湖边上散步，举目可见三潭印月和浩渺的湖水。家的东边是四宜路，祖父由此北去便可到他的知府官邸办公。

林徽因是林家的长孙女，她的出生给这个大家庭平添了许多喜悦。林孝恂更是喜不自禁，迅速从《诗经·大雅·思齐》中选定了"大姒嗣徽音，则百斯男"这句古语，用"徽音"二字给她起了这个诗意缱绻的名字，乳名单唤一个"徽"字。

20世纪30年代初，林徽因步入文坛并开始发表诗、小说和散文等作品，为避免与上海一名男性作家"微音"相混，遂改为徽因。

祖父林孝恂（？—1914年），字伯颖，原籍福建闽县（今福州），他是家中长男，早年以教书为业，月收入仅"数十千制钱"，曾祖父去世后，林家生计的担子全落到他身上，他不堪重负，靠四处求贷来维持。教书之余，他不忘苦读四书五经，制艺八股，在取得诸生资格后，他锐意进取，终于在光绪十五年（1889年）考中己丑科进士，列翰林之选，但收入仍难解家中之困，于是迁浙江金华、孝丰（今安吉）、仁和（今余杭）、石门（今桐乡）等县长官及海宁知州，最后做到杭州同知府。

祖母游氏亦是福建闽县人，她是林孝恂结发之妻，善女红，喜读书，且写得一手好字。她与丈夫共生育三男五女：长子长民、次子天民，三子早夭；长女泽民（嫁王熙农）、次女嫁郑家（留一女早逝）、三女嫄民（嫁卓君庸）、四女丘民（嫁曾仙洲）、五女子民（嫁李石珊）。1911年在杭州病逝后，归葬祖籍。

光绪二十二年（1896年），林启由衢州知府调任杭州，迅疾调研形成主张，秉承浙江巡抚廖寿丰同意，依杭州城东学社为依托，聚集人才，调来福建候官学人林纾、林獬（白水）、高足邵章和海宁知州同乡林孝恂等，筚路蓝缕，在他生命最后的四年创办了求是书院（浙江大学前身，1897年）、西湖蚕学馆（浙江理工大前身，1899年）和养正书塾（杭州高级中学前身，1899年）三所新式学校。1900年5月因操劳病逝，终年62岁。至今还受到浙江学界的敬仰和怀念。

在这同时，林孝恂也走在兴学变革的前列，在上城小营巷口开设了林氏家塾，延聘林纾客东斋，授古文词赋；延聘林白水主西斋，讲时务经世之学；还聘了加拿大教师授英语，日本教师授日语。他希望家庭子弟适应时代需要，中西兼通，左右逢源。林长民和几个堂兄弟肇民、尹民（1887年—1911年，黄花岗烈士，其父林孝扬）、觉民（1887年—1911年，黄花岗烈士，其父林孝颖）等，都是家塾中的学生，林孝恂还送长民兄弟和海宁青年蒋百里（给以资助）到日本求学。

光绪二十七年（1901年），林孝恂还创办了《译林》杂志，林纾在"序"中说，"译员经理诸君姓名"，有林白水，林启子侄林志恂、林志照，林孝恂之子林长民。从第7期起，《译林》从银洞桥移至小营巷口林氏家塾中举办。虽然只有一年多时间，先后出刊13期，翻译了不少新潮文章和书籍。林纾的《茶花女遗事》是最有影响力的文章，一时震动华夏大地。不难看出林孝恂和林启二人不仅有同道之谊，在革故鼎新，砺人品、出人才方面，多了一种特殊的情缘，促使他们的子侄后人也能携手共事。

林徽因5岁时全家又迁居蔡官巷，原来有三个门牌的院落，后来因为城市变迁，另两处早已毁于一旦，只保留了23号一个院子，故居西边两公里处，有西湖十景之一的"花巷观鱼"公园，在一棵高大的古樟树下，近年由杭州市政府和清华大学建筑学会共同为林徽因塑造了一座透雕铜像，杭州游客慕名前来，一睹故地这位自家女儿的倩影。

林徽因没有忘记这个住所，许多年后的她在散文《一片阳光》中写道：

> 我那年六岁记得是刚刚出了水珠以后——水珠即寻常水痘，不过我家乡的话叫做水珠。当时我很喜欢，那美丽的名字，忘却它是一种病，因而也觉到一种神秘的骄傲。只要人过我窗口问问出"水珠"么？我就感到一种荣耀。那个感觉至今还印在脑子里。也为这个缘故，我还记得

病中奢侈的愉悦心境。虽然同其他多次害病一样，那次我仍然是孤独地被囚禁在一间房屋里休养的。那是我们老宅子里最后的一进房子；白粉墙围着小小院子，北面一排三间，当中夹着一个开敞的厅堂。我病在东头娘的卧室里。西头是婶婶的住房。娘同婶永远要在祖母的前院里行使她们女人们的职务的，于是我常是这三间房屋唯一留守的主人。

那里并没有几案花香，美术的布置，只是一张极寻常的八仙桌。如果我的记忆没有错，那上面在不多时间以前，是刚陈列过咸鱼、酱菜一类极寻常俭朴的午餐的。小孩子的心却呆了。或许两只眼睛倒张大一点，四处地望，似乎在寻觅一个问题的答案。为什么那片阳光美得那样动人？我记得我爬到房内窗前的桌子上坐着，有意无意地望望窗外，院里粉墙疏影同室内那片金色和煦决然不同趣味。顺便我翻开手边娘梳妆用的旧式镜箱，又上下摇动那小排状抽屉，同那刻成花篮形的小铜坠子，不时听雀跃过枝清脆的鸟语。

1899年前后，林孝恂携全家摄于杭州

因着儿时生过一场水痘，成了林徽因对这座院子的深长的回忆。

随着辛亥革命的光复，林孝恂结束了多年的游宦生涯，全家迁居上海靶子路金益里，安度晚年。因为没了薪俸来源，便把家中积蓄投到商务印书馆，以股红维持全家人的生计。林徽因和表姐们也到附近爱国小学读二年级。

靶子路最早是租界工部的靶场，填平穿洪浜小河修的修的一条路，先后更名为老靶子路、四川北路，日据时又改成武进路。靶场迁走后，又建租界工部局医院、救火会、赵家花园。1902年，蔡元培在附近创建了爱国学社。

1914年秋天，林长民携全家又由上海迁到北京西城南沟沿路（今佟麟阁路）前王公厂（今改光彩胡同）居住，因他在参、众院任秘书长，租房在这里。不及三月，她的祖父因胆石症去世，由叔叔林天民扶柩归葬老家。

林徽因的父亲林长民，字宗孟（1876年—1925年），清末秀才，两度赴日留学，习政治法律，毕业于日本早稻田大学。1909年回国后在老家与刘崇佑等人创办法政学堂，任教务长。不久他投入立宪运动。福建省谘议局成立，被聘为秘书长。1911年武昌起义后，他从福建到上海，以福建省代表参加独立各省临时会议，次年临时参议院成立任秘书长，参与起草《中华民国临时宪法》。1913年后任众议院议员、秘书长，曾组织两院成员通过袁世凯为正式大总统。次年出任北京政府法制局局长，国务院参事。1917年7月，他参与平定张勋复辟之乱，被段祺瑞政府任命为

林长民像

司法总长，11月因段下野他也被迫辞职。1918年9月，徐世昌任北洋政府大总统，为推行对日外交，林长民被聘为总统府顾问，任外交委员会委员、事务主任，后又任国际联盟同志会理事。1919年春，从《晨报》总编那里听到《巴黎和会》将原德国在山东的权益转交日本人的消息，林长民即刻著文反对。因而导致震惊中外的五四爱国运动发生，最后迫使中国代表拒绝在合约上签字。

林长民性格豪爽，自负政治异禀，风流倜傥，文采斐然。他的书法承"二王"之道，心手相望，气韵生动，颇见功力。在写给林徽因的20多封信中，其书法如行云流水，尽得晋唐遗风。北京南长街口曾留他有题写的楣额名称，如今网上流传着他的不少书法作品。

1910年，林徽因（中）
与父亲（右）在杭州

林长民先后结过三次婚，原配叶氏是童婚，她先天有病，不幸早逝。继配何雪媛（1882年—1972年），浙江嘉兴人，14岁嫁入林家，那时林长民20岁，因长年在外读书，八年后才生下女儿林徽因，后又生下次女麟趾（5岁时在北京病逝），还生过一个儿子，早夭。

不孝者三，无后为大。这是祖宗留下一条接续香火的普规。林长民约在35岁时，又经上海彩票商人李孟鲁（北师大毕业）介绍，认识了上海

女子程桂林（约1893年—1972年），一年后结婚。程氏"常服黑色无妆靓"，"年年生子已五六"。在这一点上，她很得林长民欢心，把他前院办公的房子称为"桂林一枝室"，并印在他自制的信笺上。林长民对这几个孩子也寄予厚望。三女燕玉（1914年—1950年）、次子林桓（1951年后任美国俄亥俄大学美术学院院长，萧乾1932年在英华中学教过他）、三子林恒（1916年—1941年，国民党空军飞行员）、四子林暄（1919年—？）、五子林煊（1922年—，后为河南大学教授）。程氏一度曾到河南郑州居住。次子林桓与作家萧乾一直保持着联系，萧乾夫妇改革开放后到美国访问，林桓追了几个州才见到他，师生相见，十分感慨，彻夜长谈。

林徽因的母亲何雪媛出生在嘉兴小作坊主之家，没受过文化教育，既不善女红，也不会持家。初嫁后尚可容忍，日久一无长进，在这个官宦之家就显得格格不入。既不会相夫教子做贤妻良母，又不会伺候公婆，当然也不能接替管理全家闺训之任了。林家男女都是读书人，自然懂得对儿孙教育的重要，眼看林徽因这个长孙女到了发蒙年龄，祖父母怎能让她失去这个机会？考虑再三，还是接到祖母游氏身边亲加抚养，以续林家诗礼之风。那时大姑母林泽民结婚后一直住在家里侍奉父母，助母亲佐理闺房杂物。她不仅通经训，工诗词又善书法，也是才高八斗的秀女，尤其是楷书写得清纯秀润，如铺春云，是天然的发蒙受业的殊才。林徽因已经4岁，是打下国学根基的最好时候，于是连同三个小表姐王孟瑜、王次亮、曾语儿一起开蒙读书。大姑母先从起居和家常生活做起，立则垂手，坐则并腿，每天上午读书背诵，下午练习书法。有时又给几个小姐妹讲《史记》《十字军东征》和《天演论》中"物竞天择""适者生存"的道理。几个女孩甚是高兴，相互比赛，又相互砥砺。不久《千字文》《三字经》和《幼学琼林》便背诵得熟烂于心。大姑母发现，林徽因虽然比几个表姐小几岁，但她的记忆力最好，悟性最高，性情活泼，百伶百俐，有几分早熟，不仅博闻强识，还能过目成诵。林泽民把这一发现告诉了父母，二老十分高兴。林孝恂说：学问之道，贵在"学与思"；执行家教，重在"学与问"。其法可资借鉴，家中其他外甥女，可鼓励急起直追，同样可以赶上来。

1920年11月，徐志摩由陈源（即陈通伯）介绍，在伦敦的一次"国联"会上，认识了林长民、林徽因父女。徐志摩在林长民逝世后回忆，"我从最初惊讶你清奇的相貌，惊讶你更清奇的谈吐"，建议你"领导这新时代的精神，共同发现文艺的新土"。林徽因回忆："不用说他和我父亲，最谈得来。虽然他们年龄上差别不算少，一见面后便互相引为知己。"

徐志摩初识林徽因，给他的印象是美丽、聪颖、落落大方，超过她16岁的实际年龄。令徐志摩如惊鸿照影，眩晕得不能自已。他回忆说，整整十年前，"我吹着了一阵奇异的风，也许照着了什么奇异的月色"，从此"一份深刻的忧郁占定了我"。

林徽因对于爱情的萌动，心里有过幻觉和期待。然而，当徐志摩真正闯入她生活的时候，矛盾、惊悚、害怕，不可思议地成为她的一种负累。然而时间一久，她被徐志摩火一般燃烧的激情所感动，也给予了相应的回应。谈得也并不是那些卿卿我我之事，大部分是学习、知识、文学创作等方面的话题。徐志摩每次来见她，总是带来英国文艺类的书和杂志，二人来往也渐渐热络起来。他不仅向林徽因介绍伦敦布鲁姆斯贝里社的社长维吉尼亚·伍尔芙，评论兼画家的罗杰·弗莱（徐志摩译为傅来义），汉学家魏雷，历史学家、小说家威尔斯，著名作家嘉本特，等等，以及康桥的邪学会。有些作家也是英国的文化精英。有时徐志摩还插入一些作家的奇闻趣事，林徽因在培华中学时虽然读过一些外国著作，但对于这么具体的文艺沙龙、文化精英来说，还是第一次。所有这些，常常使林徽因心头一震，深思良久。林徽因后来登上中国文坛，成为一个诗人和作家，无异也感激徐志摩对她的帮助。

徐志摩有时候也讲些中国留学生的趣闻，他和刘叔和漂洋过海从美国来到伦敦，竟然放弃博士学位而不取，为的是跟"20世纪的福禄泰尔"（伏尔泰）、英国剑桥大学的教授罗素去认真读一点子书去。可惜罗素被剑桥三一学院解聘，去了中国讲学。他们只好入伦敦大学经济学院继续攻读经济学。与陈源、傅斯年、刘叔和同住在伦敦东南隅陋巷，点煤气油灯的斗室里。他们经常如一审野火般的论战，吵得不可开交时，陈通伯兜头一盆冷水泼了过来，两岸野火顿时翳了回去。大家清醒过来时发现，原来是结巴浇水圣手陈通伯。

林徽因听得瞪圆了那双杏子般的眼睛。半晌才如梦方醒，情不自禁地拍手笑了起来。


林徽因是父亲的爱女，也是父亲唯一的知己。

林长民逝世后，徐志摩诸文说："你们这父女不是寻常的父女"，"做一个有天才的女儿的父亲"，"不是容易享的福，你得放低你天伦的辈分先求做到友谊的了解"，她"一生崇拜的就是你，她一生理想的计划中，那件事离得了聪明不让她自己的老父？"

林徽因的美国好友费慰梅也回忆说："她的早熟，使家中的亲戚当成一个成人，因此骗走了她的童年。"

林徽因从6岁起，便担负起了父亲与祖父母、母亲和二娘之间的信使，异地传书近二十年之久。林长民也有意培养她，通过信件往还，增长林徽因的见识，开阔她的视野，启迪她的才情，发掘和培植文艺的清光。保存在林徽因手中的20多封信件，历史见证了袁世凯称帝、军阀争雄大半个北洋时代。她也从童年、少年到青年的人生重要阶段。有针砭时弊的奇闻逸事，有寂寥痛苦的瑟瑟低语，有推心置腹的父女情怀，有亲人生死离别的悲怆，有霜冷江河的平原落日。林徽因对这批信件都逐一做了注释。在荚笥尺牍发黄的纸页里，见证了这个士大夫家族的沧桑变迁，留下了时代风雨的生活擦痕。那是从一片阴霾到另一片阴霾，在险恶的政治中体悟到安身立命的窘迫、生命册的安顿之需，伴随着今世今生的幸与不幸，镀亮着悲欢离合的人生况味。

林徽因保存最早的信是晚清宣统二年（1910年）6岁时，父亲寄给她的第一封信说：

> 徽儿知悉：得汝两信，我心甚喜。儿读书进益又驯良，知道理，我尤爱汝，闻娘娘（生母何雪媛）往嘉兴，现已归否？闻趾趾（胞妹麟趾，后夭折）甚可爱，尚有闹癖气否？望告我。祖父母日来安好否？汝要好好讨老人欢喜，兹寄甜真酥糕一筒赏汝。我本期不及作长书，汝可禀告祖父母，我都安好。
>
> 父长民　三月十日

1913年5月29日，林长民写信说：

> 徽儿知之：两书具悉。娘娘与趾妹来京都好，汝留沪读书与侍候祖父，大是好儿子，我极爱汝。祖父愿来京，汝亦同来，京中亦有好学堂。我并与延汉文先生教汝。现我左近，有一教会女学堂，与可附学，我事忙，不及多作书，汝与随寄信，寄去邮票五张，赏给汝，到即查收，即问家人都好。
>
> 父字　五月二十九日

1913年，林孝恂全家迁到上海靶子路公益坊，第二年，林长民由彩票商人李孟鲁介绍，与上海年轻的姑娘程桂林结婚。林长民从北京回信说：

> 徽儿告知：得汝来信，甚喜。娘娘信早已收到，我在京身体健康，家人勿念。汝好好读书，好好伺候祖父重要！趾可爱？
>
> 　　　　　　　　　　　　　　　　　　　　　　　　　　　　长民

1914年秋，祖父林孝恂及全家迁居北京，住北京西城南沟沿路前王公厂，不及三月，因胆石症病逝，由叔叔林天民扶柩归葬老家。

1915年12月袁世凯称帝，不久反袁声四起。林长民把全家从北京南府口（今南长街）织女桥西街（今西街、中街不存，只留下一条东街，隐约可见那时西街、中街模样，1919年改成大道，"文革"中织女桥埋入地下）迁至天津英租界耀华里96号暂居，林长民独留北京。

1916年8月8日，林长民写信说：

> 连日来信，均已接及。二娘热度增高，至为悬念。我星期六方能到津，此信可示二娘，嘱其安心静养，我已有另函致田村（日本人）院长，询问病情矣！此示徽儿
>
> 　　　　　　　　　　　　　　　　　　　　　　父字　八月八日

1916年，林长民举家从天津返京。1917年7月，张勋复辟事又起，林长民全家再返天津。林长民独留北京，赴南京见冯国璋，后参与段祺瑞驱张之役。8月8日，林长民又快信告知林徽因：

> 倾寄一快信，语有未详，连日汝来信，均未述及。二娘脉至甚盼函告。食量如何亦告我。燕玉信已收到，汝姊妹、兄弟如此亲爱，我心甚喜。我星期六到天津当厚厚赏汝，并告燕玉勿闹勿哭也。此示，徽儿。
>
> 　　　　　　　　　　　　　　　　　　　　　　父字　八月八日

1917年7月4日，冯国璋、段祺瑞通电讨逆，张勋逃入荷兰使馆。复辟丑剧结束后。段祺瑞就任国务总理，冯国璋就任临时大总统。林长民任司法总长，11月段祺瑞辞职，林长民也被迫辞职。

同年8月16日，林长民写信给林徽因，嘱将家由天津搬回北京，仍住南府口织女桥西街，这是林长民到北京的第二个住处。信中说：

> 遣龙喜到津，帮同恩恩结行李，明日可会龙喜押运来京。铁床运两
> 架，楼上一架，娘娘一架。此示，徽儿。
> 二娘病如何，仍随时告我。
>
> 　　　　　　　　　　　　　　　　　　　父字　八月十六日

1918年3月24日，林长民与汤化龙、蓝公武赴日游历。林长民从东京给林徽因回信说：

> 徽儿知悉。得来信甚慰，我不在家，汝能为我照应一切，我甚喜
> 也。我在此当有月余日之滞矣。实叔（林天民）来念或同回京，我身体
> 安恙，汝可放心，家中应欲告二娘，不必省费，凉篷汝须早搭，可照搭，
> 如天气当未甚，缓则稍缓，我归或迁居也。我致二娘信，汝可取阅。
>
> 　　　　　　　　　　　　　　　　　　　父字　四月十六日

林长民这次赴日游历一年有余，先后到箱根、东京等地游览名胜，"每到游览胜地，悔未携汝来观，每到宴会，又幸汝未来同受困也"，他还趁此做了手术，把鼻症根治了。诸如此端，都给女儿徽因写信告之。

1916年，林徽因与三位表姐入培华女中读书。近年我去考察，得知培华女中是英国传教士苏慧廉筹资，后由她的女儿谢福芸于1914年创办的一所教会学校，与北京的北海中学齐名。地址在石驸马大街路南40号，与清克勤郡王府尺咫相对，两进院落，占地1500平方米，是个漂亮的二层小楼。抗日战争时期停办，日本投降后被一位国民党官僚占有。中华人民共和国成立后总参收归国有，作为兵工厂员工宿舍，后又改为"洁如幼儿园"，"文革"期间停办。1978年拆除，

总参与北京二轻局粮店合盖成一座高层居民大楼。

1916年，清克勤亲王后人因经济所困，将王府卖给民国原总理湘人熊希龄，改做太平湖饭店。许多达官贵人来北京办事，便在此饭店下榻。据住过饭店的人回忆，培华女中的上课、下课铃声，越过公路、高墙，便能飘入客人的耳畔。

培华女中的学生统一着装，上身着偏襟半短袖深色上衣，衬以月白立领和袖口，下身着灰色百褶裙，深色丝袜和黑色皮鞋。中分的发式，后面有两条燕尾小辫。一眼望去，如出水芙蓉，清纯，脱俗，美丽。

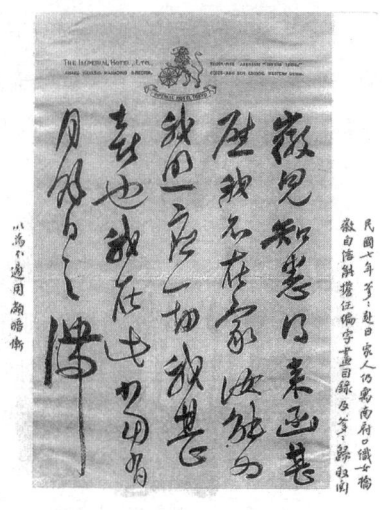

1918年，林长民致林徽因书信手迹

学校每天早晨7时要做弥撒，室内由插花班用花束装点得十分漂亮，气氛庄严肃穆。祈祷由校长谢福芸主持，首先由她来诵赞美诗《古老的岩石，噢，上帝》。接下来是由一名牧师诵读《圣经》，若干教师分别祝福。接下来是大家唱圣歌《安息吧，我们的灵魂，上帝在你身边》。结尾再由若干人祷告，整个过程由管风琴伴奏，那乐音低沉有力，震撼魂魄，如大海的涛声隆隆而来，传至久远。

早饭后学生开始上课，学校还给林徽因起了一个英文名字：菲丽丝。这个名字后来在英美读书时一直使用。那时学校流传一首中文歌曲叫《雁行歌》，每唱此歌，嘹亮的歌声便飘出屋外：

青天高，远树稀，

秋风起，雁南飞。

排成一字一行齐，

飞来飞去不分离。

好像我们亲姐妹，

相亲相爱手相携

……

学生还唱《远方有座绿色的山》《当我们望着神奇的十字架的时候》等教会歌曲。那些歌是用英文唱的，一般国人听不明白。四姊妹都住在南府口织女桥和帘子胡同，相距不远，顺着帘子胡同一路向西，可直达石驸马大街。她们上学总是相携而行，招来路人馋羡的目光。

1920年春天，林长民以国际联盟协会中国分会代表身份赴欧考察，行前他写信给女儿说："我此远游携汝同行，第一要汝多观察诸国事物增长见识。第二要汝近我身边能领悟我的胸次怀抱，第三要汝暂时离去家庭烦琐生活俾得扩大眼光，养成将来改良社会的见解和能力。"

临行前林长民在家宴请胡适等人，林徽因作陪。3月27日父女二人离京到上海，有胡适、张慰慈等人到前门火车站送行。4月1日又从上海黄浦码头乘法国"波罗加"（Pauliecat）邮船启程，张元济、高梦旦、李拔可等商务印书馆大佬到码头送行。经过长达36天的海上航行，5月7日抵达法国马赛港，尔后转道英国伦敦，起初住在旅馆，后租伦敦西区阿尔比恩门27号民居住下来。8月上旬，林徽因随父到法国、德国、意大利、瑞士等国旅游，饱览当地风光和名胜，受到使馆等有关人员接待。林长民每到一处，都用日记写下独特的感受，完成一次精神的洗礼，那日记写得异彩纷呈，山势嵯峨，湖光澄明，虽是古文写法，但不沉滞呆板，写出了别具一格的心态、情态和物态。除此之外，林长民以高度的政治嗅觉，看到一战后失败的德国人的奋斗精神，日后一定会再度崛起，成为世界强国。到二战时果然验证了林长民的这个判断。

初到伦敦安顿下来后，林长民即聘请两名教师辅导林徽因英语和其他课程，8月下旬，林徽因考入伦敦圣玛丽学院，9月开学后即入校就读。校长是一位70来岁的妇人，对梳着两条小辫子的林徽因十分热情。学校离他们的住地约3.2公里路程，如果穿过海德公园步行可省去许多时间。林徽因第一次到学校报到，是由父亲和一位邻居送去的。

到伦敦不久，林长民即到瑞士"国联"开会，徽因给父亲整好行装，并到维多利亚车站送行。一天，徐志摩又来造访，他腋下仍然挟着几本杂志和书籍。志摩告诉她，大不列颠附近有家书铺，开在一座建筑的地下室里，诗铺不大，是英国诗人赫洛德孟罗8年前创办的，鉴于他对诗的特殊爱好，不仅销售各种诗集，还组织读诗会来扩大诗的影响，兼及以文会友。他说这本济慈的《夜莺歌》便是从那个书铺购买的。而另外两本杂志则是从加尔尼市场买来的，那里不仅有图书，还有伦敦出版的各种杂志，日用杂货铺也夹杂其间，有点像北京的庙会，伦敦雾气很重，笼罩其间，只闻人声鼎沸，影影绰绰，却看不清人的面孔。

徐志摩还告诉徽因，济慈的故居在北汉姆司台德区，是他居住和恋爱的地方，《夜莺歌》等诗作便是在那里完成的。"如果你有兴趣，暇时我陪你一起到那里游览，还有小说作家狄更斯的故居，都值得一看。"徐志摩又告诉徽因：诗是用直觉来表现的，它不经过逻辑思维，磨砺物象的本质。具体地说，即抓住灵感来临时的刹那，用这种审美功能，移情于玄哲的领域，选择最美的意象，进行艺术重组，从A到B、C，升华到质的最高境界，给山水以温度，给草木以颜色，伴随着自己的情感，灵异地抵达艺术的彼岸。

林徽因睁大了眼睛，惊异地说，写诗还要那么复杂？徐志摩说，世界上做好哪件事都不容易。写诗尤其要在"写"中去领悟，因为人的差异，同一种事物有不同的感受，境界高低亦有不同。天下哪有免费的午餐？

青春期的林徽因，对徐志摩也产生了好感。特别是徐志摩那火一般的激情，常常使她的情绪也受到感染，随着时间的推移，二人的情感交流也热络起来。

那段时间，徐志摩的"诗情真有些像山洪暴发，不分方向地乱冲，那就是我最早写诗的半年，生命受了一种伟大力量的震撼，什么半成熟未成熟的意念都在指间散作缤纷的花雨。我那时是绝无依傍，也不知顾虑，心头有什么积郁，就托付腕底胡乱给爬梳了去，救命似的迫切，哪还顾得了美丑！我短期内写了很多，但几乎全都是见不得人面的"。

生命受了一种伟大力量的震撼，除了爱情，还会作其他更为合理的解释吗？

1921年4、5月间，徐志摩在狄更生的帮助下，以特别生的资格进入剑桥王家学院（即今国王学院）继续读书，他的家也从中国同学会搬到距剑桥大学约十公里的沙士顿乡下，租了一处三室一厅的房子住下。后来徐志摩的好友郭虞裳也在那里读书，他不会做饭，徐志摩便让他住在他的书房里，和徐妻张幼仪，三人一起吃饭。徐志摩也开始了他心仪的文学专业。

路途拉开了徐志摩和林徽因的时空距离，这会阻碍他们燃烧的爱情火焰吗？

03

/

# 两地书

这个只有几十户人家的小镇——沙士顿，有着中世纪英格兰郊野最具古典意味的情调。

栗树的浓荫，覆盖着高高低低的农舍，那些参差错落的农舍，灰色的墙皮年深月久地斑驳着，像山雨欲来时铅色的天空。

这是一年中最生动的季节。满目的青草黄花勃发着一种强悍而热烈的生机，艳丽绝伦的虞美人，三朵两朵地摇曳其间，泄露了关于这个季节的全部消息。

靠村边一所高地上向阳的农舍，是徐志摩和张幼仪临时安顿下来的家。门前有一口自来水井，井水清冽甘甜，一条小路弹向远方。日落时分，黛色牯牛成群地沿着小路下来，很自然地让他们怀想起硖石乡居的风光。

1921年春天，在狄更生的帮助下，徐志摩到剑桥大学王家学院以特别生资格去读书，后期转为正式研究生。剑桥大学离伦敦近百公里之遥，来去的人靠乘火车往返。热恋中的徐志摩，他要与林徽因联系，只好靠鸿雁传书。有时感到书信太慢，他便写日记或诗来排遣心中的爱火和这份占定他的"忧郁"。可惜的是，徐志摩写的这些诗和日记没有保存下来。

早晨，徐志摩推起自行车去剑桥，他总是在一家理发店门前停住脚步。理发店是两间木板房子，也兼作邮亭，门口挂着一个古里古怪的信箱，爱酗酒的大胡子约瑟是镇上尽职尽责的邮差，五短身材的他，穿起黑底红边的制服，显得很是神气。他怀里永远揣着一只扁扁的栗色酒瓶，朗声大笑的时候，土酿威士忌的气味便在空气里弥漫开来。他身背一只羊皮邮袋，每天早、中、晚在村里巡行三次，投送并收取沙士顿的来往信件。他是这个小镇欢乐与悲伤的使者。执行公务的时候，他面孔刻板，没有表情，只有见到徐志摩，他的脸上才漾出笑意。他使劲拍打着徐志摩的肩头，对这个身穿长衫的中国学生喷着酒气，用夸张的语调和英格兰式的幽默，称赞着徐志摩年轻的妻子。徐志摩很喜欢与约瑟聊天。面孔刻板的大胡子邮差却能唱风味很足的英格兰民歌，还能够背诵彭斯的诗。高兴时，他的话妙语连珠，神情孩子样天真。

隔一两天，徐志摩便把一封信交给约瑟，那些信全部是寄给林徽因的。

那个丑陋的邮箱，从此在徐志摩的眼睛里神圣而美丽起来。他总是期待着约瑟那双缺了一个指头的手不紧不慢地打开扣吊上的黄铜锁，也许那里边有一只素洁信封是属于他的。

那些日子，林徽因总是被徐志摩的信折磨得辗转难眠。那信差不多每天一封，而且极其准时，徐志摩怕被张幼仪发现，他们的鱼雁传书全用英文。

终于有一天，大胡子邮差把徐志摩的一封淡蓝色的信交到张幼仪手中。张幼仪虽然看不懂那英文信的内容，却从这信里猜到了什么。

少女时代的林徽因

张幼仪努力让自己的心平静下来，她想喝一口水，手却抖得握不住杯子。这个时候她才真正明白，和她休戚与共的那个男人，现在重新陌生起来。

张邦梅在《小脚与女人》一书中这样写道：

> 后来住在沙士顿的时候，看到他每天一吃完早饭就赶着出门理发，而且那么热心地告诉我，我也不知道怎么搞的，就猜到他这么早离家，一定和女朋友有关系。
>
> 几年以后，我才从郭君那儿知晓徐志摩之所以每天早上赶忙出去，的确是因为要和住在伦敦的女友联络。他们用理发铺对街的杂货铺当他的地址，那时伦敦和沙士顿之间的邮件送得很快，所以徐志摩和他的女朋友至少每天都可以鱼雁往返。他们信里写的是英文，目的就是预防我

碰巧发现那些信件，不过我从没发现就是了。

张幼仪是1920年冬天，由西班牙领事馆刘子楷携家人一同从法国马赛港下船，由徐志摩接往伦敦的。

张幼仪清楚地记得，徐志摩那天"穿着一件瘦长的黑色毛大衣，脖子上围了条白丝巾"。他接上张幼仪先是乘火车到巴黎，为她买了几件衣服，还照了几张相。然后乘飞机飞往伦敦。那是一架小型飞机，只能乘坐二十来人。气流的冲击很容易颠簸。几个上下张幼仪就呕吐起来。徐志摩把头撇过去还说："你这个乡下土包子。"没过多久，他也吐了。张幼仪回敬说："我看你也是乡下土包子！"

徐志摩到剑桥后，他们才搬到沙士顿乡下居住。后来徐志摩又让中国留学生郭虞裳进来同住。

郭虞裳（1891年—1971年），上海人，1914年赴日留学，1919年毕业回国，1919年11月到英国，后又转柏林留学，1924年学成归国，1927年后入商界，1949年到台湾。

1921年8月，张幼仪发现自己又怀孕了。她不知道该怎么办，于是告诉了徐志摩。有天下午张幼仪又与徐志摩说了此事，徐听后立刻说："把孩子打掉。"张说："打胎会死人呵！"徐冷冷地说："还有人坐火车肇事死掉的，难道人家不坐火车了吗？"

这期间，一个爱丁堡大学的留学生来徐志摩家吃饭，张幼仪清楚地记得她身穿海军蓝套裙和皮鞋里的那双小脚；她忘记了这位小姐的名字，张邦梅在书中以"明小姐"代替。张幼仪误认为这位明小姐就是徐志摩的恋人，说"看起来很好，可是小脚和西服不搭调"。

徐志摩听了张幼仪对这位中国女留学生的看法，突然叫道："我就知道，所以我才想离婚。"

大约过了一个星期，徐志摩离家出走了。郭虞裳好像看出其中的蹊跷，在一天早晨也提着箱子离开了。

一天早上，张幼仪被敲门声吓了一跳。来人是黄子美，他说从伦敦带来徐志摩的口信。他说："我是来问你，你愿意不愿意做徐家的媳妇，而不做徐志摩的太太？"

张幼仪说："这话什么意思？我不懂。"

黄子美说："如果你愿意这么做，那就好办了。"又说："徐志摩不要你了。"

黄子美走后，张幼仪才明白过来。她给在巴黎的二哥张君劢写了封求救信，把黄子美的话一一向二哥作了转述，并问他怎么办。

几天后二哥从巴黎来信："张家失徐志摩之痛，如丧考妣。"又嘱咐妹妹，"万勿打胎，兄愿收养。抛却诸事，前来巴黎"。

张君劢那时还未结婚，不知道如何照顾妹妹，于是和留学的刘文岛夫妇商议，让妹妹在乡下居住，并请刘的夫人给予照顾。

大约过了三个月，张幼仪的七弟来到法国，便到乡下来看她，然后和七弟一起去了柏林。1922年2月24日，张幼仪在德国医院生下一个男孩，取名德生。大约过了一周，张幼仪带孩子回到七弟住处。一到家就接到吴经熊送来徐志摩的一封信，张幼仪当即便给吴经熊打电话，第二天便去吴经熊家见徐志摩。后来有文字记载"在德国由金岳霖和吴经熊作证"，与徐志摩签了那个离婚文书。其实作证的不只金、吴二人，还有两人参与其事，只是没记住姓名。

那时候，留学生闹离婚成为一种时尚，听说谁要与太太离婚，便拉帮结伙去"帮忙"。陈翰笙、徐志摩便是离婚的先行者。后来张奚若、吴宓、傅斯年、郁达夫都与原配离了婚，只是不像徐志摩那样被人津津乐道。

稍后，赵元任、杨步伟夫妇也来到欧洲，这帮"助离"者也打上了赵元任的主意。有一天罗家伦来到赵家，说有人看见赵元任和他的母亲在街上走，杨步伟比丈夫大3岁，一听便知罗家伦的来意。她当即笑着说："你不要来挑拨，我的岁数，人人知道的。"

罗家伦只好悻悻而归。

在张幼仪动身去德国柏林之前，徐志摩频频收到老父徐申如言辞激烈的家书，徐申如一再申明，如果儿子真的抛弃张幼仪，他将登报同他断绝父子关系，并把家政大权交给张幼仪。

与张幼仪结束婚约后，徐志摩到剑桥王家学院居住。在剑桥，徐志摩遍交朋友，狄更生之外他又认识了瑞恰兹、欧格敦、吴雅各等人。当他们三人合作完成《基础美学》一书，特请徐志摩用中文题写了"中庸"二字，放在书首以增光彩。后来瑞恰兹成了一位颇具权威的文学批评家。

20世纪20年代的剑桥，社会团体是很多的。这些团体每星期都有不少活动，而活动总会有不少名人来讲演，还有会前会后正式或非正式的讨论。志摩很热心参加这些社团活动，对于灵性的熏陶和视野的开阔大有裨益。他获益最多的也在这些方面。剑桥大学的档案记载：徐志摩在王家学院后期，已由特别生转为正式的研究生。学院给他的评语是"持智守礼，放眼世界"，但他没有取得学位。

徐志摩经过政治、经济专业训练，并在美国取得硕士学位。到英国后他当然关注英国和世界政治，在认识罗素等人后，他的思想深受英国名人的影响。他又通过狄更生认识了英格兰布鲁姆斯伯里团体里英国新派画家、评论家罗杰·弗莱。这个团体号称是一群为"无限灵感，无限激情，无限才华"的知识分子，有画家、艺术家、作家、历史学家、经济学家。他们聚在一起吃吃喝喝，还搞出许多花边新闻。罗杰·弗莱、邓肯·格兰特、克莱尔·贝尔、伦纳德·伍尔夫、G.L.狄更斯、E.M.福斯特都是这个团体里最早的成员。聚会场所先是在伦敦的戈登广场伍尔夫处，后在她的姐姐范奈莎·贝尔的查尔斯顿农庄。而这个团体的核心是伍尔夫和她的姐姐画家范奈莎·贝尔，范奈莎·贝尔就是罗杰·弗莱一生的情人。徐志摩不仅把这个团体的理念带入中国，他和胡适等人创办的聚餐会、新月社，也与英格兰布鲁姆斯伯里文学团体有密不可分的关系。徐志摩的绘画兴趣和知识，大多来自罗杰·弗莱。

香港传记作家梁锡华做客剑桥大学，他曾访问过罗杰·弗莱的女儿戴霭敏。她说徐志摩每到伦敦必访她家，不止一次在她家做客，不是与她的父亲谈中国，就是谈艺术。在她的记忆中，徐志摩是一个无拘无束、活泼风趣的年轻人。在访问瑞恰兹时，瑞对梁锡华说："徐志摩经常穿中国长袍飘然出入于众学院间，也经常手夹中国书画手卷，跟老师同学高谈阔论。"又说："徐志摩的朋友满剑桥，特别在王家学院，他成了一个相当有名气的人物。"

1921年5月，林长民在剑桥大学与徐志摩、郭虞裳"偶然相遇"，返伦敦后二十五日又致信二人，"日内盼与振飞相见，请待转此意，二兄如能同约一聚尤盼也"。因为他六月就要去瑞士国联开会。

他找的振飞，即徐新六（1890年—1938年），是清末民初《清稗类抄》编者徐珂之子，1890年生于杭州，曾留学英国获双学士学位，回国后任教北大经济系，后又任兴业银行总经理。

1921年7月25日，林长民又致信徐志摩，信末云："君所善张鑫（歆）才调，令人倾倒，不识何缘可以纳交，纳交孺子为吾儒子耳。此意足下当领会之……仆有女甥数人，皆一时之秀，正待嘉男，以君之交当获隽者，余不一一。"

同年7月31日，林长民再致信徐志摩说："鄙意双方均作已婚，不如一已婚，一因得逢知己遂不娶，较之各怨所婚更有意趣，两边境遇不必尽同也。""文字中英随便"。自此扮假夫妻通信直到归国。此事无聊之极，余文不再赘述。

归期如箭，9月即在眼前。欧洲正值歇业，这段日子怎么打发？父女二人商量，林徽因跟随柏烈特医生和他的5个女儿去南海边游泳，林长民去向欧洲的朋友告别，以结束这次欧洲之旅。

阳光下的海，灿烂得如同布莱顿的玫瑰园。沙滩是松软的，蓬蓬勃勃地撑一个阳伞的世界。卖海鲜的小贩穿梭其间，那些都是十来岁的孩子，篮子里装满煮成金红色的大海蟹和紫红色的小龙虾，他们的叫卖声吸引了来自各地的海浴者。

柏烈特是个50多岁、头发全白的和善老人。他站在浅水处，招呼着林徽因和5个女儿们下海。穿着泳装的林徽因，只和他的小女儿在浅水处，练习着游泳的基本动作。上岸休息的时候，他们在阳伞底下，买上几只海蟹和小龙虾吃，有时则用沙子把自己埋起来，享受温柔的沙浴。

一个星期后，林徽因同时收到父亲和徐志摩的来信，父亲在信中说：

> 得汝来信，未即复。汝行后，我无甚事，亦不甚闲，匆匆过了一个星期，今日起实行整理归装。"波罗加"船展期至十月十四日始行。如是则发行李亦可少缓。汝如觉得海滨快意，可待至九月七八日，与柏烈特家人同归。此间租屋，十四日满期，行李能于十二三日发出为便，想汝归来后结束余件当无不及也。九月十四日以后，汝可住柏烈特家，此意先与说及，我何适，尚未定，但欲一身轻快随便游行了，用费亦可较省。老斐理璞尚未来，我意不欲多劳动他。此间余务有其女帮助足矣。但为远归留别，姑俟临去时，图一晤，已嘱他不必急来，其女九月梢入越剧训练处，汝更少伴，故尤以住柏家为宜，我即他住。将届开船时，还是到伦与汝一路赴法，一切较便。但手边行李较之寻常旅行不免稍多，姑到临时再图部署。盼汝涉泳日谙，心身俱适。八月二十四日父手书。

林徽因接父亲的信，对临行前的准备并不甚着意，而徐志摩那封英文信却使她的心情格外沉郁起来，仿佛心中有许多拔不断的丝，抽得她心中隐隐作痛。徐志摩那满纸都是哀怨的情绪，也使林徽因感到茫然。这个时候，她不知道该怎样给徐志摩回信。

度假结束以前，林徽因收到了父亲的来信：

> 读汝致璧醍函，我亦正盼汝早归。前书所云与柏烈特家同回者，如汝多尽数日游兴了。今我已约泰晤士报馆监六号来午饭，汝五号能归为妙，报馆组织不可不观，午饭时可与商定参观时日。柏烈特处，我懒致信，汝可先传吾意，并云九月十四日以后我如他适，或暂置汝其家，一切俟我与之面晤时，决定先谢其待汝殷勤之谊。八月三十一日父手书。

信中讲到的璧醍是林徽因英语补习老师斐理璞的女儿。前不久父亲同璧醍一起看望了糖厂主柯柏利克。柯柏利克是老斐理璞的姻戚，他同柏烈特医生一样，也是林长民的老朋友，林徽因一年吃的糖不下三木箱，全由柯柏利克供给。林徽因不能去辞行，只好写了封信请璧醍代劳。

1921年10月上旬，林徽因和父亲终于结束了一年多的欧洲之行。他们从伦敦维多利亚火车站出发，到多佛尔港换乘轮渡到法国的敦刻尔克港，向南直达马赛港，再登"波罗加"船回上海。

1921年10月12日。早晨的阳光把泰晤士河染成一片猩红，那片水莲状的云絮，仿佛被万支光线吹到了天空，远天远地地在那里安宁地飘浮，未有一丝的游动，显得如油画般的古典而华贵。维多利亚车站，火车的喘息声不断传来，等待四方旅客的光临。

林长民身穿蓝布长衫，长髯如一蓬水草在胸前飘动，一身中国气派。林徽因也完成了她规定的课程，她"齐耳短发，嫩黄薄绸上衣，领口开尖，袖口只齐及肘弯，枣红丝绒围裙，胸前挂着一串细珍珠，脚穿锃亮的漆皮鞋"（徐志摩语）。在徐志摩、陈源、温源宁、狄更生、柏烈特和他的女儿等人的簇拥下，过站，剪票，登车。林徽因打开车窗，代表父亲向送行的客人频频招手。

这次往马赛登船，在当时是最便捷的路径，即从伦敦乘火车到南海边多佛尔港，轮渡过多佛尔海峡到法国敦刻尔克港上岸南行，直达法国最南部马赛，再换乘海轮"波罗加"，到上海黄浦港上岸。

徐志摩玳瑁式样的镜片模糊了，林徽因的脸庞在镜片上扑朔迷离地幻化着。

火车的汽笛声终于拉响了，列车徐徐开动着离开了站台。

徐志摩觉得，维系在心中的那一丝缠绵，突然被人砍了一刀，他悬在心上的那块石头，突然坠落。

后来林徽因用诗《秋天，这秋天》表达了离情别意。诗写道：

> 这是秋天，秋天，
> 风还该是温软；
> 太阳仍笑着那微笑，
> 闪着金银，夸耀
> 他实在无多了的
> 最奢侈的早晚！
> ……
>
> 这时候满腔的热情
> 全是你的，秋天懂得，
> 秋天懂得那狂放，——
> 秋天爱的是那么不经意
> 不经意的凌乱！
> ……
>
> 秋天的骄傲是果实，
> 不是萌芽，——生命不容你
> 不献出你积累的馨芳；
> 交出受过光热的每一层颜色；
> 点点沥尽你最难堪的酸怆。

今天的别离又是一个秋天，浓得化不开的别离，是爱情凝成的甜蜜和苦涩。林徽因和徐志摩的相识相恋，以林长民和女儿回国暂告一段落。他等待的，是林徽因像往常一样的青鸟传说。

## 04

## 水月镜花

日本远洋客货轮"三岛丸"从法国马赛港起碇，一直向东沿内海航行。船行8日，穿过意大利墨西拿窄窄的海峡，汽笛长鸣三声，船下便是地中海辽阔的水域了。

一场飓风刚刚过去，海面平静得像一块光滑的玻璃。太阳从船的后舷升起来，黄绿色的阳光仿佛在水面下游动，海水越发澄明，飞鱼追逐着航船，起起落落，煞是壮观，有几尾竟飞落在甲板上。有蓝鲸在不远处自由自在地喷吐着飞泉，那水柱在阳光下也是安宁的黄绿色。

徐志摩拉了一张帆布躺椅，在甲板上半躺半坐。地中海湿润清爽的季风，吹拂起他浓密的头发，他推了推眼镜，大口呼吸着早晨清新的空气，这黄绿色的阳光，很容易使他想到比海更遥远的地方。

这是1922年9月，徐志摩怀着异样的心情，搭乘这艘日本远洋客货轮，在海上已经迎迓了几个日落日出。

他眯起眼睛，仿佛听到那黄绿色的阳光一样的声音从海里传来，仿佛听到一粒鱼卵里的生命砰然开放，仿佛听到一只怀珠的母蚌痛苦的呻吟。

遏制不住的诗情撞击着他的心扉，他脱口吟诵着：

　　无量数的浪花，各个不同，各有奇趣的花样，
　　一树上没有两张相同的叶片，

天上没有两朵相同的云彩。

……

　　此刻的徐志摩，已经为他的所爱清扫了心灵深处那片最圣洁的土地，该去的都去了，该来的能如期而来吗？经历过了，挣扎过了，他已心平如镜。

　　前一年秋天，徐志摩办完离婚手续又回到剑桥大学继续他的学业。上课之余，他认为"单独"是一个耐人寻味的现象，是发现人与自然的第一条件。他认为，你要发现你朋友的真，你得拥有与他单独相处的机会；你要发现自己的真，你得有给你自己一个单独的机会；你要发现一个地方的灵性，你也得有单独玩的机会。有了这个发现，许多事情就可以生动起来，那思乡的隐性再不会索然无味。

　　因此，不管是清晨还是黄昏，他徜徉在康河岸边。坐地，读书，看水，或仰卧看天空的行云。康河本不是一条大的河流，但它是全世界最秀丽的一条河。它的宁静优美，以及日光、星光和波光，全都深入他灵魂的深处。他星夜听水声，听小村晚祷的钟声，听河畔牦牛的反刍声，大自然的神秘又是另一番神奇的模样，俗念不再黏滞，跑得无影无踪，而心灵被奥妙地镀上一层贵重的黄金。一旦进入诗思的直觉，他的心象与物象便紧密契合，自然结出绝妙的诗句：

看一回宁静的桥影，
数一数螺细的波纹
我倚暖了石阑的青苔，
青苔凉透了我的心坎
……

　　在瓢泼的狂雨中，他要拉同学温源宁到桥上去等待彩虹的出现。他应邀去伦敦彭德街拜访著名女作家曼殊斐尔（德），曼氏的才华和魅力让他深切折服，她的发型和服饰与林徽因的打扮别无二致。他这次见曼殊斐尔（德），称那是"二十分不死的时间"！

　　他也非常感激剑桥对他的培养，他说："我的眼是康桥教我睁的，我的求知欲是康桥给我拨动的，我的自我意识是康桥给我胚胎的。"尽管他因早归没有拿到康桥的博士学位，他还说：康桥"朗然照出（我）的生命的经纬脉络"！

　　海呀！你宏大幽密的音息，不是无因而来的！
　　这风隐日丽，也不是无因而然的！
　　这些进行不歇的波浪，唤起了思想同情的反应
　　涨，落——隐，现——去，来……

　　他多想这地中海的季风能够强劲些，再强劲些！把他的诗句传导给梦绕魂牵的林徽因。他是为了一个梦想，中断学业踏上归途的。这个梦想，好像血管里的毒液一样折磨着他，为了那个无法排遣的影子，他寝食不安。一个人独处的时候，他总是痴痴地勾勒着那张千遍万遍默想过的面庞，可总是勾勒不出一个完整的形象，勾勒出的只是一些回忆的碎片。

　　梦也做不成一个的时候，诗却写了不少，每一首诗，都是献给心中那个偶像的。他站起身子走到船舷边，凭栏临风而立，索性开怀吟哦：

　　但是你呢——
　　依旧冲洗着欧非亚的海岸，
　　依旧保存着你青年的颜色，
　　（时间不曾在你面上留痕迹。）
　　依旧继续着你自在无羁的涨落，
　　依旧呼啸着你厌世的骚愁，
　　依旧翻新着你浪花的样式，——
　　这孤零零的神秘伟大的地中海呀！

　　徐志摩把十指插进头发里，他被自己的诗句燃烧着。这样的时刻，一根火柴便能引发他血液的沸点。

　　大海，在他的眼前宽阔起来。

　　自去年维多利亚车站告别林氏父女后，"子不语怪力乱神"，林徽因的影子一直盘桓在他的心头，去之又来，来之又去。他思忖良久，决定放弃博士学位，打道回国追求他真正的爱情。他在《康桥再会吧》一首长诗中袒露了他的心迹：

设如我明星有福，凤愿竟酬，

则来春花香时节，当复西航，

重来此地，再拾起诗针诗线，

绣我理想生命的鲜花，实现

年来梦境缠绵的销魂踪迹，

散香柔韵节，增媚河上风流；

故我别意虽深，我愿望亦密，

昨宵明月照林，我已向倾吐……

这首诗虽长，"凤愿竟酬""来春花香时节，当复西航""再拾起诗针诗线，绣我理想生命的鲜花"，不啻为最亮丽的诗质和诗眼。

10月15日，船到上海，天将黄昏，徐志摩拿出望远镜向岸上瞭望，渐次地看见了父亲和亲友，见面后他发现父亲苍老了许多，他狂跳的心，不知是喜是悲，禁不住流下了两行热泪。

母亲和祖母在三泰客栈等着，母亲见到分别四年的儿子，起初是流泪，继而便是久别重逢的欢欣。在上海，他先陪祖母到兰溪路普陀寺去烧香，回来后又陪同父亲到南京成贤学社听佛学大师欧阳竟无讲佛，并在那里谒见他的老师梁启超。回到上海，老同学郁达夫又为他设宴接风洗尘，之后回老家硖石住下。陪陪双亲和从小最亲他的老祖母，弥补4年的离别之苦。

他在上海下船后不久，就听到了这个无疑是当头一棒的消息：林徽因已同梁启超的大公子梁思成结为秦晋之好。他不敢相信，但朋友告诉他，林徽因同梁思成的婚事正在商办中。

他不敢相信，他已经没有力气接受这残酷的现实：他的心上人已罗敷有夫。

他耐不住这灵魂的煎熬，此时他已心力交瘁，梦醒了，梦碎了，他不知道自己回国后这一个多月是怎么活过来的，听朋友们说他脱了个人形，合体的长衫宽大了许多。

北雁南飞，又是故国残秋。

一个多月后，他还是硬着头皮踏上了北去的列车。行前他给林徽因写了一封深情的长信，先期寄往北京。他不知道的是，去年10月，林氏父女乘法国"波罗加"归国后，在上海黄浦港码头登岸，随后梁启超便差人把父女二人接到他在上海的沧州饭店下榻。林徽因风姿绰约的身影，立刻吸引了梁启超的目光，随即为儿子择偶打起了主意，于是把林长民暂留上海，商议共学社和讲学社的创办事宜，第二天即派人把林徽因先行送回北京，继续在培华女中读书。

林徽因在雪池胡同家里

林徽因回京刚刚驻足，梁启超的儿子梁思成即登门拜访。这背后显然藏着什么秘密。

梁思成回忆说："当我第一次去拜访林徽因时，她刚从英国回来，在交谈中，她谈到以后要学建筑。我当时连建筑是什么还不知道，徽因告诉我，那是包括艺术和工程技术为一体的一门科学。因为我喜爱绘画，所以我选择了建筑这门专业。"接下来，梁思成每到星期天都安排二人见面的机会。他们一起游太庙，梁思成还邀林徽因到清华大学看他在管乐队的表演，还频繁到雪池胡同的林宅看望，有时献上花束，与林徽因和她的母亲一起拍照留影，还一起到北海梁启超创办的松坡图书馆读书。

对于这件事，林家内部也有过激烈的争论和权衡。据林徽因的堂弟林宣回忆："当年追求林徽因的人很多，有富豪子弟，有政要新辈，还有大学教授。徐志摩当然是追得最紧的一个。姑且不说林徽因父亲林长民最后如何考虑，单是家族中几个姑姑对徐志摩就极不欣赏。她们结成'统一战线'，全力反对。这些女眷多出身名门大家，皆善诗词曲赋。家中往来又不乏国学前辈，耳濡目染，习于成性，对白话诗视如白开水，不屑一顾。虽然徐志摩当时已小有名气，可在她们心目中却不堪入流。但反对最强烈的原因是：徐志摩是有妇之夫，休妻抛子来追求咱家林小姐，是'做坑'（作孽），万万应允不得。"

这些意见的加入，林长民不得不考虑这些女眷们的意见，尤其是他的大姐林泽民，反对最甚。这无疑动摇了徐、林相恋的根基，天平向着梁思成方面倾斜。

1922年12月1日，徐志摩抵达北京，他先住在东板桥西妞妞房胡同瞿菊农（常州人，瞿秋白本家弟弟）处，几天后又搬到北京《晨报》陈博生家里。陈博生是林长民的同乡，日本早稻田大学前后期的校友，回国后一度在众议院林长民手下当秘书，后转到《晨报》任总编辑。林长民听到徐志摩到京的消息，以他官场的敏感，第一时间意识到问题的严重性，他挥笔给徐志摩写信，无论如何不能将火燃烧起来。信中说：

> 志摩足下：长函敬悉，足下用情之烈，令人感悚，徽亦惶恐，不知何以为答，并无丝豪（毫）mockery（嘲弄），想足下（误）解耳。星期日（十二月三日）午饭，盼君来谈，并约博生夫妇，友谊长葆。此意幸亮察之。敬颂文安
>
> 弟长民顿首十二月一日
> 徽音附候（此为林徽因添加）

林长民接到徐志摩的回信，次日，又致信徐志摩：

> 得昨日手书，循诵再三，感佩无已。感公精诚，佩公莹潔（洁）也。明日午餐，所约咸好，皆是可人，咸迟嘉宾一沾文采，务乞惠临。虽云小聚，从此友谊当益加厚，亦人生一大福兮，尚希珍重察之。敬复志摩足下
>
> 长民顿首十二月二日

林长民的两封来信，无疑给徐志摩的希望泼了一瓢冷水。这些信半是施压，半是安抚，弄得徐志摩满肚子的火也不好发作。徐志摩知道，你向人讨女儿，哪有发火的道理？林长民也知道，女儿在英国与徐志摩的情感，自己不仅知道，甚至赞赏有加，现在情况起了变化，当务之急是做好徐志摩的工作，让他先冷静下来，复杂的事情简单化处理会事与愿违，那样也有失品格和风度。徐志摩也已看到事情发生了逆转，强求也不会挽回，主动权不在他这边，即使林徽因曾经向他表示过什么，那也已是明日黄花。此时他才感到，一个深刻的忧郁占定了他。他真的感到形单影只，孤立无援，只得听凭命运安排，西方给予他的信仰、自由和勇气，也已跑得无影无踪，心像一块石头，无可奈何地向深渊坠落。

那场宴请，他是硬着头皮和陈博生夫妇参加的，唯一希望是再见林徽因一面，看一看她的新家。他们一行进了北海东门外的雪池胡同，向北直行，向西拐弯再向北，又经过清代的一座冰窖，抬头看时，一个不大的门扉，那块蓝底白字标着2号的门牌，映入志摩一行人的眼帘。轻轻叩了一下门扉，门房将他们引

到"桂林一枝室"，林长民和女儿出门相迎。徐志摩看了一下，觉得前院缺点什么。林徽因告诉他，一进是她父亲居住，二进是个方方正正院子，北房四间，东西配房各两间，二娘和几个弟妹在此居住。最亮眼的是那两株栝树，树干通直，姿态优美，树冠在空中伸展成圆盘状，恰似铜钱，北方人叫它金钱树，它原产于浙江丽水，也是丽水的文化树。林徽因说，父亲很喜欢这个树种，是特意从南方买来的。三进从东南角夹道进入，是母亲和她的居所，从南至北一排东房，是个条形小院，宽不过两米，北头是厨房。

因为林长民的厨子是广东人，这天准备的是一桌地道的潮州菜和绍酒，唯有最后的一道汤，是西湖的莼菜加银鱼。那是浙菜中的极品。

徐志摩本是一个活跃人物，席间却一反常态，矜持少言，尽管林徽因不停地为他夹菜，说些他喜欢听的话，他也仅仅点一点头，像一个初逢的路人。最让他关注的，是福建老诗人陈石遗应林长民的要求题写的一首七言诗：

> 七年不见林宗孟，剃去长鬓貌瘦劲。
> 入都五旬仅两面，但用心亲辞貌敬。
> ……
> 小妻二人皆揖我，常服黑色无妆靓。
> 长者有女年十八，游学欧洲高志行。
> 挚交新会梁氏子，已许未婚但未聘。
> ……
> 十余年后试屈指，定非寻常旧百姓。
> 须臾留饭出乡味，团团十人一家并。

这首诗写得很长，因在席间，徐志摩只是侧目看了几眼，结尾落款是《宗孟留饭索诗之并约作妪解语》，壬戌年癸酉月（1922年10月）。

直到这时，他才真的相信，命运真是如此鲁钝、盲目和任性。

徐志摩不知道是怎样吃完这餐饭的，两个小时匆匆过去。看看日影已西斜，他和陈博生夫妇起身向林长民父女告辞，他两眼空蒙，已看不清林徽因的面孔了。林长民让女儿徽因把客人送至路口，他们乘车回到陈博生的住处。路上林徽因一直找话题与志摩说话，而他总是沉默不语。林徽因说："你在英国时那么多的话跑到哪里去了。"徐志摩勉强说:"也许都在英国说完了,我的心,我的爱,我的希望,早已丢到泰晤士河里了。"林徽因眼里早已储满了泪水,她从身后拍了志摩一掌,他回头看时,她将一封信塞到他手里。

夜色深沉,天河横陈。寒风在窗外摇曳着那轮冰冷的月亮,徐志摩脸色越发惨白。他沉思着,呻吟着,明日,他将何往?

不久,徐志摩从陈博生处搬到北新桥锅烧胡同蒋百里寓所,蒋是徐志摩姑丈的族弟,一个不远的亲戚。蒋早年留学日本和德国,曾任总统府秘书、保定军校校长,蒋介石是该校的学生。此时蒋百里弃武从文,主编《改造》杂志,并任松坡图书馆图书部主任。在这里,徐志摩帮助蒋百里较好地处理了不少图书馆和讲学社的英文信件,蒋便与主持图书馆的总务部主任蹇季常商量,让徐志摩任图书馆西文二馆的秘书。中文图书馆在北海快雪堂。这是徐志摩到北京后的第一份工作。梁启超当馆长只是挂个名儿,实际负责馆务的是蹇季常。梁启超原想把徐志摩支开,到上海《时事新报》编副刊《学灯》,因徐志摩不去而告吹。

然而,徐志摩并没有安于此职,如何立身、如何独立,才是他回国后追求的属于自己的一份事业:开辟文艺的新土。从此时起,他三个月内在《努力周刊》《时事新报·学灯》《晨报·副刊》等报刊发表了《希望的埋葬》《教育中国的自由》《就是打破了头,也要保持我们灵魂的自由》等诗文和译文近20篇。尤其《康桥再会吧》一诗,错排再三,《学灯》的主任多次声明道歉,直到第三次才勉强过关。正是这样的连番出错,引起世人广泛注意,使得徐志摩声名鹊起,名声大噪,立刻传播开来。

春天的时候,他还应清华高等科同学邀请,到同方部小礼堂以牛津方式作题为《艺术与人生》的讲演。他身穿一件丝绸夹袍,外加一件小背心,缀着几颗闪闪发亮的纽扣,足蹬一双黑缎皂鞋,风神潇洒,飘然而至。小礼堂里挤满了人,青青白白的头皮,足有二三百人,都是慕名而来的听众和观众。他的讲演,不是讲,而是读,用的全是英文,不用说,讲演并不成功,奇怪的是,越是听不懂,名气却越大。

没过多久,北师大附中初中二年级一个叫曦社的同学也来请他。这些小同学怕请不到,还公推住在松坡图书馆的蹇先艾去请,因为他的叔叔蹇季常是图书馆的主任,面子大,徐志摩才回来演讲。没想到蹇先艾一找到徐志摩,他没有任何推诿,便答应了他们的要求。讲演在蹇先艾这个班教室里进行,题目是《诗人与诗》，由朱大坍做记录。徐志摩站在讲台上讲了一个小时，深深地吸引了全班同学，李健吾、蹇先艾、朱大坍等曦社的文学爱好者大开了眼界。讲演经整理后发表在《新民晚报·朝花副刊》上，之后，围绕着这次讲演的内容，展开了一场反方和正方的争论，也给徐志摩的讲演造成意想不到的影响和效应。

1922年年末，梁启超在上海、南京一带因连番讲演、酗酒过度而导致心脏不适，学生张君劢便安排他在上海沧州饭店休息，还速召他的偏房夫人王桂荃带孩子由津至沪来侍候。便是在此时，他还紧盯着徐志摩北上的一举一动。张君劢对徐志摩也耿耿于怀，不时在梁启超面前讲些流言蜚语，让梁启超在病中不得安宁，异感丛生。

1923年1月2日，梁启超寄信北京丞相胡同北平《晨报》社陈博生收转徐志摩先生启，信中说：

> 君劢濒行之前两夕，语及弟事，令吾颇起异感。吾昔以为吾弟与夫人（此名或不当，但吾愿用之）实有不能相处者存，故不忍复置一词。令闻弟归后尚通信不绝，且屡屡称誉，然则何故有畴昔之举？真神秘不可思议矣。吾初又疑弟亦君劢然，喜作独身生活，今据劢所云，似又不然，吾益用迷惑。兹事自非局外人所能参末议，然以吾与弟之交，有两事不能为弟忠告者：其一，人类特有同情心以自贵以万物，万不容以他人之苦痛易自己之快乐，弟之此举，其以弟将来之快乐能得与否，殆茫如捕风，然先已予多数人以无量之苦痛，重闽之悲诧，微，君劢言吾亦可以推想得之，君劢家之老人，当亦同兹感。夫人或与弟同怀抱所痛灭杀？然最难堪者两儿，弟既已育之，胡能置之，兹事恐弟将终身受良心上之重罚无以自宁也。其二，恋爱神圣为今之少年所最乐道，吾于兹义固不反对，然吾以为天下神圣之事亦多矣，以兹事为唯一之神圣，非吾之所敢闻，且兹事盖可遇而不可求，非可谓吾欲云云也。况多情多感之人，其幻象起落鹘突，而得满足得宁贴也极难，所梦想之神圣境界，恐终不可得，徒以烦恼终其身已耳。呜呼。志摩，天下岂有圆满之宇宙若尔尔者？孔子赞易无取，以未济终矣，当知吾侪以不求圆满为生活态度。斯可以领略生活之妙味矣。吾以为人类对于两性间相互最好是以"无着落"之态度行之（君劢最能如此，吾亦颇如此。），则最少亦

可以减无量苦痛。吾固知弟为富于情感之人，未易语此，然吾自审吾之情感并不视弟为贫弱，吾固有与弟言此之资格也。呜呼。志摩，当知人生树立甚难，消磨甚易，如志摩之年，实一生最可贵之时期，亦最危险之时期也，若沉迷于不可必得之梦境，挫折数次，生意尽矣，郁邑侘傺以死，死为无名；死犹可也，最可畏者，不死不生，而堕落至不复能自拔，呜呼。志摩，可无愧耶！可无惧耶！吾与志摩相处之日殊浅，吾所虑者或皆不衷于事实，然吾之爱惜吾志摩者至厚，自闻君劢言后，耿耿于中，无一时能释。顷辍课来沪，夜中思此，不复成寐，披衣起，作此数纸。或非志摩所乐闻，然吾终望志摩知我对志摩用情之深，虽今日不寝，终有日能寝也。旬日后即北归，当约志摩就我，再罄其怀抱耳。惨蜷之极，不尽欲言，专上。

志摩爱弟

启超

一月二日夜三时上海沧洲旅馆

《政治思想史》全部脱稿矣，甚盼，弟能逢译也。

此函看似道貌岸然，实则难掩自私本性，铿锵有力的言辞却苍白得毫无说服之力，因为他违背了事情的真相。从北平《晨报》社陈博生处转来梁启超的信后，对于受过西方教育的徐志摩来说，不仅不能接受，而且回信驳斥道：

……我之甘冒世之不韪，竭全力以斗者，非特求免凶惨之苦痛，实求良心之安顿，求人格之确立，求灵魂之救度耳。人谁不求庸德？人谁不安现成？人谁不畏艰难？然且有突围而出者，夫岂得已而然哉？……

我将于茫茫人海中访我唯一灵魂之伴侣，得之我幸；不得，我命。如此而已……嗟夫吾师：我尝奋我灵魂之精髓，以凝成一理想之明珠，涵之以热满之心血，朗照我深奥之灵府。而庸俗忌之嫉之，辄欲麻木其灵魂，捣碎其理想，杀灭其希望，污毁其纯洁！我之不流入堕落，流入庸懦，流入卑污，其几亦微矣！

（徐志摩一九二三年一月）

事隔不过五日，梁启超在上海给在马来西亚的大女儿思顺去信说：

宝贝思顺：

我三十日夜里去上海，前晚夜里回来，在上海请法国医生诊验身体，说的确有心脏病，但初起甚微，只须静养几个月便好，我这是真有点害怕了。……我准十五日回家，到家当在汝母生日前两日。思成和徽音已有成言，我告诉思成和徽音须彼此学成后乃订婚，朋友中多说该如此。你的意思怎样呢？

爹爹民国十二年一月七日

梁启超的信，终于说出了事情的原委，他这个老师的做法怎么会让徐志摩佩服呢？至于林家如何选择，如门当户对、徐志摩结婚生子等，那是另一个问题。

这个冬天，徐志摩碰壁连连，热火般的希望消失殆尽，他"像拿破仑从滑铁卢败下阵来"。1月22日，他在诗作《北方的冬天是冬天》中说：

北方的冬天是冬天！
满眼黄沙漠漠的地与天；
赤膊的树枝，硬搅着此风光——
一队队敢死的健儿，傲立在战阵前！
不留半片残青，没有一丝黏恋，
只拼着精光的筋骨；凝敛着生命的精液，
耐，耐三冬的霜鞭与雪拳与风剑，
直耐到春阳征服了消杀与枯寂与凶残，
直耐到春阳打开了生命的牢监，放出一瓣的树头鲜！
直耐到忍耐的奋斗功效见，健儿克敌回家酣笑颜！
北方的冬天是冬天！
满眼黄沙茫茫的地与天；
田里一只困顿的黄牛，
西天边画出几线的悲鸣雁。

诗写的是北方的冬天，也是他心灵中的冬天，"赤膊的树枝，硬搅着此风光"，"不留半片残青"，他"拼着精光的筋骨；凝敛着生命的精液"，一种孤独、无助的情绪将他裹于其中，"耐""忍耐"连番五六次在诗中出现，抵御着"满眼黄沙漠漠的地与天"。他无奈地看着心爱的人"名花有主"，如一张琴碎在风中，那颗火热的心，寒冷从沸点降至冰点。

　　1923年春节，徐志摩怀着五味杂陈的心情回硖石老家过年。

05

伤痛·新月

　　1923年5月7日，是林徽因与梁思成情感史上重要的一天。

　　那天是星期一，很好的阳光，大学生们在大街上扯起横幅，举行"五七国耻日"（1915年5月7日，日本政府向袁世凯提出卖国"二十一条"）游行，梁思成带他的弟弟梁思永，驾驶着大姐梁思顺（姐夫周希哲是驻马尼拉总领事）从菲律宾给买来的哈雷·戴维森牌摩托车，行驶到南长街时，陆军部次长金永炎的汽车迎面撞过来，一个电光石火的瞬间，悲剧发生了。摩托车被撞翻，重重地把梁思成压在下面，弟弟梁思永被扔出老远。金永炎坐在车里命司机继续前行，梁思永站起来，伤口流着血，他发现哥哥梁思成躺在那里不省人事，立刻跑回家叫人。一个仆人急急忙忙赶到出事地点，背回了梁思成。

　　梁思成满面苍白，几乎没有血色，眼珠也停止了转动，一家人吓得大哭小叫。刚从西山赶回来的梁启超，努力把心镇定了一下，急忙让人去找医生，幸好从马尼拉买回的汽车停在门口，差不多一个多钟头，才把一个年轻的外科大夫俘虏一样地押了进来。经大夫仔细检查，这才发现梁思成的右腿骨折，马上送往协和医院。

　　兄弟二人同住在医院一间病房里，梁思永一个星期就出院了，而梁思成在这里要住八个星期。

　　林徽因在几个小时后得到了消息，匆匆赶到协和医院，梁家人差不多全拥挤在病房里。林徽因的脸上淌着汗水，胸脯剧烈地起伏着。梁启超让梁思忠给她递了一块毛巾，安慰说："思成的伤不要紧，医生说只是右腿骨折，七八个星期就能复原，你不要着急。"

随后，林长民和夫人也风风火火地赶到了。梁家一家、林家一家从中午守护到傍晚，送来的饭菜，冷了又热，热了又冷，谁也没动一口。林徽因呆呆地坐在梁思成床边，梁思成每一声呻吟都牵动着她的心。她紧锁双眉，牙齿把嘴唇咬出了血。

一个星期来，林徽因从学校请了假，一直守在思成的病床边，殷勤地喂饭、喂药。梁思成刚刚动完手术，身子还不能动弹，但是，他的神情却很快地好起来。

林徽因经常带一些报纸来读给他听。一次她翻开一张北平《晨报》，凑到梁思成耳边，悄声说："你成明星啦！"

梁思成接过报纸，见他撞车的消息赫然登在头版，他无言地苦笑了："这我倒不感兴趣，你在这儿陪我，就三生有幸了。"

坐在一旁的李夫人却皱起了眉头。

李夫人名蕙仙，贵州人，是清朝礼部尚书李瑞棻的堂妹。光绪十五年（1889年），李瑞棻以内阁大学士衔典试广东，17岁的梁启超受到他的赏识而中举，后李又把堂妹许配给梁启超为妻。李夫人出身名门，自幼熟读诗书，不苟言笑，性情有点乖戾，是个秉持传统礼法的人。

虚弱的梁思成每每在林徽因的帮助下翻动一次身子便大汗淋漓。林徽因顾不得擦自己的汗，便用温水绞了毛巾，轻柔地在梁思成的额上擦拭。每到这个时候，李夫人便不无愠色地抢过毛巾。

梁启超却很高兴。他深知李夫人对现代女性有成见，每到这时，便出来打个圆场："这些本来就是徽因的事嘛！"

如今，这场意外事件，却检验了林徽因对梁思成的感情，梁启超似乎可以放心了。

梁启超告诉梁思成，在这段养伤的日子，乘机要读些国学书籍。他派人给思成送来了《论语》《孟子》，温习吟诵，务能略举其辞，尤其是文中有益修身的文句，要细加玩味。再将《左传》《战国策》全部浏览一遍，可益神智，且助文采也。更有余日读《荀子》则益善。训诂难通处，可再取一部《荀子集解》，可减少时间，读懂读通。

至于出洋事，可迟一年为要，徐志摩亦如此说。身体未完全复原，旅行恐出毛病，为一时欲速为念，而贻终身之感。

梁思成大约8月初才能出院，暑期其父带着徐志摩到南开演讲，要回天津一月才能返京。

1923年11月5日，梁启超再致信女儿思顺，信中说：

> ……平心而论，爱女儿哪里能不爱女婿呢，但总是间接的爱，是不能为讳的。徽音我也很爱她，我常和你妈妈说，又得一个可爱的女儿。但要我爱她和爱你一样，终究是不可能的。我对于你们的婚姻，得意得了不得，我觉得我的方法好极了，由我留心观察看定一个人，给你们介绍，最后的决定在你们自己，我想这真是理想的婚姻制度。好孩子，你想希哲如何，老夫眼力不错吧。徽音又是我第二回的成功。……唉，我也太费心力了。
>
> 民国十二年十一月五日

这信件，再次从背面赤裸裸地看清这桩婚姻的始末，梁启超也显示出他导演的成功。躺在书库的文字已近百年，当事人也都作古，今天读之，让世人又看到一代文人的自负和骄傲，喜不自胜夸他的好"眼力"。在蒋介石当政时，这些为北洋政府效力的人，大约多数政治上不被看好，现在从学术上看法有些扭转。几家欢乐几家愁。徐志摩从西方回来，稚嫩、青涩的他，四处碰壁，恋爱失败仅是一例，面对旧的壁垒，只知道哭泣"北方的冬天是冬天"，发出"满眼黄沙漠漠的地与天"的悲声。

梁思成的伤，开始院方告诉他没有骨折，不需要动手术，但实际上是复合性骨折，到5月底已动过三次手术。从那时起，梁思成的右腿比左腿短了一截，造成他终身跛足，后来还做了钢背心，帮助脊柱尽力不被拉伤。

梁思成的母亲对撞伤儿子的官员大动肝火，她亲自登门找到总统黎元洪，要求处罚这个官员，对方最后说是司机的过失，母亲仍不罢休，直到黎元洪替那个官员道歉为止。

一个半月以后，梁思成伤愈出院。林徽因也于培华女中毕业，并考取了半官费留学。

接他的那天，林徽因带去了一束鲜花。

从那天起，林徽因才懂得，心灵所珍藏的东西也许有一天会被命运所摒弃，然而，却不会有哪一种命运能够超越心灵。

因了这种情愫，翌年初春，她走进了西单石虎胡同7号。

这是一处两进两出的幽静的庭院。院落不大，但布局严谨，一正两厢，掠檐斗拱，很是气派。乍暖还寒天气，院里的柿树依然保持着冬天的凝重，只是枝梢上泛出一点儿淡淡的青意。捺不住性子的是那簇藤萝，铁青色的枝干上，已经有黄绿色新叶钻了出来，让那料峭的春寒，顿然有强弩之末的畏惧。那是一个羸弱的季节，然而却有着不可忽视的力量。

林徽因（右一）与表姊妹在培华女中学习时留影

松坡图书馆的外文部就设在这里。石虎胡同7号的前身是乾隆朝大学士裘曰修的府第。裘曰修（1712年—1773年），号文达，江西新建双港人，乾隆四年进士，乾隆八年擢侍读学士，后任内阁学士，历任礼部、刑部、工部尚书，后入军机，乡试、会试总裁，《四库全书》馆总裁，著有《热河志》《太学志》等多种著作，早年为一代汉臣，纪晓岚业师。再往前则是右翼宗学，雍正年间办的贵族子弟学校。一代文豪曹雪芹和他的挚友敦敏、敦诚也曾在这小庭院里落过脚。1913年是蒙藏专科学校。1923年多了一块牌子，成为聚餐会和新月社的活动场所。

松坡图书馆以蔡锷将军的字命名，不久前梁启超主持从沪迁京，主馆设在北海快雪堂。在胡适、蒋百里的帮助下，徐志摩担任了外文部秘书，这里同时兼他的寓所。

林徽因（前右排一）、梁思成（前排右三）等在西单石虎胡同7号新月社院内（1942年）

林徽因推开了北正厅的房门，眼前一亮：墙壁重新粉刷一新，地上居然铺了一块大红色的地毯，四周放了一圈沙发，窗明几净，几盆仙客来热热闹闹地竞相绽放，嫩嫩的花瓣粉、白、紫、红相间，如一群蝴蝶不停地翕动着自己的翅膀。

徐志摩正在忙碌着，他的眼里布满了血丝。今天是个重要的日子，为了筹备新月社的成立，他已一连数日寝不安席了。这件事也真难为了他，筹措经费、请厨师、粉刷房屋，他都要操心，亏了有个能干的黄子美，跑前跑后，也亏了徐申如老先生与儿子尽释前嫌，慷慨解囊，这个由周末聚餐会衍化而来的新月社，才不至于胎死腹中。

"好漂亮哟，与你那首《落叶小唱》同样让人心动！可别忘记给我们朗诵呀。"林徽因福建风味的京腔活泼得如一泓春水。

"让林小姐夸奖可不容易呀！"徐志摩饶有兴味地笑笑，给林徽因搬过一把椅子。

林徽因没有坐下来，她兴奋地绕着大厅走了一圈，又到院子里去看那藤萝，惊奇地叫着："志摩，你看，这藤萝出新叶啦，用不了多久，就会有一串一串的紫花开出来，那时这小院就更美啦。"

徐志摩的眼睛也放出光来："新月社就像这藤萝一样，有新叶就会有花朵，看上去那么纤弱，可它却是生长着的，咱们的新月也会有圆满的一天，露出我们的真正的棱角。你说是吗？"

林徽因欣然地说："就是那个棱角！"

"就凭咱们这一班爱做梦的人和那点子不服输的傻气，有什么事干不成！当年罗塞蒂兄妹共同在艺术界打开了一条新路，萧伯纳、卫伯夫妇合在一起，在政治思想界也开出了一条新道。新月，新月，难道我们这新月是用纸板剪成的吗？"

林徽因不无感触地说："把树栽到一块儿，才能实现丛林观念！"

"我们有许多大事要干，我们要排戏，要办刊物，要在中国培养一种新的风气，恢复人的天性，开辟一条全新的道路。"徐志摩又说，"目前最重要的是，别忘记赶紧排练诗剧《齐德拉》，泰翁来时你还要饰演马尼浦王的女儿齐德拉呢！"

说到演剧，林徽因的情绪飞扬起来。

社员们三三两两地来了。

第一个来的是胡适，这位蜚声中外的学者，穿一件蓝布棉袍，袖着手，如一位乡塾的冬烘先生，一进门就冲着厨子用满口徽州土话大嚷："老倌，多加油啊！"

徐志摩打趣地说："胡先生，给你来个'一品锅'怎么样？保险不比江大嫂的手艺差！"

林徽因拊掌咪的一声笑了。她难得看到不苟言笑的胡博士竟如此幽默。

随后来的是陈通伯和凌叔华。瘦瘦的陈通伯，温文尔雅，一副闲云野鹤的派头；凌叔华人淡如菊，鹅蛋形的脸上挂着纯净的笑。

大个子金岳霖像一匹骆驼，侧着身子走进来。林徽因笑道："老金这一来，这屋子就矮了！"

大家都笑起来。

姗姗来迟的是梁启超和林长民。秃头顶、宽下巴的梁启超，穿着肥大的长袍，风神潇洒，左顾右盼，连声赞叹着："收拾得不错，蛮像样子嘛！"

一群人吵嚷着："今天长民先生来晚了，罚他唱段《甘露寺》！"

林长民抱拳过头，向四座拱手："多谢列位抬举，老夫的戏从来是压轴的，现在不唱！现在不唱！"

也许没有谁意料到，他们以印度诗哲泰戈尔《新月集》命名的这个小小社团，就在这一天平平常常地走进了中国新文化运动的历史。

就像他们谁也没有注意到，这个幽静小院中那株挺拔的柿树，会在荡漾的秋风里，无可置疑地捧出一树纯情的甘甜！

06

## 饰演泰剧《齐德拉》

一千响的霸王鞭，在蓝天的背景上，挑起一杆杆红火烂漫的期盼。

晚上7时15分，那节墨绿色的车厢，如一艘从远海归航的古船，静静地泊在北京前门东火车站的月台上。欢迎的人群站成一排，神情肃然，等待那个庄严的时刻。这是一支文化名人的仪仗。蒋百里、林长民、陈通伯、林玉堂（林语堂）、张逢春，北京大学、北京师范大学师生，各团体代表和英、美、日等驻华人士，计有四五百人（见《泰戈尔来华讲演及论争》一书）。大家或西装笔挺，或长衫飘洒，唯有林徽因白衫黑裙，上着一件青色坎肩，素洁淡雅，卓尔不群。一束红色鲜花捧在她的胸前，人面花朵，相互映照。

车门打开了。

当那个头戴绛色柔帽，身穿褐色长袍，童颜鹤发、长髯飘逸的老人出现在车门口，林徽因的一颗心像要跳出胸膛，这就是诗哲泰戈尔吗？她眼前出现的分明是诙谐睿智的圣诞老人和慈眉善目的东方式寿星。他仿佛来自一个童话，来自天外一个圣灵的国度，如果不是同时出现在车门口的徐志摩目光的提醒，她几乎忘了献上手中的鲜花。

鞭炮响了，纷纷扬扬的花雨，点缀着1924年4月23日那页史诗般的记忆。

这是最具中国古典意味的欢迎仪式。泰戈尔异常兴奋，他孩子般地笑着，伸出双臂，像是要拥抱整个天空。

从4月12日"热田丸"徐徐驶入黄浦江时起，泰戈尔就始终处在兴奋之中。这

位名震寰宇的亚洲诺贝尔奖获
得者第一人的来访，使中国知
识界的神经兴奋起来。他与春
天一同莅临在亚洲这个早已心
向往之的国度，他的生命中也
仿佛注入了一种神奇的力量。

在桃花如云的龙华，在
柳浪莺歌的西湖，在六朝烟霞
的秦淮，在漱玉泄珠的泉城，
在五岳独尊的泰岱……他沐浴

1924年，林徽因与梁思成、泰戈尔等合影

在中国文化的氤氲里，恒河与黄河在他的心中交汇了。他踏访遗迹，发表演讲，
乐此不疲。徐志摩从汇山码头接船，一直陪伴在他身边。

那些日子，徐志摩也处在高度的亢奋之中，泰翁访华的讲稿，是经他事先翻
译好的，老人的行程也都由他精心安排。他们朝夕相处，谈创作的生活，谈心灵
的自由，谈普爱的实现，谈教育的改造。他们的话语，如山涧流泉，空中行云，两
颗诗心跳动在一起。在杭州陪泰翁畅游西湖，他竟一时诗兴大发，在一株海棠树下
作诗达旦。梁启超褒奖学生的豪举，曾集宋人吴梦窗、姜白石的词，作一首联句：

临流可奈清癯，第四桥边，呼棹过环碧；
此意平生飞动，海棠树下，吹笛到天明。

林徽因的情感虽然不像徐志摩那样奔放，但她心灵的泉水也未静止过。从泰
戈尔踏上中国的土地那天起，她就留心每天的报纸，为他们计算着行期。泰戈尔
那些脍炙人口的名作，她早已烂熟于心，她盼望早一天见到心中的偶像，可是当
泰戈尔出现在她面前时，她自己却在那个瞬间不由自主地进入了童话般的境界。

鸽群似的祥云大朵大朵地飞过，湛蓝的天空一碧如洗。
先农坛的草坪刚刚修剪过，阳光很舒展地铺在上面，每一片草叶都浮光跃
金，蒸发起一种沁人心脾的气味。那气味，很容易让人想起梦中的田园，遥远、
古老而安宁的天籁。

这个集会原定在天坛内的圜丘举行，考虑到天坛门票太贵，听讲的青年学生大都经济拮据，于是改在了不收门票的先农坛里面的雩坛举行。

4月28日，欢迎泰戈尔先生的集会，就在这充溢着生命的繁茂草坪上进行。

仙风道骨的诗哲泰戈尔，由林徽因搀扶登上主讲台，担任翻译的是徐志摩。当天京城的各家报纸，都开辟醒目版面，渲染了这次集会的盛况，说林小姐人艳如花，和老诗人携臂而行，加上长袍白面、郊寒岛瘦的徐志摩，犹如松竹梅的一幅三友图。

林徽因的纯情美丽，徐志摩的翩翩风度，与泰戈尔老人相映生辉，一时成为京城美谈。

泰戈尔的演讲，是即兴式的。他满怀同情和亲善的情感，注视着中国的心灵。他说："吾今日受诸君之欢迎，使吾心中大为感动。盖诸君今日所以欢迎吾者，乃以亚洲民族和平亲爱之精神，及基此精神发之和声也。"

他清了清嗓音继续讲下去："诸君须知吾亚洲人士受西方人士之压迫，已非一朝一夕，然彼等所用以压迫人者无他，体力及智力而已。吾人受西方人士过度之压迫，几自忘吾人所已有之位置，以至西方人士来吾人之亚洲，吾人竟不能以主人之资格欢迎之。……吾东方人士今已到达于第三期，吾人已霍然醒觉，知体力智力征服世界之外，尚有一更光明、更深奥、更广阔之世界。吾人于黑暗寂寞之中，已见一导引吾人达于此光明、深奥而广阔世界之明灯，唯吾人如欲到达此世界，则吾人不可不知服从与牺牲，乃吾人到达彼世界之唯一阶梯。吾人欲得最大之自由，则必须能为最忍耐之服从；吾人欲得最大之光明，则必须能为最轰烈之牺牲。"

稍做停顿，他喝了一口林徽因递上的热茶，眼睛望了望远方的天空，他的话语激昂起来："未来之时代，绝非体力智力征服之时代，体力智力以外，尚有更悠久、更真切、更深奥之生命。吾东方人士今日虽具体已微，然已确有此生命矣。西方人士今因专尚体力智力，积极从事杀人之科学，借以压迫凌辱体力智力不甚发达者，即吾人亦尚在被压迫之中。但吾人如能为最大之牺牲，则吾人不久即可脱离彼等之压迫矣。"

他银白色的长髯飘拂着，仿佛站在恒河岸畔，在面对整个人类发言。他嗓音洪亮，精神矍铄："在结束我的讲演之前，我想给你们读一首我喜爱的诗：仰仗恶的帮助的人，建立了繁荣昌盛，/依靠恶的帮助的人，战胜了他的仇敌，/依赖恶的帮助的人，实现了他们的愿望，/但是，有朝一日他们将彻底毁灭。"

他的朗诵，如林间涌出来的流泉。徐志摩的翻译也文采飞扬，他那硖石官话夹杂其间的京腔，抑抑扬扬，如行云流水，淙淙入耳。林徽因不时报之以赞许的目光。

讲演会结束之后，林徽因对徐志摩赞许说："今天你的翻译发挥得真好，好多人都听得入迷了。"

徐志摩说："跟泰戈尔老人在一起，我的灵感就有了翅膀，总是立刻就能找到最好的感觉。"

林徽因说："我只觉得老人是那样深邃，你还记得你给我读过的惠特曼的诗吗？——'从你，我仿佛看到了宽阔的入海口。'面对泰戈尔老人，觉得他真的就像入海口那样，宽广博大。"

林徽因、徐志摩一左一右，相伴泰戈尔的大幅照片，登在了当天的许多家报纸上，京城一时"洛阳纸贵"。

5月8日，是泰戈尔先生64岁生日。在筹备庆祝活动时，林徽因问徐志摩以什么方式庆祝，徐志摩说，当然按中国传统方式。

生日晚宴办得很热闹。胡适做主席，400位北京最著名的人物出席了宴会，送给泰戈尔的寿礼是十几张名画和一件古瓷。然而，使泰戈尔最高兴的，是他获得了一个中国名字。命名仪式由梁启超亲自主持，他说，泰戈尔先生的名字"拉宾德拉"的意思是"太阳"与"雷"，如日之升，如雷之震，所以中文应当译为"震旦"，而"震旦"恰恰是古代印度称呼"中国"的名字，音译应为"震旦"，意译应为"泰士"。泰戈尔先生中文名字"震旦"象征着中印文化永久结合。梁启超又说，按照中国人的习惯，名字应该有姓，印度国名"天竺"，泰戈尔当以国名为姓，全称为"竺震旦"。

徐志摩神采飞扬地把梁启超的话译给泰戈尔，泰戈尔激动地离席起立，双手合十，全场爆发出热烈的掌声。

掌声中，梁启超把一方鸡血石的印章献给泰戈尔，印章上用正宗金文镌刻着泰戈尔的中国名字"竺震旦"，泰戈尔把那方珍贵的鸡血石印章捧在胸前说："今天我获得了一个名字，也获得了一次新的生命，而这一切，都来自一个东方古国，我倍加珍惜。"

生日晚宴结束之后，在东单三条协和小礼堂为他精心安排了一场演出。这座礼堂坐南朝北，是一座传统的中国建筑，飞檐斗拱的门楼是地道中国式的，礼堂内部灯火辉煌，座位的长椅一排排摆开，是20世纪20年代中国北方都市的一座现代化建筑，许多名人常到这里讲演聚会。

泰戈尔喜欢看戏，尤其喜欢看他自己写的戏。今天为他演出的，是他根据《摩诃德婆罗多》书中一段故事写成的抒情诗剧《齐德拉》。

因为是专场演出，导演是张彭春，且人物对白全部用英语，观众只有几十个人，不大精通英语的梁启超，由陈通伯担任翻译。

演出前，林徽因饰一古装少女，雕塑般地恋望着一轮大大的"新月"，以示新月社组织的这场演出活动。

这个剧本的故事，是由印度史诗《摩诃婆罗多》的情节演变而成，齐德拉是马尼浦国王的女儿，马尼浦王系中，代代都有一个男孩传宗接代，可是齐德拉却是她的父亲齐德拉瓦哈那唯一的子女，因此父亲想把她当成儿子来传宗接代，并立为储君。公主齐德拉生来不美，从小受到王子应受的训练。邻国的王子阿顺那还在苦行誓愿的路上，一天王子在山林中坐禅睡着了，被入山行猎的齐德拉唤醒，并一见钟情。齐德拉生平第一次感到，她没有女性美是最大的缺憾，失望的齐德拉便向爱神祈祷，赐予她青春的美貌，哪怕只有一天也好。爱神被齐德拉的诚心感动了，答应给她一年的美貌，丑陋的齐德拉一变成为如花似玉的美人，赢得了王子阿顺那的爱，并结为夫妇。可是这位女中豪杰不甘冒充美人，同时，王子又表示敬慕那个平定了盗贼的女英雄齐德拉，他不知他的妻子就是这位公主。于是，齐德拉祈祷爱神收回她的美貌，在丈夫面前显露了她本来的面目。

在剧中，林徽因饰齐德拉，张歆海演阿顺那，徐志摩和林长民扮爱神和春神。丁西林、蒋百里饰村民、王孟瑜，袁昌英饰村女。

与泰戈尔同行的印度画家南达拉波斯在后台为他们化妆。印度男女是又大又圆的眼睛，林徽因的杏眼化妆起来有些困难，南达拉波斯却说她像印度阿萨姆曼尼埠人，因为阿萨姆曼尼埠人都是蒙古型的，与中国人很接近。

天鹅绒大幕缓缓拉开了。

林徽因和徐志摩没有想到，他们竟然那么快就进入了戏情：

**齐德拉**　你是那位带着五把箭的神，爱情的主宰吗？

**玛达那（徐志摩饰演的爱神）**　我就是从创造者心中生的第一个孩子。我把男人和女人的生命都捆锁在痛苦和快乐的镣铐里！

**齐德拉** 我晓得，我晓得那痛苦和镣铐是什么样的东西。——你是谁呢，我主？

**伐森塔** 我是他的朋友——伐森塔——季节的王。死亡和衰老把世界拖得形销骨立，但是我跟在他后面，不断地攻击他们。我是永在的青春。

**齐德拉** 我向你鞠躬，伐森塔神。

**玛达那** 美丽的陌生人，你发下了什么重誓？你为什么用忏悔和修行来凋萎你的青春？以这种牺牲来礼拜爱神是不适宜的。你是什么人，你祈求什么？

**齐德拉** 我是齐德拉，马尼浦王的女儿。湿婆天神垂降神恩，应许我的王祖以世代绵延的男储。但是，神却没有力量改变我母亲腹中生命的火花——我的天性是这样的坚强，虽然我是一个女子。

**玛达那** 我知道，因此你父亲把你当作儿子带大了。他教给你拉弓射箭和一切为王的职责。

**齐德拉** 是的，因此我穿上男装走出深闺。我不懂得女人赢得人心的诡计。我的双手可以拉开强弓，但是我从来没有学过爱神的以目送情的箭法。

**玛达那** 这是不用学的，美人。眼睛不用教练也会工作，它会知道它做得多好，击中了什么人的心。

**齐德拉** 你这征服世界的爱神，还有你，伐森塔，季节的年轻的神，从我年轻躯体上把天赋的不公和没吸引力的平凡拿去吧。只要有一天的时间使我绝顶美丽，就像我心中忽然开放的爱一样的美丽。只给我短短一天的完全的美丽，我将用以后的日子来还报你。

**玛达那** 我答应了你的请求。

**伐森塔** 不只是短短的一天，而是整整的一年，春花般的魅力将寄托在你的肢体上。


林徽因和徐志摩入情的表演感动着观众，他们是那样默契，那样和谐，每一个眼神很快被对方理解。他们似乎忘记了舞台的存在，忘记了台下的观众。他们看见了初闪的晨光，看见了空中飞翔着的天使，看见了黎明玫瑰红的光辉，看到他们脸上流水般的阳光，却唯独没有看见梁启超那惊愕、愠怒的目光。

**玛达那**　哎，你这凡人的女儿！我从天库里偷来芳醇的仙酒，把人间的一夜斟到满盈，放在你手里，请你饮用——可是我仍然听到这渴望的呼唤！

**齐德拉**　（辛酸地）谁饮到这酒了？生命的愿望中最罕有的完满，爱的第一度合一已经赠送给了我，却又从我的紧握中攫走了！这个借来的美丽，这包裹着的虚伪，将从我身上溜走，也带走了那甜蜜的合一的唯一纪念物，就像花瓣从残花上凋落一般；而那个因极端贫困而羞愧的女人，将日夜地坐着哭泣。爱神呵，这副可诅咒的外表伴随着我，就像一个恶魔把我一切的赏赐——一切我内心所渴望的接吻都抢走了。

**玛达那**　哎，你那一夜多么空虚！快乐的小船已经在望，但是波浪不让它挨近岸边！

最后，齐德拉要求爱神和春神收回她的美丽。

**齐德拉**　我是齐德拉。不是受人礼拜的女神，也不是一个平凡的怜悯的对象，像一只飞蛾可以让人随便地拂在一边。

今天我只把齐德拉献给你，一个国王的女儿。

**阿顺那**　爱人，我的生命圆满了。

大红的帷幕迅速落下。

剧终。

观众激动地站起来，掌声，掌声，四壁只有掌声的浪潮回旋着。泰戈尔登上台去，拍拍林徽因的肩膀："马尼浦王的女儿，你的美丽和智慧不是借来的，是爱神早已给你的馈赠，不只是让你拥有一天、一年，而是伴随你终生，你因此而放射出光辉。"

这场演出，本来是献给泰戈尔的礼物，也是新月社成立后结出的第一个果实。然而，这场演出，在梁家也引起了一场风波。李夫人和大女儿思顺耿耿于怀，她们不能容忍梁家未来的儿媳有辱门庭。

梁思成似乎也隐隐不快，心中掠过一道焦虑的阴影。

在北京期间，泰戈尔除雩坛讲演外，还在北京英美协会、北海中外人士中、北京法源寺、北京海军联社、北京画界同志会、清华大学、北京青年中（两次）等共做了9次讲演。他在真光剧院讲演中说：

> 今日为东西文化发达及相互借重之时，我们至少要有批判之眼光。百余年前，即有西洋文化物质文明侵入东方，延至近今，实有评判之必要。余要声明的是，余非反对物质文明及科学文明，不过余以为科学是附丽于人生的，非人生为科学的。人的生活，要与物质文明同时发达，不能任物质文明超过人生。欧战之结果，号称高尚无匹之西洋文明，亦露无数之缺点。我们利用此种绝好机会，可以评判东方精神文明与西方物质文明，何者可去，何者可存。再就此以溯及东西方文化接触之历史，很觉其中残苦之缺点。文化是求真理，乃西洋文化来侵入东方，完全带有特种的意味，当英国文化传入印度，即用以达其侵略之目的。吾人如此，亟宜一评判其是否。

泰戈尔没有想到，这次讲话虽然不长，却成了他北京之行的最后一次讲演，第二天，他的一篇讲稿登在报上，引发了一部分青年尖锐的批评，甚至有的组织抗议，散发传单。泰戈尔非常生气，他宣布其余的三场讲演全部取消，说身体很疲劳，到西山休息去了。在那里，他大约度过了在中国最后一周的日子。

列车就要启动。

5月20日，是泰戈尔离开的日子。访问期间，林徽因一直不离老诗人左右，徐志摩请泰戈尔给林徽因做工作未成，泰师建议，凌叔华的才情不在林徽因之下，不妨把友谊之树栽培起来。最后泰戈尔为林徽因作诗留念（印度语翻译家白开元译）：

> 蔚蓝的天空
> 俯瞰苍翠的森林，
> 他们中间
> 吹过一阵喟叹的清风。

泰戈尔从车窗探出身子，双手合十，向站台上送行的人们频频致意。他的眼睛模糊了，近一个月在北京的逗留，使他获得了可以珍藏一生的美好记忆。

徐志摩在靠窗的小桌上，铺开纸笔，他不敢看窗外那个美丽的倩影。上车前林徽因告诉他，她同梁思成即将赴美留学。

徐志摩油然生出一种诀别的感觉，他害怕各种形式的离别，每次离别于他都是一种死亡。徐志摩曾私下对泰戈尔说过他仍然热恋着林徽因，老诗人也代为求情，但没有使林徽因回心转意。徐志摩知道，这一别可真是天各一方了。昨日同台演出，美目盼兮，今日劳燕分飞，海天无涯。他奋笔疾书着：

> 我真不知道我要说的是什么话，我已经好几次提起笔来想写，但是每次总是写不成篇。这两日我的头脑只是昏沉沉的，开着眼闭着眼都只见大前晚模糊的凄清的月色，照着我们不愿意的车辆，迟迟地向荒野里退缩……

他的眼泪涌了上来，摘下眼镜，擦拭着镜片上蒙蒙的水雾，他听到林徽因在车窗外脆亮地叫了一声："徐志摩哭了！"

他把头深深地埋下去：

> 离别！怎么的能叫人相信？我想着了就要发疯。
> 这么多的丝，谁能割得断？我的眼前又黑了！

汽笛不解离人的别意，硬是执拗地拉响了，列车缓缓驶出站台。徐志摩朝车窗外看了一眼，所有的景物都一片迷离，他觉得自己那颗心已经永远地种在了站台上。

他又把刚刚写过的半封信看了一遍，苦笑一声，打开车窗，要把这一片枯萎的叶子，抛给无尽的旷野，就在他伸出手去的一刹那，泰戈尔的英文秘书恩厚之忙抢了过去，塞进自己的手提箱里。

灯火飞快地向后退去。

那一轮黄澄澄的满月，却扑进了半开的车窗。

07

／

# 宾大好花红

1924年9月，林徽因与梁思成经过康奈尔大学暑期的课程补习，两人如愿以偿地进入宾夕法尼亚大学学习。

这一年的7月6日，两只喜鹊天河西渡，提前两个月抵达美国纽约州的绮色佳小城康奈尔大学所在地，参加为期两个月的自选课程补习，为进入宾夕法尼亚大学做准备。

林徽因选的是户外写生和高等代数。梁思成选的是三角、水彩静物和户外写生。经过紧张愉快的两个月恶补，他们如期踏进了宾州费城宾夕法尼亚大学的大门。

这个别名"拱顶石"的美国工业大州首府费城，坐落在特拉华和丘尔基尔两条河流涨潮时的交汇处。它曾是美利坚合众国第一个首都的所在地。宾夕法尼亚大学融合了英国剑桥和牛津两所大学的建筑风格，在保留了一些哥特元素的同时，校园又创造了哥特式全新风格。中心校区占地面积约1平方公里，并继续向费城西部延伸，形成了众多院系和研究院所的宏大建筑。

宾夕法尼亚大学始建于1740年，它比美国建国还要早36年，由本杰明·富兰克林创建，校训是"法无德不立"，初创宗旨是要使北美洲达到欧洲那样的工业、商业和军事实力，注重实际应用的新型教育，培养具有创新思维、对他人创造反应敏捷，不脱离现实生活的人才。从其前身费城学院时代，他的第一任院长是威廉·史密斯，就是英格兰启蒙运动的支持者和追随者，他是富兰克林的好朋友，为美国的教育事业做出了许多突出贡献。

宾夕法尼亚大学的主要院系，有商学院、法学院、医学院、传媒学院、艺术与科学学院、美术学院、工程与应用科学学院等。

林徽因与梁思成进入的美术学院，分为建筑系、景观建筑系、美术系和音乐系。因宾夕法尼亚大学规定，要取得建筑系学位，必须通过人体写生，而女生进入人体写生，既会分散男生注意力，也会使女生尴尬。否则就要去哥伦比亚大学修完这门课程。当时美术系有四年级学生7人，三年级学生4人，二年级学生11人，一年级学生9人，另有半时学生2人，全系共有学生33人。

两个月后，林徽因和梁思成经过入学考试，一同进宾夕法尼亚大学美术学院，林徽因入美术系，旁听建筑系课程；梁思成入建筑系。

林徽因从美术系三年级上起，这意味着她要上完两个完整学年课程，才能毕业，获得学士学位。

与林徽因同年级同班的同学共有5人，分别是来自哈里斯堡的拉尔夫·韦斯利·福斯特、来自费城的桃乐茜·卡罗琳·洛维特和伊丽莎白·苏特罗。

苏特罗是林徽因的好友，林徽因受邀常到其在费城附近的家中做客。她说林徽因"是一位高雅的、可爱的姑娘，像一件精美的瓷器……而且她有一种优雅的幽默感"。

当时有研究生12人，四年级本科生56人，三年级本科生51人，二年级本科生82人，一年级本科生46人，另外还有二年级专科生24人，一年级专科生13人。总数为284人，是美术学院人数最多的一个系。梁思成从建筑系三年级起，将要在此完成大本两年和硕士研究生学业。

比梁思成先一年进入宾夕法尼亚大学学建筑的陈植，与梁思成同是清华学校的同学。他也是官宦之家子弟，其父亲陈仲恕，名汉弟，清末进士，翰林院编修，辛亥革命后任总统府秘书""国务院秘书长"，长期任故宫博物院委员。有《伏庐印存》传世。其祖父陈豪，字蓝洲，晚清翰林，曾在湖北随州、当阳等地任县官，后回杭州故里，是晚清著名

1926年，林徽因、梁思成与陈植等人在宾夕法尼亚大学的合影

诗人、画家。其叔父陈叔通，名敬弟，晚清进士，翰林院编修，思想极为新潮，后到日本留学，赞成变法维新；中华人民共和国成立后任全国人大常委会副委员长、全国政协副主席。

这次与林徽因同来美国的还有梁思成的弟弟梁思永。他登陆后转道去了波士顿哈佛大学研究院，攻读考古学和人类学专业。

梁思成、梁思永入学不到半个月，李夫人病逝，终年55岁。

梁启超考虑到两兄弟刚刚入学，一切尚未就绪，便决定思成不要回国奔丧，只让思永一人回去。

梁思成悲恸欲绝，林徽因便陪同他到校园后边的山坡上，搞了一次小小的祭奠，梁思成焚烧了他写给母亲的祭文。林徽因采来鲜花绿草，编织了一只花环，挂在松枝上，朝着家乡的方向。

梁思永从北京回来后告诉梁思成，母亲逝世停柩忌日过后，全家把她的灵柩安葬于北京卧佛寺东面的小山上。父亲特为母亲写了《悼言》和《苦痛中的小玩意》等文章纪念，送到报刊发表，思永将这些忆文剪下来，带给梁思成看。

其实，梁思成母亲早在1915年就到马尼拉做了乳腺癌切除手术，当时姐夫周希哲在菲律宾使馆任总领事，大姐一家全住在那里。夏天天气热的时候，父亲梁启超派梁思成把母亲接回天津。到1924年春天，李夫人乳腺癌复发，癌细胞已扩散，无法再动手术了。为了给她治病，全家从天津搬到了北京，住在石驸马大街太平湖饭店。虽然病痛难受，但仍能自恃，梁思顺请了德国大夫给母亲看病，花了许多钱仍不见效。母亲死前告诉梁思顺，对于梁思成和林徽因这桩婚事，她至死也不会接受。梁思顺非常同情母亲对林徽因的感受，她也坚定地站在母亲一边。

林徽因得知这个消息，不仅难以忍受梁家母女的责难，认为那是对自己人格的干涉。加之梁思成常常对她处事限制和干预，不久二人便发生了矛盾，二人大有渐行渐远之势。

林徽因对梁思成如此，对自己的父亲也闹起了别扭，有几个月不给父亲写信，弄得林长民悬挂于心，如堕五里雾中。这期间，梁思成曾给林长民写悔过信，12月28日，林长民致信梁思成："诲义收到，读之快幸"，说及徽因，"行将有美扎寄之"。翌年4月11日，林长民只好给林徽因写信说：

我自接汝一月十日来函后，至今未得只字，所有寄予我各信，转去各信，均不得复。徽其病耶？其置我不理耶？拟有别情耶？我悬念不可名状。如何？望即复。我身体诸好，诸事顺遂，亦尚有前路可行。家人平安，（辽宁）营口之业，仅可支持，不算全败。惟亘（林天民长子）汇文（中学）被革，好逛犯规，豫戒不悟，终至退学，现在家无事，颇难安置，此事使我更气。

四月十一日老括徽女爱览，勿念乃父悬念。

关于接函不复，原因是林徽因、梁思成入宾夕法尼亚大学不久，即因性格不合发生了矛盾。本来就对林徽因有成见的梁思顺此时也参与进来。直到1925年5月，经梁启超和林长民从中斡旋，事情才平息下来。

梁思永写信给父亲，让他劝说姐姐梁思顺缓解与林徽因的关系。梁启超拟寄林徽因留美学费3000元作补助，林徽因回信请暂勿付邮。直到1925年7月10日，梁启超在给"孩子们的书"中才述及此事："思顺对于徽音感情完全恢复，我听见真高兴极了。这是思成一生幸福关键所在，我几个月前很怕思成因此生出精神异动，毁掉了这孩子，现在我完全放心了。思成前次给思顺的信说：'感觉着做错多少事，便受多少惩罚，非受完了不会转过来。'这是宇宙间唯一真理，佛教说的'业'和'报'就是这个真理。""思成与徽音，去年便有几个月在刀山剑树上过活！这种地狱比城隍庙十王殿里画出来还可怕，因为一时造错了一点业，便受如此惨报，非受完了不会转头。"

梁启超还作词《鹊桥仙》寄梁思成：

也还安睡，也还健饭，忙处此心闲暇。朝来点检镜中颜，好像比去年胖些。天涯游子，一年恶梦，多少痛愁惊怕。开缄还汝温存小，爹爹里好寻妈妈。

这阕词写的"一年恶梦"，即是林徽因与梁思成闹矛盾的事。

也是在这一年，徐志摩突然收到了林徽因的信，那是一封很短的便函。信中说，她极盼收到他的信。她不要求说别的，只是要他报一个平安。

徐志摩心中冷却了的火焰，又被那张短笺重新点燃了。他觉得写信太慢了，便急匆匆赶到邮局，发了一个急电给林徽因。

从邮局回到石虎胡同，他的脸上放着兴奋的光。红鼻子老塞拉住他喝酒，喝到半酣，他猛然想起什么，放下酒杯，再次跑到邮局。当他把拟好的电稿交给营业室的老头时，老人看了看笑了："你刚才不是拍过这样一封电报了吗？"

　　徐志摩歉意地笑笑，他想起刚才确实已经把电报发出去了。

　　徐志摩回到寓所，再也抑制不住这心情的亢奋，他要立刻给林徽因写信，铺开纸笔，信没写成，一首诗却满篇云霞地落在纸上：

　　　　啊，果然有今天，就不算如愿，
　　　　她这"我求你"也够可怜！
　　　　"我求你"，她信上说，"我的朋友，
　　　　给我一个快电，单说你平安，
　　　　多少也叫我心宽。"叫她心宽！
　　　　扯来她忘不了的还是我——我
　　　　虽则她的傲气从不肯认服；
　　　　害得我多苦，这几年叫痛苦
　　　　带住了我，像磨面似的尽磨！
　　　　还不快发电去，傻子，说太显——
　　　　或许不便，但也不妨蘸一点
　　　　颜色，叫她明白我不曾改变，
　　　　咳何止，这炉火更旺似从前！
　　　　我已经靠在发电处的窗前，
　　　　震震的手写来震震的情电，
　　　　递给收电的那位先生，问这
　　　　该多少钱，但他看了看电文，
　　　　又看我一眼，迟疑地说："先生
　　　　您没重打吧？方才半点钟前，
　　　　有一位年轻的先生也来发电，
　　　　那地址，那人名，全跟这一样，
　　　　还有那电文，我记得对，我想，
　　　　也是这……先生，你明白，反正

　　意思相似，就这签名不一样！"——

　　"呒！是吗？噢，可不是，我真是昏！

　　发了又重发；拿回吧！劳驾，先生。"

　　写完最后一行，徐志摩已经不能自已，他热泪滂沱。第二天早晨，红鼻子老塞推开他的房门，发现他和衣醉倒在书桌旁边。

　　志摩诗，"理智上认为适当与否，他全能表几分同情"，"从不会刻薄地单支出严格的逼仄的道德的天平，指摘凡是与他不同的人"。这是林徽因早在伦敦时就体会到徐志摩的行事方略。

　　这一年圣诞来临的时候，林徽因踊跃地参加了宾夕法尼亚大学隆重举办的圣诞卡设计比赛。她用点彩手法绘制了一帧精美圣诞卡，圣母的形象极富中世纪欧洲圣母像的苍古感，显示了高雅的审美趣味，擢得了这次学校嘉奖，至今留在宾夕法尼亚大学档案馆里。据说之前梁思成要越俎代庖拿走这个奖项，林徽因坚决不同意，为此二人大吵一架，不欢而散。

　　梁思成得知林徽因获奖消息，第一时间送去了一束鲜艳玫瑰花。下面还特意加了几片绿色的叶子，让花朵显得更加灿烂。

# 08

## 父丧怎遣华年

1925年11月23日，中国发生了一件震惊人心的大事，便是郭松龄在河北滦县火车站举兵反奉。林徽因的父亲林长民也参加了郭松龄这场战争起事。

郭松龄所部7万余人重新组建了5个军，确定了一套新的指挥班子。甲为总司令部。总司令郭松龄，参谋长邹作华，秘书处长饶汉祥（曾任黎元洪秘书长），政务处长林长民（曾任北洋政府司法总长），参谋处长王静轩，副官处长邻汝廉，军需处长鲁穆庭，外交处长（未到任），兵站处长张振鹭，航空司令彭振国。乙为部队。前敌总指挥宋九龄。

郭松龄于12月14日连发3个通电，电文主题是反对内战，主张罢兵，废除苛政，兴建三省，拥护少帅，劝张作霖下野。通电内容全是秘书处长饶汉祥的手笔。

通电发表后，得到了国内各界的声援。

郭军改称东北国民军，士兵披戴绿色臂章，上写"不扰民，真爱民，誓死救国"10个大字。这支部队乘10余列火车向山海关进发，出关后势如破竹，一直打到锦州。因张作霖手下无兵可派，郭部没有遇到像样的抵抗，迅速打到新民县的巨流河畔，距沈阳近在咫尺。

这时的日本人向郭松龄提出可以支持他，但必须承认以前张作霖和日本签订的卖国密约。这个无理要求当场被郭松龄严词拒绝。日本人看到从郭松龄身上捞不到好处，决定武力干涉，出兵东北。于是巨流河之战终于打响。

12月23日，天还未明，张作霖派吴俊生率两个骑兵师偷袭了郭军后方重地白旗堡，焚毁了郭军的粮草、弹药，使郭军蒙受重大损失。

第二日清晨，郭松龄紧急召集身边的高级将领开会，宣布他率一部突围。由第四军长张霁云收余部，向沟帮子方向转移。郭松龄部署完毕，随即离去。邹作华见郭已走，便以总部参谋长身份，命令各军停止攻击。他给张学良打电话"请军团长放心"，战斗旋即停止。

至此这场战争便急转直下，决定了反奉战争失败的命运。郭松龄率200余名卫队士兵败走。同行的有郭松龄和夫人韩淑秀和饶汉祥、林长民等，因他们不会骑马，只好乘两辆骡马大车，向营口方向撤退。因行动迟缓，走到小苏家屯时，被穆春的骑兵第7旅25团郭宝山部发现，在迫击炮的轰击下，郭松龄的卫队不得不缴械投降。政务处长林长民当场死亡，饶汉祥逃走了。

郭松龄夫妇藏到一个地窖里，被搜出交到骑兵第7旅长王永清处，后来师长穆春也赶到这里。

12月25日上午10时，高金山奉张作霖之命把郭松龄和夫人枪杀在辽河边上，然后又用汽车带回沈阳，曝尸三天，"以火焚之"。

林长民死亡的噩耗传来，林家一阵最难堪的噤寂，半晌，一片号啕之声悲惨响起，全家人立刻被笼罩在失魂的悲伤中。林长民的弟弟林天民、大姑丈王熙农、三妹夫卓君庸以及梁启超代表全家人办理治丧事宜。因遗骸被焚烧，无从运回。他们先在大姊林泽民家会面，和几个弟妹商议后事，又到雪池胡同看望林徽因的母亲何雪媛、三姨太程桂林。得知林长民身后只有300元积蓄，其他一些字画暂时不好出手，营口公司的股份和国际联盟会长一职，月收入可得2000元，是否可以拿到，还要与汪年伯和政府交涉。此时由上述4位治丧代表专司协助，待丧事办完，再行宣布。雪池胡同的房产拟出售，林母何雪媛和三姨太程桂林及子女回福州塔巷林家老宅生活。

林徽因得知父亲死亡的消息，悲痛欲绝，终日痛哭，眼睛也红肿起来。她提出回国探望母亲，梁启超在给梁思成的信中，转达林母的话："只盼望徽音安命，自己保养身体，此时不必回国。"不

1924年，林徽因在宾夕法尼亚大学时的照片

久，清华大学教授李济等人在晋南考古发现了陶片、牛骨和半个蚕茧等周代墓葬，梁启超立即给儿子梁思永写信，让其速回国参加"实习"。至于盘费问题"算不了什么大问题"，"这点点钱还负担得起也"。

2月17日，林徽因有电报，"请求彼家眷属留京"，"立归国云云"，梁启超得电即派王姨太亲去见其母，梁启超代传其母的话说，母或约三五日动身，回闽即既定之事实。"回来亦不能料理家事，切嘱安心求学"。

林徽因得知思永回国，她也要2月回国，拟考取清华官费，梁思成将此事告诉了家父。梁启超得信，又以"福州附近很乱"，"回来蹲在北京或上海，岂不更伤心吗？""至于清华官费若回来考，我想没有考不上的。过两天我把招考章程叫他们寄去，若打定主意回来，则亦用不着了。"

林徽因渴望回国探视自己的母亲，梁启超总是以各种理由拒绝或劝阻。她想在美国打工一年，解决自己的留学经费，仍未得到梁启超的同意。林徽因这位大家出身的闺秀，只因失去了呵护自己的父亲和经济的支持，哪有什么独立和自主可言？

不久，叔叔林天民也向她转达了父亲丧事处理经过，还寄去了各报对这次战争和父亲死亡的报道，以及同好发表的挽联、挽诗和悼文：

章十钊的挽联是：

> 处事惟不说假话，刻意存真，吾党之中君第一；
> 从政以自殉其身，无端共难，人生到此道宁论。

梁启超的挽联是：

> 无所废，孰能兴，十年补葺艰难，直愚公移山而已；
> 均是死，容何择，一朝感激义气，竟舍身饲虎者为之。

福建同乡老诗人陈石遗的《哀宗孟》一诗，更使她感到生命的维艰。诗写道：

> 强死能无恤，如君乃至哀。

> 为权不要津，为利不多财。
>
> 法律不知言，主持世所哈。
>
> 投笔忽从戎，又非军旅才。
>
> 或怼投祸乱，祸乱遍九垓。
>
> 事败鸟兽散，事集博省台。
>
> 捷足跳而免，舍膻勿徘徊。
>
> ……
>
> 听直呼皋陶，皋陶付一唉。
>
> ……
>
> 君父古循良，君母隐居钗。
>
> 我识六十年，世事几推排。
>
> 前年饭君家，举家坐上陪。
>
> 我顾之色喜，犀角诸童孩。
>
> 今年一深语，黯然别伤怀。
>
> 奈何精悍身，猝变委地骸。
>
> 才命不相副，见才即祸胎。
>
> 身后付旁妻，稚子善栽培。

诗在回忆中哀叹，诗在回忆中恸哭。他认为，林长民既不在权力要津，又非军事干才，他是法律专家，在未判明是非就跳进这个旋涡，遭此惨祸实在令人惋惜，身后那群稚子教育的空位，只能托付妻子去栽培了。

另一篇发表在1926年2月3日《晨报·副刊》上的悼文，是徐志摩写的散文《伤双栝老人》。这篇文章情感丰沛，文情并茂，在那个瑟瑟寒风中蕴藉着悠悠往事和心灵的折光。堪称是散文史上令人称道的名篇，文章说：

> ……四壁的白联仿佛在微风中叹息。这三四十天来，哭你有你的内眷、姊妹、亲戚、悼你的私交；惜你有你的政友与国内无数爱君才调的士夫。志摩是你的一个忘年的小友。我不来敷陈你的事功，不来历数你的言行；我也不来再加一份涕泪吊你最后的惨变。
>
> 魂兮归来！此时在一个风满天的深夜握笔，就只两件事闪闪的在我

心头：一是你的谐趣天成的风怀，一是髫年失怙的诸弟妹，他们，你在时，那一息不是你的关切，便如今，料想你彷徨的阴魂也常在他们的身畔飘逗。平时相见，我倾倒你的语妙，往往含笑静听，不叫我的笨涩屡杂你的莹彻，但此后，可恨这生死间无情的阻隔，我再没有那样的清福了！

作者在回顾了他生前留下的那四五个弟妹，他每次到家里来，像浪一般拥上身来玩斗的情境。这群骨肉现在则是最难受的噤寂。泪盈盈地聚在一起，半懂得情景的严重。

你打算再花二十年工夫，打磨你艺术的天才；文章你本来不弱，但你想望的却不是什么等身的著述，你只求沥一生的心得，淘成三两篇不易衰朽的纯晶。……你的锋芒，有人说，是你一生最吃亏的所在。但你厌恶的是虚伪，是矫情，是顽老，是乡愿的面目，那还不是该的？谁有你的豪爽，谁有你的倜傥，谁有你的幽默？

文章最后说：

最可怜是远在海外的徽徽……不用说，一生崇拜的就只你，她一生理想的计划中，哪件事离得了聪明不让她自己的老父？但如今，说也可怜，一切都成了梦幻，隔着这万里途程，她那弱小的心灵如何载得起这奇重的哀惨！这终天的缺陷，叫她问谁补去？佑着她吧，你不昧的阴灵……同时提携她的弟妹，共同增荣雪池双栝的清名！

林徽因读了这些文章和消息，对父亲的死有了一个全面了解。父亲的死对于她来说打击无疑是深重的。但智慧和理智让她渐渐清醒过来，人死不能再生，谁也无力回天，她必须从悲痛中走出来，站在苦难之上，面对这足够的伤害，让黑夜退潮，独自开启另一扇智慧之门，让希望之火再生。

1926年1月17日，一个美国同学比林斯给她的家乡《蒙塔纳报》写了一篇访问记，记述了林徽因在宾夕法尼亚大学时期的学生生活：

　　她坐在靠近窗户能够俯视校园中一条小径的椅子上，俯身向一张绘图桌，她那瘦削的身影匍匐在那巨大的建筑习题上，当它同其他30到40张习题一起挂在巨大的判分室的墙上时，将会获得很高的奖赏。这样说并非捕风捉影，因为她的作业总是得到最高的分数或是偶尔得第二。她不苟言笑，幽默而谦逊。从不把自己的成就挂在嘴边。

比林斯的文章引用林徽因的话说：

　　我曾跟着父亲走遍了欧洲。在旅途中我第一次产生了学习建筑的梦想。现代西方的古典建筑启发了我，使我充满了要带一些回国的欲望。我们需要一种能使建筑物数百年不朽的良好建筑理论。

　　然后我就在英国上了中学。英国女孩子并不像美国女孩子那样一上来就这么友好。她们的传统似乎使得她们变得那么不自然的矜持。

比林斯又问林徽因：

　　"对于美国女孩子——那些小野鸭子们你怎么看？"回答是轻轻一笑。她的面颊上显现出一对色彩美妙的、浅浅的酒窝。细细的眉毛抬向她那严格按照女大学生式样梳成的云鬓。
　　"开始我的姑姑阿姨们不肯让我到美国来。她们怕那些小野鸭子，也怕我受她们的影响，也变成像她们一样。我得承认刚开始的时候我认为她们很傻，但是后来当你已看透了表面的时候，你就会发现她们是世界上最好的朋友。在中国一个女孩子的价值完全取决于她的家庭。而在这里，有一种我所喜欢的民主精神。"

在宾夕法尼亚大学美术系同学中，伊丽莎白·苏特罗与林徽因是最亲密的朋友，苏特罗常常带她到费城附近父母那里做客。她曾说林徽因是"一位高雅的可爱的姑娘，像一件精美的瓷器……"她还说，那些庚款学生都是非常"优秀"的，他们不与那些北美华人学生为伍。而那些盎格鲁—撒克逊的学生们，也喜欢与庚款学生交往，而不愿与西方化的中国人来往。虽然，大部分庚款学生都显得十分严肃和冷漠。但其中两个人是例外，一个是林徽因，另外一个是陈植。林徽因在美国同学的心目中，也一定是一个充满诙谐、幽默与友善的学者。

1927年2月，美国东部的天气乍暖还寒，冷风习习。以中华教育文化基金董事会董事名义的胡适，由英转美，商谈美国第二次"退还"庚款余额，抵达美国。立足未稳，他便接到林徽因2月6日从费城写给他的信。信中说："你到美国的消息传到一个精神充军的耳朵里。""我这两年多么的渴望北京和最近惨酷的遭遇给我许多烦恼和苦痛。我想你一定能够原谅我对你到美国的踊跃。我愿意见到你，我愿意听到我们狂念的北京的声音和消息。"林徽因代校方邀请胡适，"彭校新创教育会有个演讲托找中国speaker，请您即时告知能否来作学术交流。"

教育会联系好后，胡适来费城3天，不仅作了讲演，还与林徽因畅谈了宗教、人事、教育和政治等方面的问题。2月25日，她写信给胡适说：让她忘不了的，尤其是"人事""一切的事情我从前不明白，现在已经清楚了许多，就还有要说要问的，也就让他不说不问了，'让过去的算过去'，这是志摩的一句现成话。""回去时看见朋友们替我问候；请你告诉志摩我这三年来寂寞受够了，失望也遇多了，现在倒能在寂寞和失望中得着自慰和满足。告诉他我绝对不怪他，只有盼他原谅我从前的种种的不了解。但是路远，隔膜会是所不免的，他也该原谅我。我昨天把他的旧信一一阅读了。旧的志摩我现在真真透彻地明白了，但是过去了，现在不必重提了，我只求永远纪念着。我眼看着还要充军一年半，不由得不害怕呀。"

林徽因留学的第三年，被聘为美术学院建筑系设计指导教师、建筑设计（教学）事务助理，即半小时建筑设计助理、半小时设计指导老师，到1926年6月30日毕业为止。

在宾夕法尼亚大学档案馆1926年、1927年《美国费城中国学生会会员录》中，会员计83名。这个学生会包括一个执行办公室和4个委员会，林徽因是社会委员会5名会员之一。

1927年6月，林徽因从宾夕法尼亚大学美术学院美术系毕业，3年读完4年课程，获得学士学位。而梁思成从该院建筑系毕业，获得硕士学位。

林徽因在宾夕法尼亚大学毕业时的留影

在剩余时间里，林徽因选择到康涅狄格州耶鲁大学戏剧学院攻读舞台美术设计，梁思成则到马萨诸塞州哈佛大学攻读博士学位。马萨诸塞州东部康科德小镇，因为茶叶事件爆发了美国的独立战争。它是现代环境保护主义的始发地。美国作家梭罗所著的《瓦尔登湖》被称为是"大地的眼睛""上帝的水滴"。

1927年9月，林徽因进入耶鲁大学修习为期半年舞美设计课程。

耶鲁大学，坐落在康涅狄格州的纽黑文新港，是一所世界著名的私立研究大学，1701年10月9日由康涅狄格州公理会的教友创办，因英国富商E.耶鲁捐款而命名。校训是"真理和光明"。曾走出5位美国总统、62位诺贝尔奖得主。中国的容闳曾在这所大学读书。

耶鲁大学戏剧学院，是一所专业研究学院，前身是耶鲁喜剧协会。校方提供剧场所有相关领域的课程训练，包括演出、舞台、服装、灯光设计、导演、戏剧作法、戏剧批评、剧本创作、舞台管理、声音设计等，为美国百老汇、好莱坞培养出不可数计的顶尖艺术人才。

林徽因进入耶鲁大学戏剧学院，师从G.P.帕克教授学习舞台美术设计。那一年她23岁，正是风华正茂、求知欲最强的年代。

三年前，她和梁思成参加了在纽约由闻一多、余上沅发起的中华戏剧改进社，社员还有梁实秋、顾一樵、瞿世英、张禹九、熊佛西、熊正瑾、赵太侔等人。余上沅在戏剧艺术学院学习舞台艺术，赵太侔是个整天不说话的奇人，他在纽约师从格蒂斯，学习舞台图案。张禹九、赵太侔、熊佛西都是披头长发、睡到日上三竿才起床的人。他们先后演出过《杨贵妃》《琵琶记》，邀请在波士顿一带的谢文秋、谢冰心、王国秀、徐宗涑、沈宗濂、曾昭抡参加演出。林徽因有过演戏经历，也有这样的艺术天赋，那时演出话剧在国内尚属一种时尚，这成为新潮的林徽因学习舞美的起始和动因。

一出戏的演出，都要在这个小小舞台空间内展现，因此舞台美术设计师的实质，是虚拟出场

林徽因（右三）与杨廷宝（右一）、陈植（右二）等留美学生合影

景、背景、时间和空间的三维图案，舞台上的任何一种道具，都独出心裁地代表着一种信息，营造出剧场的魔力，让观众融入其中，随着剧情的发展、起伏而呼吸，这正是舞台设计者的挑战和乐趣所在。

具体到一出戏，是根据剧本内容，深入研究故事的时空背景、角色个性、人物关系，规划出流畅的动线，设计一个时间和空间合理的布景、道具，帮助导演把剧中的情节、意念传达给观众。这确是一门具有高超艺术思维的学问。当然还有制作技术，比如色度、悬挂、垂感吸光、选料、折叠、阻燃等，都与舞美设计密切相关。

有一次，设计师贝克交给她一个任务，也给她一个命题：主角是一个远方游子，现在回到久别的家乡。林徽因想到儿时背诵的唐诗《夜雨寄北》的意境，她设计出"雨窗夜话"的场景，设计师很快地采纳了她的设想，演出时取得了成功。

在耶鲁学习期间，同学中有一个年龄最小的姑娘，她叫斯第华特·切尼。她很聪明但也很任性，常常和同学为一点点小事情争执和怄气。林徽因总是像个大姐姐一样，平心静气地排解女孩子间这些不快。她还帮切尼一起分析研究剧本，帮助她一起完成作业。

便是这样一名幼稚的小同学，10年后林徽因在翻阅一本戏剧月报时，偶然发现了她名字！她激动地说："我的小切尼成了百老汇一名有名的设计师啦！想想看，那个同谁都合不来，老是需要我母亲般保护的淘气鬼，现在成了百老汇有名的设计师，一次就有四部剧目同时上演。"

后来林徽因写出了四幕剧《梅真同他们》，因抗战而最后一幕没有完成。这大约是耶鲁为她播下的种子。至于她为曹禺的《财狂》和他排演的法国名剧《悭吝人》设计的布景，更是她的专业学习的结果。

同一时期，梁思成入哈佛大学研究生院研究东方建筑和美术史，准备进行《中国宫室史》博士论文。他用了3个月的时间，阅读了该校当时所有能查找到的有关中国古代建筑资料，他发现靠这些书不可能完成论文。必须回国搞实地调查，收集资料，于是和导师说好，两年后交博士论文。

经过人生的碰撞和家庭的灾难，林徽因和梁思成的性格影子般地融合在一起，他们少了些火气，多了些旷达和包容，把人生经验化作生存的智慧。这一天，梁思成突然来了个单膝下跪的姿势，向她发出了求婚的请求。当林徽因清醒过来时，含情地给他伸出了一只手臂，她没有想到的是，梁思成从背后给她递上一只仿古的铜镜。林徽因连忙接过铜镜，将他扶了起来。

一场婚姻的长跑，终于抵达了终点。他们在哈佛大学和耶鲁大学的学业也行将结束，共同收拾行装，告别相处半年的老师和同窗，踏上了前往加拿大渥太华之路。

云在飞，水在行。遍地花开如金。远处的山上一层雾霭薄如轻纱，一阵清风吹来，撩拨着林徽因额前的秀发。

大地在火车奔驰的轮下向后迅速退去。

第二章

# 是燕在梁间呢喃

渥太华河绕过彭布罗克左岸，浪花湍急地拍打乍暖还寒春的堤岸，匆匆忙忙向东流去，注入圣劳伦斯那条宽阔的水域。

09

/

# 渥太华的婚礼

渥太华河绕过彭布罗克左岸，浪花湍急地拍打乍暖还寒春的堤岸，匆匆忙忙向东流去，注入圣劳伦斯那条宽阔的水域。这座具有英格兰情调的加拿大首府，被渥河一水中分，南部是英国移民居住的后裔；北部则是法兰西移民的后裔。他们各说各话，甚至道路的指示标牌也是用各自的语言标示的。

这里从春天到秋天风光旖旎，成百上千的绿铜屋顶和哥特式尖顶建筑，沐浴在温暖的阳光里。草坪如茵，遍地的郁金香开得如火如荼，映红了人们的面庞。

沉重的使馆大门打开，管风琴的音乐袅袅飘出，如丝如缕，在脚下缓缓地流淌。

牛油红烛燃起，整个大厅弥漫着一派圣灵之光。

梁思成和林徽因缓缓步入大厅。

奶油色花边长裙拖地的婚纱，是林徽因自己设计的具有中国传统特色的婚礼服，洁白盈目，披上这件婚纱，林徽因宛若天使。同她携臂而行的梁思成，身着黑色燕尾服西装，平整挺括，显得越发神采飞扬。

摄影记者从四面八方赶来，打开

1928年，林徽因与梁思成结婚照

镁光灯为这一对新人拍照，林徽因自己设计的那身婚礼服，第二天见诸温哥华报端，一时为新闻界传诵。

3月21日，是宋代为工部侍郎李诫立碑刻石的日期，他们选择这个日子结婚，亦是为了纪念中国古代这位著名的建筑学家。

他们在梁思成的大姐梁思顺和姐夫周希哲的陪同下，走到台前，这是新郎和新娘的位置。

学成归国之前，梁启超便操劳他们的婚事了。他主张用外国最庄严的仪式举行，由加拿大任总领事的女婿周希哲和女儿梁思顺帮助筹划，婚礼在渥太华举行。在此之前，北京家中先行举办了订婚仪式，梁启超在致女儿思顺的信中，言其行文定礼极盛：

> 这几天家里忙着为思成行文定礼，已定于十八日（1927年12月）在京寓举行，因婚礼十有八九是在美举行，所以此次行文定礼特别庄严慎重些。晨起谒祖告聘，男女两家皆用全帖遍拜长亲，午间大宴，晚间家族欢宴。我本拟是日入京，但（一）因京中近日风潮正来；（二）因养病正见效，入京数日，起居饮食不能如法，恐或再发旧病，故二叔及王姨皆极力主张我勿往，一切由二叔代为执行，也是一样的。今将告庙文写寄，可由思成保藏之作纪念。
>
> 聘物我家用玉佩两方，一红一绿，林家初时拟用一玉印，后闻我家用双佩，他家中也用双印，但因刻玉好手难得，故暂且不刻，完其太璞。礼毕拟两家聘物汇寄坎京，备结婚时佩带，惟物品太贵重，生恐失落，届时当与邮局及海关交涉，看能否确实担保，若不能，即仍留两家家长，结婚后归来，乃授与保存。

其意殷殷，其情绵绵，可怜一副天下父母心肠。梁启超为儿子的婚事真是操碎了心，从聘礼的红绿庚帖，到大媒人选的择定，都是事必躬亲，甚至买一件交聘的玉器，从选料到玉牌孔眼的大小方圆，都考虑得面面俱到。这些烦琐的事情，虽然让他劳累不堪，但他心里却有难以掩饰的高兴。他在6天之后的又一封信中说：

这几天为你们的聘礼，我精神上非常愉快，你想从抱在怀里"小不点点"，一个孩子盼到成人，品性学问都还算有出息，眼看着就要缔结美满的婚姻，而且不久就要返国，回到怀里，如何不高兴呢？今天的北京家里典礼极庄严热闹，天津也相当的小小点缀，我和弟妹们极快乐地玩了半天。想起你妈妈不能小待数年，看见今日，不免有些伤感，但她脱离尘恼，在彼岸上一定是含笑的。除在北京由二叔正式告庙外，今晨已命达达等在神位前默祷达此诚意。

　　我主张你们在坎京行礼，你们意思如何？我想没有比这样再好的了。你们在美国两个小孩子自己实张罗不来，且总觉得太草率，有姐姐代你们请些客，还在中国官署内行谒祖礼（礼还是在教堂内好），才庄严像个体统。

　　婚礼只在庄严不要侈靡，衣服首饰之类，只要相当过得去便够，一切都等回家再行补办，宁可节省点钱作旅行费。


婚礼开始了。

姐夫周希哲是婚礼的主持人，他身穿笔挺的西服，肃穆庄严，站在结婚仪式的台前。

管风琴的音乐，在屋顶缭绕，仿佛是一个来自天外的感召。周希哲跨前一步，向大家招招手，室内的喧闹顿时平静下来。他说："你们即将结为夫妇，按照西方的习俗，上帝在你心中向你说，一个灵魂对另一个灵魂，都是他神圣的圣地。人的心灵有他的安息日与喜庆日，你们的婚礼与欢乐世界一起，都是曲曲新的恋歌。爱是一种奖赏，你们要终生珍惜她，爱与上帝同在。"他转向新郎和新娘，"现在我代表双方家长要求你们，"向梁思成说，"你愿意娶徽因做你的妻子，爱她并珍惜她，无论贫富或疾病，至死不渝？"

"是的。"梁思成回答。

他转向林徽因："你愿意接受思成为丈夫，爱他并珍惜他，无论贫富或疾病，至死不渝？"

"我愿意。"林徽因轻声回答。

这时，站在傧相席位上的梁思顺和妹妹梁思庄，激动地也流出泪水。从李夫人去世以后，梁启超便多次写信，弥合女儿同林徽因之间的感情，梁思顺也慢慢冰释了思想上的芥蒂。这次见到林徽因，比上次又有不同，她出落得更加风姿绰约，落落大方。梁思顺觉得，父亲果然眼光不错，弟弟有了这样一个好伴侣，这一生幸福就有希望了。

他们结婚的费用全是梁思顺筹措的。在中国领事馆，她和周希哲还为林徽因、梁思成张罗了几桌丰盛的婚宴。这对小夫妻也欢欢喜喜地给姐姐、姐夫行了三鞠躬礼。

结束渥太华之行，他们将按照父亲梁启超的筹划，作欧洲之旅，那安排详尽而周密：

> 你们由欧归国行程，我也盘算到了。头一件我反对由西伯利亚回来，因为……没有什么可看，而且入境出境，都有种种意外危险，你们最主要的目的是游南欧，从南欧折回俄京搭火车也太不经济，想省钱也许要多花钱。我替你们打算，到英国后折往瑞典、挪威一行，因北欧极有特色，市政亦极严整有新意（新造之市，建筑上最有意思却为南美诸国，可惜力量不能供此游，次则北欧特可观），必须一往。由是入德国，除几个古都市外，莱茵河畔著名堡垒最好能参观一二，回头折入瑞士，看些天然之美，再入意大利，多耽搁些日子，把文艺复兴时代的美，彻底研究了解。最后便回到法国，在马赛上船，中间最好能腾出点时间和金钱到土耳其一行，看看回教的建筑和美术，附带着看土耳其革命后的政治。

梁思成把一枚镶嵌着孔雀蓝宝石的戒指戴在林徽因左手的无名指上。他温文尔雅地吻了林徽因。林徽因也回赠了梁思成结婚礼物。

周希哲最后向参加婚礼的人说："让我们以掌声祝贺他们新婚之喜。"

掌声响了起来，在场的人纷纷与林徽因、梁思成握手，向他们头上抛撒着粉红色的玫瑰花瓣。窗外等候在那里的儿童，早已耐不住性子，放起了鞭炮，噼噼啪啪的鞭炮声响成一片。

花雨缤纷，管风琴的音乐如一片水声灿烂，从他们身后弥漫开去。

在一碧如洗的天空中，远处的拉布拉多高原潮汐一样地澎湃着。那个时候，他们不约而同地找到了属于他们自己星座的位置。

那个位置无须上帝审视。

# 10

## 蜜月归途

结束渥太华之行，他们从纽约走海路跨过大西洋，直达英国伦敦。

仲春的伦敦。泰晤士河水绿如蓝，两岸的建筑物涂染着生机勃发的色彩，阳光也绿意葱茏，为一个季节围起了温情的栅栏。只有圣保罗大教堂不为任何季节所动，一如故我地穿一身灰色法衣，傲岸地站在泰晤士河畔，守望着岁月，它沉郁的钟声，只让浪漫的水手和虔诚的拜谒者感动。

林徽因和梁思成将从这里开始他们的造访之旅。林徽因是旧地重游，丝风片云都感到亲切。而对于梁思成，这里的一切都是陌生的。囚着这陌生，他才对这座举世闻名的宗教建筑产生了向往之情。

遵照父亲梁启超的安排，他们蜜月后的旅行主要是考古建筑。圣保罗大教堂是他们最先参观的一座圣殿。当他们踏上第一个青石台阶的时候，仿佛踏进了一阕古老的乐章，那是竖琴与古筝合奏的一支宏伟而悲怆的交响曲。

圣保罗大教堂是一座比较成熟的文艺复兴建筑。它碟状形高大的穹隆以及它的两层楹廊，看上去典雅庄重，整个布局完美和谐。在这里，中世纪的建筑语言几乎完全消失，全部造型生动地反映出文艺复兴建筑文化的特质。

这座教堂闻名于世，不仅仅因为它是18世纪著名建筑师克里斯托弗·雷恩的作品，更因为这里埋葬着曾经打败拿破仑的威灵顿公爵和战功赫赫的海军大将纳尔逊的遗骨。

在雕刻着圣保罗旧主生平的山墙下，梁思成问林徽因："你从泰晤士河上看这座教堂，有什么感觉？"

林徽因说："我想起了歌德的一首诗：它像一棵崇高浓荫广覆的上帝之树，/腾空而起，它有成千枝干，/万百细梢，/叶片像海洋中的沙，/它把上帝——它的主人——的光荣向周围的人们诉说。/直到细枝末节，/都经过剪裁，/一切于整体适合。/看呀，/这建筑物坚实地屹立在大地上，/却又遨游太空。/它们雕镂得多么纤细呀，/却又永固不朽。"

梁思成也激动起来："我一眼就看出，它并非一座人世间建筑，它是人与上帝对话的地方，它像一个传教士，也会让人联想起《圣经》里救世的方舟。"

1928年，在欧洲度蜜月期间的林徽因

伦敦是一座历史悠久的世界文化名城，它的建筑艺术却有着许多春天的特征，典雅华美，丰富多彩。林徽因和梁思成陶醉在建筑艺术的氛围里。他们考察了富有东方情调的铸铁建筑布莱顿皇家别墅；别具古典内涵的英国议会大厦，也令他们心旷神怡。

最使他们倾心的是海德公园的水晶宫。这是一座铁架建构，全部玻璃材质的新建筑，摒弃了传统的建筑形式和装饰，展示着新材料、新技术的优势。他们去时是个晚上，水晶宫里灯火辉煌，玲珑剔透，人置身其间，真的就像在海底的龙宫一般，许多慕名一睹为快的参观者都发出了阵阵感叹之声。

林徽因打开日记本，飞快地把自己的感受记了下来："从这座建筑，我看到并引发起新的、时代的审美观念最初的心理原因，这个时代里存在着一种新的精神。新的建筑，必须具有共生的美学基础。水晶宫是一个大变革时代的标志。"

那个时候，他们都进入了一种唯神忘我的境界。

雨像羽毛，纷纷扬扬地飘落在易北河上。

那羽毛，也纷纷扬扬地抚弄着两岸的橡树和柠檬，让它们的腰肢舒展起来，叶片明明亮亮，荨麻、蓟草的头发全湿透了，蔷薇和百合的嘴唇泛着珍珠般的光泽。

一把油纸雨伞撑起一片静谧的天空。林徽因和梁思成挽着手臂走在石板街上。

德国波茨坦的第一场春雨，为他们洗沐了一路风尘。

雨中看爱因斯坦天文台，这座流线型的建筑，像一只引颈远眺的白天鹅，展翅欲飞。

"真美啊！"林徽因赞叹着。

"我觉得它好像一部复调音乐。"梁思成说，"塔楼的纵向轴线和流线型的窗子，如乐曲中的两个主题，这个建筑与巴赫的赋格曲真是异曲同工。"

刚到波茨坦的时候，他们就听当地建筑界的朋友说，爱因斯坦天文台是著名建筑师门德尔松的表现主义代表作，是为纪念爱因斯坦的广义相对论的诞生而设计的。这个建筑刚刚落成8年，爱因斯坦看了也很满意，称赞它是20世纪最伟大的建筑和造型艺术史上的纪念碑。

这座天文台设计确实新颖独特，从外形上看，以塔楼为主体，墙面屋顶浑然一体，流线型的门窗，使人想起轮船上的窗子，造成好像是由于快速运动而形成的形体上的变形，用来象征时代的动力和速度。

林徽因站在塔楼下，梁思成按动照相机的快门，摄下了这个雨中的镜头。

在德绍市，他们参观了以培养建筑学家而著称的包豪斯学院刚刚落成的校舍，再一次受到了现代美的震撼。

这座建筑群由著名建筑师格罗皮乌斯设计，它由教学楼、实习工厂和学生宿舍三部分组成，空间布局的特点是根据使用功能，组合为既分又合的群体，这样不同高低的形体组合在一起，既创造了在行进中观赏建筑群体给人带来的时空感受，又表达了建筑物相互之间的有机联系，以不对称的形式，表达出时间和空间上的和谐性。

林徽因很认真地摹写着这座建筑的素描，她觉得落在纸上的每一条线，都有了意志，有了生命。

当时这座建筑的美尚未被更多的人所发现，林徽因则断言："它终有一天会蜚声世界。"一年之后，她在东北大学建筑系授课，专门讲了包豪斯校舍。她说："每个建筑家都应该是一个巨人，他们在智慧与感情上，必须得到均衡而协调的发展，你们来看看包豪斯校舍。"她把自己的素描图挂在黑板上，"它像一篇精练的散文那样朴实无华，它摒弃附加的装饰，注重发挥结构本身的形式美，包豪斯的现代观点，有着它永久的生命力。建筑的有机精神，是从自然的机能主义开始，艺术家观察自然现象，发现万物无我，功能协调无间，而各呈其独特之美，这便是建筑意义的所在。"

在德国，他们还考察了巴洛克和洛可可时期的许多建筑：德累斯顿萃莹阁宫、柏林宫廷剧院、乌尔姆主教堂与希腊雅典风格的慕尼黑城门，历时632年才兴建成的北欧最大的哥特式教堂——科隆主教堂，也让他们顿开心门，大饱眼福。这些建筑，让他们看到了奋发向上的日耳曼民族精神，看到了一个民族的文化历史的积淀。

他们照相机的快门不停地闪动着，把一个个瞬间变为永恒。

结束了德国之旅，他们立刻融入了世界公园之国瑞士的湖光山色。日内瓦是他们最想驻足的地方，小城不大，人口10万人，处于群山环抱之中，走马观花，半个小时便可跑遍全城。

日内瓦历史上是瑞士的一个小城邦，这个名字最早见诸公元前1世纪尤里裘斯·恺撒的《高卢纪事》一书，1032年并入罗马帝国的版图，湖边的葡萄树就是罗马人引进的。罗马帝国崩溃后，又一直在萨瓦王朝和法兰西人的统治下生活。1602年为防止萨瓦再度入侵，日内瓦与法国亨利四世签订了和平协议，政治上换取了瑞士联邦的独立，为此在土地上付出了昂贵的代价。意想不到的是，法国胡格诺派的金融业者把制表业带到了日内瓦小城，不到百年的时间，日内瓦便一跃成为欧洲最富裕的城市。1910年，日内瓦被选为国际联盟总部所在地，成为世界著名的会议中心。

日内瓦最著名的是自然风光。莱蒙湖是阿尔卑斯山脚下最大的湖泊，古罗马时代称勒曼努斯湖，从地图上看非常像一弯新月。它水绿如蓝，无垢无染，一柱蹿天的"杰多泉"水，如一面白色的旗帜，高达140多米，成为日内瓦最受人注意的标识。据说它是1886年建造时为缓解城市水利系统的压力而设的安全装置。

岸边小船云集，一面面三角帆，临风摆动，那白色仿佛给人以安详与慰藉。白天鹅、黑天鹅、绿头野鸭成群结队地在湖面上游弋，还有被中国人称为爱情鸟的鸳鸯，成双成对，给安谧的湖水平添了许多鲜活的生命。

林徽因、梁思成在湖畔流连，郁金香开得火爆热烈，玉兰花开得玉洁冰清，小草花耀眼夺目，他们无不为之赏心悦目，心旷神怡。他们有时坐矶观钓，有时乘扁舟荡漾于碧蓝的湖水间。他们还参观了城内卢梭纪念馆、圣皮埃尔教堂、市政大厅国联大厦等处，对于日内瓦这片土地留下了深刻的记忆。

　　在这样的氛围里，谈人与自然、人与建筑、建筑与自然的关系，林徽因与梁思成很容易就找到了梦里寻觅了千百度的那个艺术的亮点。

　　在日内瓦，他们整整待了一周，然后乘火车赶到米兰。


　　米兰是意大利北部的一座小城市，因米兰大教堂而驰名世界。

　　这座教堂让他们瞠目结舌。远远看去，那是一片尖塔的森林，乳白色的大理石，在阳光下闪着玉一样的光泽。阿尔卑斯山就在教堂的背景上，与教堂不分高下，两相争雄，而教堂于巍峨之外，更添了不少庄严和神圣。

　　这片锦绣森林中的尖塔，整整135座，那塔上的雕像，有3615个之多，都和真人一样大小。

　　林徽因和梁思成不停地赞叹着。

　　米兰大教堂从1385年开始建造，一直到19世纪才告完工，它是根据第一任米兰大公加来西佐·维斯孔蒂的命令建造的，可容纳4万人做大弥撒。

　　这座大教堂168米长，59米宽，4排柱子分开了一座宏伟的大厅，每根柱子高约26米，圣坛周围支撑中央塔楼的4根柱子，每根高40米，直径达10米，由大块花岗石叠砌而成，外包大理石。所有的柱头上都有小龛，内置工艺精美的雕像。

　　林徽因指点着教堂的环形花窗对梁思成说："你看这玫瑰形的窗子多么神奇啊，它就像《圣经》中描述的永恒的玫瑰，但丁的诗中也说，玫瑰象征着极乐的灵魂，在上帝身旁不断地放出芬芳，歌颂上帝。"

　　梁思成赞同地说："那玫瑰的叶子，一定是代表信徒们得救的心灵。"

　　当地的向导说："难怪看过这个教堂的人都说，这个玫瑰窗是傻子的《圣经》，因为它以象征和隐喻的语言说出了基督的基本精神。你们再看看那柱子上的雕刻——"，她用手指点着。

　　林徽因和梁思成举头望去，那些神像是工匠恶作剧的作品，故意雕得参差不齐。那些雕刻作品不是圣像，而是做弥撒的狼、对鸭子和鸡传道的狐狸，或者长着驴耳朵的神父，等等。

一直到了水城威尼斯，他们还在兴奋地议论着那些雕刻的寓意。林徽因认为，这些雕刻反映出中世纪人们对当时社会形态和教会文化形态的不满。梁思成则觉得，这是对宗教神权和禁欲主义的反讽。

水城威尼斯像一座别致的画廊，这座海中之城，在意大利半岛的东北隅，建在118个小岛上，外面一道沙堤隔开了亚得里亚海，穿过全城的大运河，像反写的"S"，这段河道便是大街。

他们撑着一种叫作"贡多拉"的摇橹小船，转弯抹角地在花团锦簇的河道——街道上游弋着，两岸到处耸立着罗马时期的建筑。

威尼斯的中心是圣马可广场，这是最吸引人的去处，曾被拿破仑誉为欧洲最漂亮的客厅。

他们沿着弯弯曲曲的小巷，穿过东北角门，进入广场，顿时感到豁然开朗。宽阔的广场，别致的建筑，高耸的尖塔，在蓝天白云的映衬下，令人心旷神怡。特别是那连绵不断的券廊，把高低不同、年代不同、风格迥异的建筑统一在一起，显得非常亲切和谐，广场中栖落着一群群的鸽子，在游人身边啄食，盘旋飞翔，时起时落。

广场的正面，是圣马可教堂，为《马可福音》的作者圣徒马可所兴建。它的建成年代在11世纪，原为拜占庭式，14世纪加上了哥特式的拱门装饰，17世纪又掺入文艺复兴时期的栏杆，各种时期的建筑风格，集为大成。教堂的西南，是一座高100米、半面成方形的钟塔，初建于9世纪，14世纪重建，16世纪初又在塔顶建了一座天使像。教堂的左前方，是一座15世纪的钟楼，楼顶有一座巨钟，钟旁站立着两个铜铸的敲钟人。

夜色降临了。

威尼斯的夜分外迷人，河中放了许多红红绿绿燃着蜡烛的纸球灯，两岸的窗户全部打开，许多人凭窗弹奏吉他，唱起动听的意大利民谣。威尼斯的歌女是非常出名的，她们乘坐着唱夜曲的歌船，穿着非常漂亮的彩衣，歌声圆润，唱着佩特拉克的《罗拉的面纱》：

> 我忍心的美人呀，你说吧，
> 为什么总不肯揭开你的面纱？
> 不论晴空万里，骄阳炎炎的日子，

或是浓云密布，天空阴沉的日子；
你明明看透我的心，明明知道，
我是怎样等待着要看你的爱娇。

一条面纱竟能支配我的命运？
残忍的面纱呀，不管是冷是热，
反正都已经证明我阴暗的命运，
遮盖了我所爱的，一切的光明。

林徽因拍手称赞着："思成，你听这歌声多美，威尼斯的夜景让我想起了中国的秦淮河，桨声灯影里，歌女们怀抱着琵琶，唱杨柳岸，晓风残月。"

在威尼斯逗留了两天后，他们乘车南下，经佛罗伦萨去意大利首府罗马。

他们很幸运，刚到罗马就结识了一名叫塔诺西的姑娘。刚满20岁的塔诺西，是大学建筑系三年级的学生，一头金色的柔发，蓝宝石色的眼睛闪着纯情的光。塔诺西能讲一口流利的英语，听说林徽因和梁思成考察文艺复兴时期的古建筑，便热情地提出给他们当向导。

"你们应该先看看拜占庭艺术。"塔诺西说，"罗马是拜占庭的故地，不了解拜占庭，就不了解文艺复兴。在你们中国魏晋南北朝时期，而欧洲也正处在罗马帝国分裂，奴隶制正在消亡的时期。每个民族每个历史时期都会有它独特的文化实体和艺术成就，建筑文化和艺术的价值，它的伟大与骄傲也就在这里。"

林徽因立刻就喜欢上了这个深邃的女孩子，而梁思成却坚持从拜占庭艺术之前的建筑看起，这个建议得到了塔诺西的响应，他们决定去古城遗址和古罗马。

塔诺西找来一部车子，他们驱车向南驰去。

塔诺西在车子上不停地说着："意大利是一部世界建筑史，你们一定要多看一看。"

庞贝是一座地下城，在1世纪时，它曾是一座非常繁华、有2.5万居民的美丽城市，79年8月24日下午1时，沉睡了一千五百多年的维苏威火山突然爆发，火山灰一直吹到了罗马和埃及，待火熄烟消，庞贝城已消失在火山灰下，变成一片废墟。

他们沿着这座地下城的街道走着，街道很整齐，笔直宽广，最宽处竟有10米左右，街道两旁的建筑，多是用石头垒砌起来的，楼层则为木屋。塔诺西指点给他们看，哪儿是鞋店，哪儿是成衣店，哪儿是酒馆，哪儿是银庄。中心广场的阿波罗神庙，还留着精美的石柱。许多室内还装饰着壁画，他们在一块石头上发现了一行斑驳不清的文字，塔诺西仔细辨认了一会儿，说那行字写的是"5月31日角斗士与野兽搏斗"。

林徽因说："一座城市壮烈地死去了，可是它却以顽强的精神力量延续下去，它总是带着这种精神语言流传。思成，你说是吗？"

梁思成点了点头。

古罗马角斗场以另一种悲壮吸引着他们。

这座椭圆形的斗兽场犹如两个对接的半圆形舞台，柱子和墙身全部用大理石垒砌，总高48.5米，上下分为4层，全部用混凝土、凝灰岩、灰华石建造，虽然经过两千年的风雨剥蚀，整个结构仍然十分坚固。

塔诺西对林徽因说："你知道吗，这个角斗场可以容纳8万名观众。古罗马是以武功发迹尚武的国家，这种社会形态，也在建筑中得到了体现，整个古罗马的文化都可以在建筑中找到投影。罗马时代有好多进步的文化内容，其中有物质的，也有精神的，文艺复兴时期的建筑理论，主要受了罗马古建筑的影响。"

林徽因赞同地点了点头："我也这么想过，罗马最伟大的纪念物是角斗场，是表现那个时代的它实际文化精神，文艺复兴以来与以后的建筑观念中，最重要的一个部分，就是建筑的文化性。"

他们一直盘桓到傍晚，夕阳在斗兽场的平台上涂上一层猩红色的血光。

塔诺西是个很合格的向导，她带着他们几乎跑遍了罗马全城。他们看了卡必多山上的建筑群、马西米府邸和维晋察的圆厅别墅，这些建筑都鲜明地表述了文艺复兴的建筑语言和文化形态，表现了建筑与人的亲切感。他们还看了圣彼得大教堂和圣卡罗大教堂。圣彼得大教堂建于17世纪初，全部工期曾历时120年，是整个文艺复兴建筑中最辉煌的作品。

罗马古城是人类智慧与文明的杰作，有着将近三千年的历史，它的诞生充满了奥秘，这些奥秘在一处处遗址下深埋着，它们无言地讲述着整个人类历史的辉煌。

告别罗马古城和塔诺西小姐，他们又乘火车去了西班牙，在马德里见过领事馆公使刘子楷后，只作简短停留和游览，便南下阿尔瓦特省首府格拉纳达。

不巧的是，他们到达这座城市时已是下午4点，待安排好旅馆已经5点多了，要参观的阿尔罕布拉宫末班旅游车早已发出，因时间安排，不能在该市久留，他们只得选了一辆马车赶赴那里。到了那里，果然宫门已经关闭，于是他们央求守门人放他们进去。管理人员终被这两个东方青年感动了，答应陪他们入宫参观。

阿尔罕布拉宫是中世纪摩尔王国的王宫，坐落在一个山丘上，四周环以高大的红石围墙和许多城楼。宫中主要建筑由两处宽敞的长方形宫院组成，正殿几乎是全封闭的墙，中央有一石砌的大水池，四周遍植桃金娘花。大使厅为圆顶正方形，内设御座，是觐见之处。

狮子院为另一长方形宫院，是后妃们的居所，四周游廊环绕，地面用彩砖铺设，墙壁蓝黄两色镶边，宫院中心是狮子泉，雕有12头白狮，造型雄伟，气势夺人。附近还有姐妹厅，是摩尔人钟乳石穹顶的代表性作品。

阿宫自然环境优美，清新安静，院中的玫瑰、橘、桃金娘等树，大多是摩尔人的遗存。林徽因、梁思成在这座宫院漫游，不觉晚霞沐入西天。他们告别管理人员，匆匆乘马车返回旅馆。


水是眼波横，山是眉峰聚。

林徽因和梁思成从格拉纳达绕道马拉加，乘火车一路北上，赶赴眉眼盈盈处的巴黎。

他们先到中国领事馆稍事休息，第二天便去造访巴黎的宫室建筑。

他们先去了南郊的枫丹白露宫。这座离宫位于巴黎东南，原来称作"彼耶森林"。后来，一位法兰西国王闯入林中行猎，才发现了这块风光优美的风水宝地，遂辟为猎庄。从1528年起，法兰西一世大肆扩建，以后直到路易十五时期，历代国王均加以扩大。参加设计的，除了法国的建筑师，还有意大利的建筑师。

这座王宫在形态上完全是意大利文艺复兴建筑语言，但又不完全像那些冷漠的、机械的、无生命感的建筑，而是充满自然的情趣。

法兰西一世时期，建筑师布瑞顿先后改建了奥佛尔院，增建了夏佛尔·勃朗克院，这是一座很大的长方形四合院，四面均有建筑物，屋顶的老虎窗、方塔和装饰性的小山墙，构成复杂的轮廓线。

拿破仑曾于1814年3月驾临枫丹白露，将其辟为寝宫，但他在这里只住了短短5天，便被迫退位。在登上通往厄尔巴岛的流亡之路前夕，他在德鲁奥和贝特朗两位将军的陪同下走出这座古堡，在一片静穆中向众人发表了慷慨激昂的演讲。

之后，他传令："把鹰旗拿过来。"他在帝国鹰旗上连吻了3次，喃喃低语："亲爱的鹰啊，让你的吻声在所有的勇士心里震荡吧！"

一年之后，他果然又策划成"百日政变"，返回枫丹白露，再次在白马院重新阅兵，重整旗鼓，跟欧洲的神圣同盟决一死战。可惜他壮志未酬，终在滑铁卢一役失败被囚，死在大西洋中的圣赫勒拿岛上。

现在，拿破仑住过的行宫白马院已改称"诀别院"了，成为对拿破仑厄运的见证。梁思成不由得感慨："真是人事有代谢，往来成古今啊！"

从古堡走出来，林徽因和梁思成去枫丹白露大森林漫步，英吉利花园中那白露泉，拂手轻烟，迷迷蒙蒙，远看好似一幅垂轴山水，阳光如渐渐沥沥的雨水，透过浓荫洒在萋萋碧草上，林中草木散发着一种新鲜蘑菇的香气。

林徽因问梁思成："你知道这儿为什么叫枫丹白露吗？"

梁思成答："传说那个打猎的国王，在这儿丢失了一条叫'白露'的爱犬，便急令士兵们去寻找，找了好久，终于在森林深处的一汪美丽的泉水边找到了它，探寻者们也迷醉于这水光山色之中，于是便把这泉水称作白露泉了。"

林徽因笑了："那是传说。你知道有一位1世纪的罗马诗人叫鲁卡纳斯的吗？他写过的史诗《法萨利亚》，对这片森林有过描述："岁月不曾侵犯，/这神圣的森林；/在浓密的树荫下，/长夜漫漫无垠……这白露，并非泉名，而是'美丽的流水'之意。"

林徽因执意要去森林西边的巴比松，看看那处19世纪农村画的发源地，梁思成再三催促她去看卢浮宫，林徽因才恋恋不舍地离开。

卢浮宫坐落在塞纳河畔，是号称太阳王的路易十四的王宫，也是欧洲最壮丽的宫殿之一。宫门方形的铜牌上记载着它上溯至13世纪初的历史，1204年菲利普·奥古斯塔最先在这里建起一座城堡。1546年法兰西斯一世勒令将其改建成宫殿，至亨利二世时，完成了宫殿的最初部分，直到路易十四时代，才完成其全貌。到了17世纪末，这个宫殿最阔气的时代已一去不复返，随着路易十五、路易十六的皇权衰落，卢浮宫的功能也为之改变，后来改为国家美术馆。

林徽因被宫中珍藏的古希腊、古罗马雕塑艺术品和油画深深吸引了。古埃及的《司芬克斯》、米开朗琪罗的《奴隶》、卡尔波的《舞蹈》，还有鲁本斯的名画《玛丽·美第奇画传》、穆里洛的《年轻乞丐》、伦勃朗的《伊丽莎白》，最撩人的是三幅震撼了世界的名作《美洛斯的维纳斯》《萨莫色雷斯的胜利女神》和达·芬奇的《蒙娜丽莎》。林徽因的一颗心像要跳出胸膛，她想起徐志摩在剑桥说过的一句话："美必须是震颤的，没有震颤就没有美。"在这里，她才深深体会到了这种震颤的力量。

她和梁思成从《萨莫色雷斯的胜利女神》雕塑后面的台阶上楼，进入"大画廊"，这是一条与塞纳河平行的长廊，有275米长，这里存着枫丹白露派的代表作《卡布里埃·德维拉尔公爵夫人》及勒南三兄弟的画《乡村生活场景》，画风质朴，充满生活气息。由此向后转入"等级大殿"，便有拉斐尔的《美丽的女教师》《圣米歇尔击败恶魔》，维罗奈斯的《丘比特劈罪恶》《加纳的婚礼》和提香的《乡野音乐会》。林徽因不由自主地进入了意大利文艺复兴的艺术世界，她的眼里噙满了泪水。

走出"等级大殿"，从"水浒画廊"转入19世纪绘画厅，大卫的《温泉关之役》，热里果的《美杜莎之花》和德拉克洛瓦的《自由引导人民》等许多浪漫派作品更是让他们如沐春风。

林徽因打开画夹，一幅幅临摹着，忘记了周围的人群，忘记了时间。

第二天，他们去巴黎西南的凡尔赛宫。从巴黎出圣克鲁门继续往西，驱车24公里，便是举世闻名的凡尔赛宫了。

这座宫殿集建筑、园林、绘画之大成，集中体现了法国17、18世纪光辉的艺术成就。这里原为一片沼泽和森林，有一座路易十三的猎庄，路易十四决定以此猎庄为中心，建造一座前所未有的豪华宫殿，便相继委任勒伏和孟莎担任主设计师。路易十四虽聘有一流的建筑师、造园师、画家参加营建，他仍亲临施工现场指挥，直到竣工。

他们走近古堡前的演兵场时，看到了路易十四跃然马上的铜像。他们仿佛听到这位不可一世的皇帝在得意地问他的陪臣——你还记得这地方，曾看见过一座磨坊吗？——是的，陛下，磨坊已经消失了，但风照样在吹。

风从水晶般的喷泉之间吹过来，方圆数公里的大花园里，玫瑰和蔷薇正弥漫着幽香。

宫内有一座长达19间的大厅，这就是著名的镜厅，梁思成转了半天，没有找到一面镜子。他大惑不解。林徽因指给他看那绿色和淡紫色的大理石柱子背面，有17面拱形的镜子，与廊柱浑然一色，难以分辨，只有阳光射进西面17扇高大的拱形窗子时，这座大厅才会陡然满壁生辉。梁思成拍了拍脑门："这下我可知道路易十四为什么被尊为'太阳王'了。"

林徽因说："太阳王不能垄断阳光，而这种宫室建筑文化和艺术却带来了18世纪洛可可艺术的兴起，大概建筑文化和艺术的演变跟社会结构的形态是同步的，它们同一个信息源，在一个因果链中，你想想北京的故宫，为什么与这种建筑风格有那么多一致的地方？"

"那时中国的漆器、纺织品和瓷器大量销往欧洲，"梁思成说，"路易十五这个贪财好货的皇帝也有点艺术灵感，可能是从中受了启发。如此说来，中国人还是他们的老师呢。"

## 11

# 东大建筑之滥觞

北陵原上。

东北大学的开学典礼如期举行，堡垒形的大礼堂前面的广场上，鼓乐队奏起了雄浑的音乐，乐声飘卷着松涛柳浪，如大海的波涛澎湃汹涌。

两千多名师生，队伍齐整，在广场上站成一座森林的方阵。

校长张学良将军一身戎装，胸前披挂着金色的绶带，雄姿英发，眉宇间透着青春勃发的朝气，笔挺地站在主席台正中，副校长刘凤竹、文科学长周守一、法科学长臧启芳、工科学长高惜冰站立两旁。他们身后的一排是张学良亲自募聘的名流学者：数学家冯祖荀，化学家庄长恭，机械工程学家刘化洲、潘成孝，新开设的建筑系主任梁思成，美学教授林徽因和文法学院聘请的名教授吴贯因、林损、黄侃等。

张学良做过简短的致辞之后，乐声响起，两千多名师生高声唱起了刘半农作词、赵元任作曲的《东北大学校歌》：

> 白山兮高高，黑水兮滔滔；
> 有此山川之伟大，故生民质朴而雄豪；
> 地所产者丰且美，俗所习者勤与劳；
> 愿以此为基础，应世界进化之洪潮。
> 沐三民主义之圣化，仰青天白日之昭昭。

痛国难之未已，恒怒火之中烧。

东夷兮狡诈，北虏兮骄骁，

灼灼兮其目，霍霍兮其刀，

苟捍卫之不力，宁宰割之能逃？

惟卧薪而尝胆，庶雪耻于一朝。

惟知行合一方为责，无取乎空论之滔滔，

惟积学养气可致用，无取乎狂热之呼号。

其自迩以行远，其自卑以登高。

爱校、爱乡、爱国、爱人类，期终达于世界大同之目标。

使命如此其重大，能不奋勉乎吾曹，能不奋勉乎吾曹。

　　一首歌，唱沸了两千多颗激昂的心。师生们群情振奋，他们仿佛听到了血液在脉管里汩汩奔流的声响。

　　林徽因和梁思成从欧洲日夜兼程赶回北京，已是这年的8月18日。梁启超全家正翘首以盼，奶妈王姨早就为他们小夫妻收拾好了东四十四条北沟沿23号的新房，他们举行了庙见大礼，又到西山祭谒了李夫人墓。梁启超见思成满面黑瘦、头筋胀起的风尘憔悴之色，老大不高兴。休息几天后，看到儿子脸上恢复了原来的样子，才算放下心来。林徽因的到来，给这个家庭添了许多喜气，她落落大方，没有从前旧家庭的虚荣，又没有新时髦的习气，与全家人都处得十分融洽，梁启超最小的女儿梁思宁（1916年10月生，小名六六，长大后参加新四军），也一天到晚围着林徽因不肯离去。

　　他们在家休息了十多天，东北大学开学时间已到，便匆匆打点行囊北上。为了他们夫妇的职业，梁启超绞尽脑汁，在他们游欧期间，就多方奔波了。在旅途中，他们频频收到父亲的来信，几乎每一封信中都谈到了他们回国后的职业问题：

　　　　你们回来的职业，正在向各方面筹划进行，一是东北大学教授，一是清华大学教授，成否皆未可知，思永别有详函报告。另外还有一件"非职业的职业"——上海有一位大藏画家庞莱臣，其家有唐画十余轴，宋元画近千轴，明清名作不计其数，这位老先生六十多岁了，我想托人介绍你拜他们，当他几个月的义务书记，若办得到，倒是你学问前途一个大机会。你的意思如何？亦盼望到家以前先用信表示。你们既已学成，组织新家庭，立刻须找职业，求自立，自是正办，但以现在时局之混乱，职业能否一定找着，也很是问题。我的意思，一面尽人事去找找，找得着当然最好，找不到也不妨，暂时随缘安分，徐待机会。若专为生计独立之一目的，勉强去就那不合适或不乐意的职业，以致或贬损人格，或引起精神上苦痛，倒不值得。一般毕业青年大多数立刻要靠自己劳作去养老亲，或抚育弟妹，不管什么职业得就便就，那是无法的事。你们算是天幸，不在这种境遇之下，纵令一时得不着职业，便在家里跟着我再当一两年学生（在别人或正是求之不得的），也没有什么要紧。所差者，以徽音现在的境遇，该迎养她的娘才是正办，若你们未得职业上独立，这一点很感困难。但现在觅业之难，恐非你们意想所及料，所以我一面随时替你们打算，一面愿意你们先有这种觉悟，纵令回国一时未能得相当职业，也不必失望沮丧。失望沮丧，是我们生命上最可怕之敌，我们须终身不许它侵入。

《中国宫室史》诚然是一件大事业，但据我看，一时很难成功，因为其建筑十之八九被破坏，其所有现存的，因兵乱影响，无从到内地实地调查，除了靠书本上资料外，只有北京一地可以着手。所以我盼望你注意你的副产工作——《中国美术史》。这项工作，我很可以指导你一部分，还可以设法令你看见许多历代名家作品。回来时立刻得有职业固好，不然便用一两年工夫，在著述上造出将来自己的学术地位，也是大佳事。

前在清华提议请你，本来是带几分勉强的，我劝校长增设建筑图案讲座，叫你担任，他很赞成，已经提出评议会。闻今年此类提案甚多，正付审查未表决，而东北大学交涉已渐成熟。我觉得为你前途立身计，东北确比清华好，况且东北相需是殷，而清华实带勉强。因此我便告校长，请将原案撤回，他曾否照办，未可知，便现在已不成问题了。几年评议会许多议案尚未通过，新教习聘书一概未发，而北京局面已翻新，校长辞职，负责无人，下学期校务会在停顿中。该校为党人所必争，不久将全体改组，你安能插足其间？前议作罢，倒反干净哩。

实际上，梁启超是非常希望儿子能留在清华的，那里虽是温柔乡，但治学条件毕竟与东大不能同日而语，可是因为政局的变化，他的一番苦心也终究徒劳。1928年6月，南京"国民政府大学院"和"外交部"会同致电清华学校教务长，委派他暂代校务，南京政府要接管清华已初露端倪，在清华归属问题上，大学院与外交部之间各不相让。大学院以统一全国教育学术机构的名义接管清华，而外交部却坚持要由它来承袭北洋政府外交部对清华的管辖的权力，抢先一步接管了清华的基金，拒绝大学院插足，在梁思成和林徽因欧游期间，外交部派张歆海等八人来校"查账"，以示接管清华。第二天，大学的特派接管人员高鲁等3人也接踵而至，声称"视察"，双方你争我夺，互不相让，各派势力竞相逐鹿，一个校长的位子，竟有30多个人去争抢。梁启超审时度势，改弦更张，决定让儿子、儿媳去东北谋职。

此时，离东北发生"皇姑屯事件"不久，张作霖被炸死，改由张学良主政，东北大学亦实行改革，积极网罗人才，全校的师资大部分都留学于英、美、法、意、德、日、俄等国的世界名牌大学。梁思成、林徽因的就业问题很快就有了着落。6月19日，他们还在旅游考察途中，东北大学的聘书就先行寄到梁启超手里，而且待遇十分优厚，梁思成月薪800元，林徽因月薪400元，是新聘教授中薪水最高者。

东北大学前身是"国立沈阳高等师范学校"和"公立文科专科学校"，1922年奉天省长王永江倡议筹设东北大学，并自任校长，在北陵前辟地五百余亩，依照德国柏林大学图纸建造。

1923年春季，东北大学正式成立，暑期招收第一届预科学生，分为文、法、理、工四科，两年毕业，可直接升大学本科。1925年暑期，招收第一届本科学生，仍分四科九系，学制四年，毕业后授予学士学位。1926年5月，又增设东北大学附属高中，分为文、理两种，毕业后经考试升入大学本科。另外还有东北大学夜校专修科，政法、数理专修科，招收在职公教人员。

这年秋天，少帅张学良就任该校校长，任职不

在东北大学工作时的林徽因

久，着手大学的改革与扩充，把原有的文、法、理、工四个学科改为文学院、法学院、理学院、工学院。工学院又设建筑系，四处招聘人才，年轻的东大建筑系，成为中国首屈一指的人才库。张学良捐款300万元，又增建了汉卿南楼和汉卿北楼。

东北大学成立之初，建筑系只有林徽因和梁思成两名教职员，学生上课时教授点名，严格限制旷课，理工科几乎全用英美大学教材讲课、做题、实验，实习报告均用英语。建筑系则完全采用英美式教学法，四十多名学生，大家集中在一间大教室里，座席不按年级划分，每个教师带十四五名学生。

东北大学开学前，林徽因回福州一次，把母亲和堂弟林宣带到东北大学建筑系就学。在福州，她受到父亲创办的私立法政专科学校同人的欢迎和宴请。在闽期间，她应乌石山第一中学之邀，为师生讲演《建筑与文学》，还到仓前山英华中学讲了《园林建筑艺术》。还为叔叔林天民设计了福州东街文艺剧场，地址在福州聚春园，现原建不存。这次回来她住在新港，林天民家里还为四堂妹林新声画了两幅水粉画。父亲当年在福州水部高桥巷有一栋日式平房，叔叔死后由四堂妹看管。林长民去世后，家人从北京回来住在福州塔巷林家老宅。现家中人大都凋零人散。

担任美学和建筑设计课的林徽因，经常把学生带到昭陵和沈阳故宫去上课，把现存的古建筑作教具，讲建筑与美的关系。林徽因知识渊博，又有非常犀利的谈锋，性格爽快幽默，因此她的课最受欢迎。

空闲的时候，她和梁思成还去丈量那里的古建筑，作图稿可依据的记录。

上第一堂课的时候，她把学生带到沈阳故宫的大清门前，让大家从这座宫廷建筑的外部进行感受，然后问："你们谁能讲出最能体现这座宫殿的美学建构在什么地方？"

大家很热烈地讨论起来。有的说是崇政殿，有的说是大政殿，有的说是迪光殿，还有的说是大清门。

林徽因笑了："你们注意到八旗亭了吗？它没有特殊的装潢，也没有精细的雕刻，跟这金碧辉煌的大殿比起来，它还是简陋了些，而又分列两边，就不那么惹人注意了，可是它的美在于整体建筑的和谐、层次的变化、主次的分明。中国宫廷建筑的对称，是统治政体的反映，是权力的象征。这些亭子单独看起来，与整个建筑毫不协调，可是你们从总体看，这飞檐斗拱的抱厦，与大殿则形成了大与小、简与繁的有机整体，如果设计了四面对称的建筑，这独具的匠心也就没有了。"

说到这里，林徽因给大家讲了八旗制度的故事。

1615年，努尔哈赤完善了正黄、镶黄、正白、镶白、正红、镶红、正蓝、镶蓝八旗制度，这个制度的建立，在后金国的发展中显示了它的威力。据说努尔哈赤在立国之初凡遇军国大事，必在"殿之两侧搭八幄，八旗之诸贝勒、大臣入八处坐"，共商大计。八旗的首领当然都是努尔哈赤的兄弟子侄，不会是旁门别支、平民百姓去充任。

她说："从大政殿到八旗亭的建筑看，它不仅布局合理，壮观和谐，而且也反映了清初共治国政的联合政体，它是中国宫廷建筑史上独具特色的一大创造。这组古代建筑还告诉我们，美，就是各部分的和谐，不仅表现为建筑形式中各相关要素的和谐，而且还表现为建筑形式和其内容的和谐。最伟大的艺术，是把最简单和最复杂的多样，变成高度的统一。"

林徽因讲课的方式就是这样，既深入浅出，又简明扼要，脉络清楚，注重细节，循循善诱。

即使过了许多年，她的学生们也没有忘记打开他们艺术思维之门的八旗制度的故事。

因为刚刚建系，教学任务繁重，林徽因经常给学生补习英语，天天忙到深夜。那时她已怀孕，但她毫不顾惜自己，照样带着学生去爬东大操场后山的北陵。

放寒假以前，梁思成夫妇接到家里发来的电报，称父亲梁启超病重住院，便匆忙赶回北京。早在1926年，父亲曾做过一次肾切除手术，但手术后仍不断便血。其实在他们赴东北大学就职时梁启超病情已经很重，10月中旬便住进协和医院。

下车后林徽因和梁思成直奔协和医院，此时梁启超已在协和医院二楼特别病房住了近一个星期。林徽因和梁思成看到病床上的父亲已宛若暮年的老人，双目暗淡，脸上没有血色，喉中痰壅，亦不能言，见到儿子、儿媳也只能用目光表示内心的宽慰。

父亲的主治医师杨继石和来华讲学的美国医生柏仑莱告诉他们，梁启超的病已不大有挽回的希望了。梁启超刚住院时因咳嗽厉害，怀疑是肺病，经X光透视后，却没发现肺有异常，只是在血液化验中，发现了大量的"末乃利菌"，这是一种世界罕见的病症，当时的医学文献只有3例记载，均在欧美，梁启超是第4例。灭除此菌的唯一药剂是碘酒，而任公积弱过甚，不便多用，只好靠强心剂维持生命。

从上海赶来探病的徐志摩，也只能隔着窗口看了两眼他的恩师。志摩望着病骨支离的老师，黯然神伤，泪水从眼眶里涌了出来。林徽因说："父亲平常做学问太苦了，不太注意自己的身体，病到这个程度，还在赶写《辛稼轩年谱》。"

　　采取一段中药治疗以后，梁启超的病况居然出现了转机，能开口讲话了，精神也好了许多，梁思成很高兴，便邀了徐志摩、金岳霖等几个朋友，到东兴楼饭庄小聚，之后他们又一起去金岳霖家看望他的老母亲。金岳霖住在东单史家胡同，那是借的凌叔华家的私产小洋房。一进门厅，他们便看到了地下铺的红地毯，那是石虎胡同新月社的旧物，大家触物伤情，想起新月社当年的红火和如今的寥落，很是感慨了一番。

　　1927年1月17日，梁启超病况再次恶化，经过会诊，医生们决定只好注射碘酒。第二天，梁启超出现呼吸紧迫，神志已处于昏迷状态，梁思成忙给供职于天津南开大学的二叔梁启勋拍发急电。当日中午，梁启勋便带着梁思懿、梁思宁赶到协和，梁启超神志微醒，口不能言，只是握着弟弟的手，用目光望着思成和徽因，却一句话也没说出来，只是眼中流出了几滴泪水。

　　当天的《京报》《北平日报》《大公报》都在显著位置报道了梁启超病危的消息。

　　1月19日下午2时15分，梁启超与世永别。梁启超的遗体被送到地下室，装殓后，当晚送到宣武门外广惠寺，梁家向亲友发出了简短的讣告：

　　　　家主梁总长任公于一月十九日未时病终协和医院，即日移入广惠
　　寺，二十一日接三。

　　20日下午3时大殓，到场亲视者除其家属外，尚有任公生前朋辈胡汝麟、王敬芳、刘崇佑、蹇念益等数十人。

　　接三之后，为梁启超举行了佛教葬礼，仪式新旧参半，灵柩送到西山卧佛寺西东沟村与李夫人合葬。墓碑是梁思成和林徽因设计的，高2.8米，宽1.7米，碑形似楔，古朴庄重，不事修饰。正面镌刻着："先考任公政君暨先妣李太夫人墓"14个大字。梁思成和林徽因没有想到，他们毕业后的第一件作品竟是为父亲设计的这座墓碑。

　　40多年后，梁思成从为他治病的大夫那里得知了父亲早逝的真相。由于梁启超在社会上的知名度，协和医院指定著名的外科教授刘大夫来做这次肾切除手

术。病人被推进手术室后，值班护士用碘伏在肚皮上标错了地方。刘大夫手术时没有仔细核对X光片，误将那个健康的肾切除。这一错误术后不久即发现了，院方当作"最高机密"保护起来。直到现在，这件事在中国还没有广为人知。此后不久，刘大夫便辞去协和医院职务，到国民党政府的卫生部当次长去了。

开学后，林徽因和梁思成回到东北大学。

理工学院是东北大学教学和生活环境最好的一所学院，巍峨的白楼耸立于沈阳北陵的前沿，校门前浑河川流不息，学院的教学条件很好，图书、仪器齐备，学生宿舍富丽堂皇，教授的住宅是每人一套小洋房。

1929年夏天，在宾夕法尼亚时的同学陈植、童寯和蔡方荫，应梁思成和林徽因之邀，也来东北大学建筑系任教。老同学凑到一起，志同道合，把一个建筑系搞得生气勃勃。每个周末，一帮老同学聚在梁家，吃茶、聊天，日子过得倒也快活。

几个老同学一商定，热热闹闹地成立了一个"营造事务所"，不仅搞研究，而且承揽建筑工程。适逢吉林大学筹建，总体规划、教学楼和宿舍设计，他们"一揽子"全包了下来。后来还设计了交通大学拟在辽宁锦州开办的分校校舍、沈阳郊区的"肖何园"等建筑。

这一年，兼任东北大学校长的张学良将军设奖金征集"东北大学校徽图案"，林徽因设计的"白山黑水"图案中奖，几个老同学到梁家又是一番庆贺。

让人感到不惬意的是东北混乱的时局，各派势力争夺地盘，太阳一落山，胡子便从北部牧区流窜下来，马队飞一样从窗外飞驰而过。大家聊到兴致正好的时候，也只能把灯关掉，屏住声息，隔窗看一眼，月光下胡子们骑着高头骏马，披着红色斗篷，很是威武。林徽因说："这还真有点罗曼蒂克呢！"

1931年4月，日本侵华日紧，梁思成、林徽因辞去东北大学教职，由东北籍的童寯继任。"九一八事变"后，日本军人关闭了东北大学，建筑系由童寯带领迁到上海。同年7月，第一届建筑系本科学生毕业的时候，接到童先生和毕业生的信，梁思成在北京给他们写了长信给予祝贺和鼓励。信中说：

"现在你们毕业了，毕业二字的意义，很是深长。美国大学不叫毕业，而叫始业"。"你们的业是什么，你的业就是建筑师的业，建筑系的业是什么，直接地说是建筑物之创造，为社会解决衣食住三者中的住的问题；间接地说，是文化的记录者，是历史的反照镜，所以你们的问题十分繁难，你们的责任是十分地重大。

"现在你们毕业了，你们是东北大学第一班建筑学生，是'国产'建筑师的始祖，如一艘新舰行下水典礼，你们的责任是何等重要，你们的前程是何等远大！林先生和我两人，在此一同为你们道喜，遥祝你们努力，为中国建筑开一个新纪元！"

　　东北大学的学生张镈回忆，东大建筑系是"又团结互助又斗争雄辩的集体"，三个班，共约四十多名学生，四位导师，梁（思成）师、陈（植）师、童（寯）师、林（徽因）师，他们各不相同，"平时团结一致十分水乳，评图时，不放过任何不足之处。真是难能可贵。"

　　东大学生后来到南京中央大学本科进修的学生林宣回忆，梁先生讲授"西洋建筑史"，"教案是写在卡片上，分捆成束，语言少，图画多。几乎每个典故实例都在黑板上画一遍。"林先生的课程设："初步设计、雕饰、专业英语，还有古典文学课。每周六个学时，他记得学过《威尼斯商人》。在林先生倡导下，英语课又增加一个学时。"林宣许多年后还清楚地记得，林徽因在东北大学时讲过，做学问"少一事不如多一事"。

　　从梁、林讲课也可看出二人处事风格的不同，一个话多一个话少，一个沉静一个活泼，但配合相得益彰，不同中却透着契合。

　　这年7月，林徽因产期已近，借暑假之机，梁思成陪同林徽因返回北平。8月住进协和医院，随着剪刀的一次闪光，他们倏然觉得，女儿维系在母体上的那根脐带被剪断之后，两颗风筝一样漂泊的心却把一条线紧紧挽在那双小小的手臂上。

　　宝宝的第一声啼哭，引爆了窗外一片嘹亮的蝉鸣。

1929年，初为人母的林徽因，抱着女儿梁再冰在沈阳

12

/

# 诗情香山

3月的香山,是杏花云的香山。

一天一地粉白色的水在流动,这水,漫过所有的空间,没有堤岸,没有限制。孟春的杏花,就是以这样的热烈,宣谕着对这个季节的统治。

这其实是一种不安分的颜色,它会让人更多地想到生命最深处的骚动,它不能给人一种真正的满足,沿着不断上升的阶梯,在没有涯际的包罗万象的深沉之中,去接近严肃与崇高。作为一种脆弱的红,在肉体和精神的意志上却具有一种奋起的因子。

绿,此时却显得宁静而和平,它淹没在那脆弱而汹涌的薄红中,得到了像在某种单纯颜色上的休息,这是一种自我满足的安静,它不向任何方向流动,似乎没有注入欢乐、悲哀和热情的感染力,它什么也不要求。

林徽因踩着石板小径,缓缓拾级而上,花雨落了她满身。

1931年3月,林徽因为了养病,她住在香山静宜园"双清别墅"附近的一所房子里,这里叶簇荫翳,屋檐翘出,清萍圆荷,春水盈盈。而那花瓣的颜色,肯定与你碰落的第一滴雨有关,紫也有韵,白也有韵,从源头出发,谁也会把歌的门打开。林徽因将在这里度过一个漫长的花季。

原来宝宝满月之后,他们回到了沈阳,东北大学已经开学。这是他们夫妇在这里工作的第三个学期了。她鼓动梁思成从这个学期开始,完成那部早已在计划之中的《中国建筑史》，直到目前，唯一的一部中国建筑史是日本人写的，里面的插图是日军持军刀站在中国的古建筑前，林徽因看了非常生气。繁重的教学工作加上带孩子，她撑了不到一年就病倒了。一直到1930年秋天，徐志摩特意去沈阳看她，她还躺在床上。徐志摩看到沈阳医疗条件太差，气候也不适宜，便劝她回北平治疗一段时间。林徽因和梁思成听从了他的劝告，回到了北平。为了照顾她的病情，徐志摩曾在她家里住了一段时间。

当时徐志摩在南京中央大学兼任外文系教授，与方玮德、陈梦家拟创办一个诗刊，这个刊物原是徐志摩主持过的《晨报》副刊的一个栏目。从北平回到上海以后，徐志摩立即向林徽因等发信征稿，与陈梦家着手筹备《诗刊》。这年冬天，在《新月》第三卷第二号上刊出了《诗刊》的广告，宣布了《诗刊》的宗旨：旧友和对诗有兴趣的新友再来一次集合，活跃一下诗界的气氛。

1930年年末，徐志摩应胡适的邀请，到北京大学任教。旧历年前，返回南方过春节。在家时，徐志摩意外地收到了林徽因从北平寄来的照片，照片上的她还辗转在病榻上，背面题了一首诗。旧历年初三，徐志摩就回到了北平。他以为林徽因、梁思成已回沈阳，抱着试试看的心情到了梁家，夫妻俩仍在家中，林徽因病得更厉害了，脸上瘦得骨头都能看出来，梁思成也满脸憔悴。

"怎么啦？"他问梁思成。

"徽因病了。"梁思成叹了口气，"前些天，她陪人到协和医院看病，让一个熟悉的大夫看见了，就拉着她进去做了X光检查，一看说是肺结核，目前只能停止一切工作，到山上去静养。"

也许因为生病，林徽因的脾气也变了。她总是没头没脑地训斥梁思成，弄得梁思成手足无措。徐志摩心里也很难过，可又不知怎么安慰他们才好，只能抱起孩子引逗着，冰冰已经1周岁多了，长得越发可爱，眼睛像林徽因，脸盘像梁思成。

送徐志摩出门的时候，梁思成说："她要去香山休养，又舍不得孩子，我又不能陪她上山。到底留在北平家中好呢，还是去沈阳上课呢？"

看到他们现在这副凌乱不堪的样子，徐志摩心里也不是滋味。他很想为他们分担一些忧愁，但又爱莫能助，只能保持缄默。

在去香山养病以前，林徽因为徐志摩刚刚创办的《诗刊》写了3首诗：《那一晚》《谁爱这不息的变幻》《仍然》。这些诗以"尺棰"的笔名发表在1931年4月

《诗刊》第二期上。林徽因拿到刊物后，心情很好，仿佛病也好了许多。

林徽因与母亲上山以后，春天的香山更引发了她的诗兴，她忘了医生的禁令，竟然如痴如醉地写起诗来，这一写，一发而不可收。她写的每一首诗，都与大自然和生命息息相关。林徽因的诗作，一如既往地受到英国唯美派诗人的影响，早期的诗作更加明显。如她写的《笑》：

> 笑的是她的眼睛，口唇，
> 和唇边浑圆的旋涡。
> 艳丽如同露珠，
> 朵朵的笑向
> 贝齿的闪光里躲。
> 那是笑——神的笑，美的笑：
> 水的映影，风的轻歌。
>
> 笑的是她惺忪的鬈发，
> 散乱的挨着她的耳朵。
> 轻软如同花影，
> 痒痒的甜蜜
> 涌进了你的心窝。
> 那是笑——诗的笑，画的笑：
> 云的留痕，浪的柔波。

这首诗足可以代表林徽因早期作品的艺术风格，那轻轻的笑的"云的留痕，浪的柔波"，是从眼神、口唇边泛起的酒窝，那整齐洁白如编贝、启唇而露的玉齿，在闪光之间的具象，描绘了一个灿烂无比、甜美绝伦的笑——诗的笑，画的笑，是那样甜蜜，痒痒地涌进了人的心窝，体察与表现是那样细致入微，又别开生面，真挚的感情和精微的感觉，描绘出可触摸的具象。上下两节，对称很严谨，语言也玲珑剔透，诗行中透出美的芳馨。

香山上的诗，是俯拾皆是的，但是它又特别需要诗人独到的慧眼，如她的《深夜里听到乐声》：

这一定又是你的手指，
轻弹着，
在这深夜，稠密的悲思；

我不禁颊边泛上了红，
静听着，
这深夜里弦子的生动。

一声听从我心底穿过，
忒凄凉，
我懂得，但我怎能应和？

生命早描定她的式样，
太薄弱，
是人们的美丽的想象。

除非在梦里有这么一天，
你和我，
同来攀动那根希望的弦。

　　这乐声是一种感召，也是一种忆念，轻柔细腻中蕴含着热烈和真挚，这是来自性灵深处的诗情。在艺术形象的建构上，这首诗也更多地体现了音律美和建筑美，那意象细微的弹跳，好像赋格曲中最轻柔的音符，那旋律，让你心头荡漾，心弦颤动，又余音袅袅；在句式建构上，两长一短的三段式，抑扬适度，如一曲回廊，往还复沓，曲径通幽，构成了深邃的意境，又渲染了那种悲思和凄婉的意味；在韵律上，流畅而不单调，和谐又复自然。

　　5月15日，徐志摩拉上张歆海夫妇和张奚若夫妇，到香山看望林徽因。

　　见到他们，林徽因高兴得像个孩子。养了两个月，她的精神好了许多，脸上出现了红润。林徽因说："你们看我是否胖一些了？这两个月我长了3磅（约

深笑

是谁笑得那样甜，那样深，
那样圆转；一串一串明珠，
大小闪着光亮，迸出天真！
清泉底浮动，泛流到水面上。

是谁笑得好花儿开了一朵？
那样轻盈，不惊起谁。
细香无意中，逸着风过，
拂在短墙，丝丝在斜阳前
挂着
留恋。

是谁笑成这百层塔高耸，
让不知名鸟雀来盘踞？是谁
笑成这万千个风铃的转动，
从每一层琉璃的檐边
摇上
云天？

你来了

你来了，画理样阁立在山边！
交响曲，由风到风，草到大，
阳光投入夕阳方向，谁沿着
如同画理人，掉回头便就不见。

你来了，花闹到塔子的堂红，
绿茸进住地块上一层晓爱。
鸟唱着树梢交织着枝拓白云
却是找我们悠忽翻遍我重天空！

一九三四

林徽因诗稿手迹

1.36千克）呢。”

张歆海的夫人韩湘眉说：“看你的脸让太阳晒的，简直像个印度美人了。”

大家都笑起来。

吃了茶，他们一起去游山。

从双清别墅到半山亭，从西山晴雪到弘济寺，这一路上说说笑笑，不觉已近中午，便去弘济寺吃素斋。张歆海对寺旁的一块大石头产生了兴趣，对徐志摩说："志摩，你看这个神鸡石是公鸡还是母鸡啊？"

林徽因笑道："当然是母鸡了，你看它尾巴下有个石洞，人都说这是一只神鸡，每天下5个鸡蛋，乡亲们都叫它下蛋石啊！"

张奚若却坚持说那是一只公鸡："你看它的脖子高高扬着，还有它的冠子，哪像个母鸡的样子！"

张歆海说："母鸡就不能把头昂得高一点？人家生了蛋，也该骄傲一下嘛。

你看我家的湘眉，生了孩子，一天比一天神气！"

"你别胡说八道了，"韩湘眉说，"还是让徽因读读她写的诗吧。"

林徽因说："好久没有这样开心了，我一个人在山上，真是闷死了。诗倒是写了不少，可不好给你们拿出来，就给你们读读我那一首《桃花》吧。"

桃花，

那一树的嫣红，

像是春说的一句话；

朵朵露凝的娇艳，

是一些

玲珑的字眼，

一瓣瓣的光致，

又是些

柔的匀的吐息；

含着笑，

在有意无意间，

生姿的顾盼。

看，——

那一颤动在微风里，

她又留下，淡淡的，

在三月的薄唇边，

一瞥，

一瞥多情的痕迹！

林徽因读完诗，大家都交口称赞。

韩湘眉说："真是太好了，看来我们是来晚了，没见上那一树桃花。"

张奚若说："士别三日，当刮目相看。林小姐成了大诗人啦！你在《诗刊》上那组诗我也读了，写得蛮有味道嘛！"

林徽因说："学长过奖了，还不是志摩催稿子，硬逼出来的，生涩得很。"

徐志摩说："徽因的诗，佳句天成，妙手得之，是自然与心灵的契合，又总能让人读出人生的况味。这一首《桃花》与前人的'记得绿罗裙，处处怜芳草'是同一种境界。"

这天，他们一直陪林徽因聊到很晚。这段日子里，林徽因还写了《激昂》《莲灯》《情愿》《中夜钟声》《山中一个夏夜》等诗作。应该说，这是她写诗最多的一年。这些诗表现了她对生活和生命的挚爱，感情纤细，构思巧妙，以独特的想象，创造了一个内心情感和思想的诗性世界，具有音乐、绘画和建筑美。从这个花季开始，她走上了诗歌创作的漫长旅程。

除此之外，她还创作了短篇小说《窘》，这是她的第一篇家庭生活的小说。

6月中旬，徐志摩、罗隆基、凌叔华、沈从文，再次同去香山看望林徽因。

林徽因的病情又有些加重，刚刚发了十天烧，人也显得疲乏，怕她寂寞，林徽因的母亲也把宝宝带到山上来了。大家见到林徽因，心情也很沉重。

7月7日，林徽因从东直门大街204号梁思顺住处回香山，徐志摩前来送行，又特意为林徽因带去英国唯美派作家王尔德、佩特等人的著作。回去后他写了一封信，并附了这天下午写的《你去》这首诗寄去：

徽音：

我愁望着云汀的天和泥汀的地，只担心你们上山一路平安。到山上大家都安好否？我在记念。

我回家累得直挺在床上，像死——也不知那来的累。适之在午饭时说笑话，我照例照规矩把笑放在嘴边，但那笑仿佛离嘴有半尺来远，脸上的皮肉像是经过风腊，再不能活动！

下午忽然诗兴发作，不断的抽着烟，茶倒空了两壶，在两小时内，居然诌得了一首。哲学家（注：金岳霖）上来看见，端详了十多分钟，然后正色的说：It is one of your very best（注：这是你最好的诗之一），但哲学家关于美术作品只往往挑错的东西来夸，因而，我还不敢自信，现在抄了去请教女诗人，敬求指正！

雨下得凶，电话电灯全断。我讨得半根蜡，匍匐在桌上胡乱写。上次扭筋的脚有些生痛。一躺平眼睛发跳，全身的脉搏都似乎分明的觉得。再有两天如此，一定病倒——但希望天可以放晴。

思成恐怕也有些着凉，我保荐喝一大碗姜糖汤，妙药也！

宝宝老太（注：女儿、母亲）都还高兴否？我还牵记着你家矮墙上的艳阳。

此去归来时难说完，敬祝

山中人"神仙生活"，快乐康强！

脚疼人

洋郎牵（洋）牛渡（洋）河夜（注：7月 7日）

你去，我也走，我们在此分手；
你上哪一条大路，你放心走，
你看那街灯一直亮到天边，
你只消跟从这光明的直线！
你先走，我站在此地望着你，
放轻些脚步，别叫灰土扬起，
我要认清你远去的身影，
直到距离使我认你不分明，
再不然我就叫响你的名字，
不断的提醒你有我在这里
为消解荒街与深晚的荒凉，
目送你归去……
不，我自有主张
你不必为我忧虑；你走大路，
我进这条小巷，你看那棵树，
高抵着天，我走到那边转弯，
再过去是一片荒野的凌乱；
有深潭，有浅洼，半亮着止水，
在夜芒中像是纷披的眼泪；
有石块，有钩刺胫踝的蔓草，
在期待过路人疏神时绊倒！
但你不必焦心，我有的是胆，
凶险的途程不能使我心寒。

等你走远了，我就大步向前，
这荒野有的是夜露的清鲜；
也不愁愁云深裹，但须风动，
云海里便波涌星斗的流汞；
更何况永远照彻我的心底；
有那颗不夜的明珠，我爱你！

那一天送行告别的时候，徐志摩没有说什么，只是轻轻地吻了吻宝宝。

林徽因和梁思成送他出门到大街拐角处，徐志摩走出好远，再看时，他俩还定定地站在那里。

他仿佛看到满山的杏树已结出了累累青果。

那是一个花期的愿望。

# 13

## 志摩之死

　　侧柏和紫薇掩映的一排廊式长房，紧紧靠着北平中山公园的东墙，这是中国历史上第一家建筑学研究单位——中国营造学社。

　　这个学社是民办学术团体的科研机构，专事研究中国古代建筑，发起人是朱启钤，字桂莘，人称朱桂老，1872年生于贵州。民国三年（1914年）10月任内务总长，1915年奉袁世凯之命修缮皇宫时，对营造学产生了浓厚的兴趣。

　　1917年朱启钤在江南图书馆发现《营造法式》的抄本，惊为秘籍，两次刊行，反响颇大，于是他便自筹资金，发起中国营造学社，并自任社长。最初学社设在朱启钤家中，初邀入社的成员大都是一些国学家。

　　1930年，朱启钤为筹措学社的经费，向支配美国退还"庚子赔款"的中华教育基金会申请补助，恐学社没有专门人才，要钱的理由不充分，曾做过朱启钤幕僚的周诒春（营造学社名誉社员中的基金董事），便专程到沈阳鼓动梁思成、林徽因加入学社。因为那时东北大学建筑系刚刚筹办，不便离开，另外，由于朱启钤为袁世凯筹备登基大典，被国人所诟病，梁思成、林徽因不愿同他合作，这件事就搁了下来。

　　1930年秋，林徽因回北平养病不久，陈植也走了，他到上海开了一家建筑事务所。

　　1931年"九一八事变"前夕，东北的火药味已很浓，驻沈阳的日本关东军天天演习，并经常闯入校园，横冲直撞，如入无人之境。日本人为了强行修建沈阳至铁岭的铁路，竟把东北大学通往沈阳城里的一条大路截断，竖起路障牌子，大书：随意通行者，格杀勿论。连天烽火，即将引发，东北大学建筑系的"弦歌"正处在断亡绝继之秋。在这个时候，东北大学的几位院长之间的派系斗争也剑拔弩张。梁思成没有参与他们的派系斗争，加上林徽因身体不适，不能再来东北大学工作，于是他决定离开他亲手创建的建筑系，把系里的事交给当地人童寯，到北平营造学社应聘。

应聘后，梁思成担任了法式部主任，林徽因继之为营造学社校理。"九一八事变"后，东北大学建筑系的学生刘致平、莫宗江、陈明达等人，也一起到北平投奔老师，成为营造学社的骨干。

后来，刘敦桢从南京国立中央大学到北平参加营造学社的工作。他年轻时到日本读中学，1920年毕业于东京高等工业学校建筑科，先后在长沙、苏州等地教书，他外表整洁，性格沉静，到任后任文献部主任。

林徽因在香山休养半年之后，身体基本复原，移家北平东城北总布胡同3号。下山那天，徐志摩、沈从文、温源宁等陪梁思成去接她，并在北京图书馆办了一桌宴席，给她接风。看到林徽因红光满面，神采奕奕，徐志摩很高兴；当林徽因问到他近日生活的时候，他却只有一声长叹。

近来徐志摩连遭打击，他最亲近的母亲不久前刚刚去世，父亲不容他的妻子陆小曼，父子关系仍很紧张。在北平，他只身住在米粮库胡同4号胡适的家中，也多亏了胡大哥和江冬秀的照应。他身兼两所大学的课程，月薪差不多600元，却不够花钱如流水的陆小曼铺张挥霍。他为了挣钱，疲于奔命，身体也越来越糟，不是泻肚子，就是感冒。为了挣钱，他跟一些朋友也疏远了，眼下正忙着为蒋百里和孙大雨两处房地产做中人，想挣点跑腿钱，填填债台上的窟窿，真是斯文扫地，这些怎能和林徽因讲呢？

宴席结束的时候，一群朋友拉上他们去看京戏，徐志摩对林徽因说："过几天我回上海一趟，如果走前没有时间再来看你，今天就算给你辞行了。"

林徽因说："11月19日晚上，我在协和小礼堂，给外国使节讲中国建筑艺术。"

"那太好了，"徐志摩兴奋起来，"我一定如期赶回来，做你的忠实听众。"

11月10日下午，林徽因和梁思成应邀参加英国柏雷博士的茶会，徐志摩也去了。柏雷是英国作家曼殊菲尔（德）的姐丈，来中国参加太平洋会议。茶会散后，徐志摩告诉林徽因和梁思成，飞机改期3次，课也一调再调，如果再改便不去了。

那一天，徐志摩到燕大看过冰心，冰心问过他过去的一些事，他毫不犹豫地拿起笔来写道："说什么以往，骷髅的磷光。"

林徽因、梁思成回家后，又去看望从美国回来的一位老同学，回到家后仆人说，徐先生晚上来过，在客厅里等了好大一阵子，喝了一壶茶，等不到主人，写了个字条便走了。

林徽因到桌上一看，字条留言是："定明早六时飞行，此去存亡不卜……"

她顿时怔住了，心中一阵不安，急忙给徐志摩去了一个电话。

徐志摩说："你放心，飞机很稳当的，我还要留着生命看更伟大的事迹呢，哪能便死？"话中声音愉快，态度轻松。

11月11日晨6时，徐志摩乘机飞往南京。

11月19日晚，协和小礼堂灯火辉煌，座无虚席。

十几个国家的驻华使节和专业人员济济一堂，听林徽因开设的中国古典建筑美学讲座。当穿着珍珠白色毛衣、深咖啡色呢裙的林徽因轻盈地走上讲台时，所有的眼睛为之一亮。这位27岁的中国第一代女建筑学家的风度和美丽让他们顿生惊羡之感。

她标准的牛津音如空山流泉，在人们耳际响起："女士们，先生们！建筑是全世界的语言，当你踏上一块陌生的国土的时候，也许首先和你对话的，是这块土地上的建筑。它会以一个民族所特有的风格，向你讲述这个民族的历史，讲述这个国家所特有的美的精神，它比写在史书上的形象更真实，更具有文化内涵，带着爱的情感，走进你的心灵。"

精彩的开场白，立刻引起一阵热烈的掌声。

林徽因娓娓而谈："漫长的人类文明历程，多少悲壮的历史情景，梦幻一般远逝，而在自然与社会的时空演变中，建筑文化却顽强地挽住了历史的精神气质和意蕴，它那统一的空间组合、比例尺度、色彩和质感的美的形态，透视出时代、社会、国家和民族的政治、哲学、宗教、伦理、民俗等意识形态的内涵，我们不妨先看北平的宫室建筑。"

林徽因停顿了一下，下意识地用目光扫视全场，没有她所期待的那张面孔。上午她曾接到徐志摩由南京拍来的电报，讲他将搭乘"济南号"飞机到北平，下午3点派辆汽车到南苑机场去接他。梁思成租了一辆汽车去南苑机场，结果等到4点半，人仍未到，汽车只好又开了回来。

来协和小礼堂讲演以前，林徽因还与梁思成说："志摩这人向来不失信，他说要赶回来听我的讲座，一定会来的。"

徐志摩是11月12日回上海的。那天，徐志摩搭乘飞机先到南京，当晚住在张歆海家里，与张歆海、韩湘眉夫妇一起讨论人生与恋爱，通宵达旦，第二天，张歆海、韩湘眉送他登车去沪。

一进家门，徐志摩就与陆小曼大吵了一架，志摩的心更加冷了。这次回来，他给陆小曼带来不少画册、字帖、宣纸、笔墨，满心指望小曼能够改掉恶习，沉浸在艺术氛围中，造就一番事业，没想到小曼一如故我。徐志摩不想把关系弄僵，只好探访故友，消愁解闷。

到家的第二天早晨，他便去拉斐德路拜访刘海粟，看了他从欧美带来的新作。中午，在罗隆基家吃午饭。15日，他的学生何家槐又来看他，两人兴奋地谈了一天。因他一心想着赶回北平听林徽因的讲座，感到无论如何也要在17日离开上海。

林徽因讲着："北平城几乎完全是根据《周礼》《考工记》中'匠人营国，方九里，旁三门，国中九经九纬，经涂九轨，左祖右社，面朝后市'的规划思想建设起来的。北平城从地图上看，是一个整齐的凸字形，紫禁城是它的中心。除了城墙的西北角略退进一个小角外，全城布局基本是左右对称的。它自北而南，存在着纵贯全城的中轴线。北起钟鼓楼，过景山，穿神武门直达紫禁城的中心三大殿。然后出午门、天安门、正阳门直至永定门，全长八千米。这种全城布局上的整体感和稳定感，引起了西方建筑家和学者的无限赞叹，称之为世界奇观之一。"

林徽因如数家珍，侃侃而谈："中国的封建社会，与西方有着明显的不同。中国的封建概念，基本上是中央集权，分层次地完整统一着。在这样的封建社会结构中，它的社会特征必然在文化上反映出来，其一是以'礼'立纲，建立封建统一的秩序，这是文化上的伦理性；其二是以'雄健'为艺术特征，反映出封建大国的风度，试想诸位先生、女士站在故宫的午门前，会有什么感受呢？也许是咄咄逼人的崇高吧！从惊惧到惊叹，再到崇高，这是官殿建筑形象的感受心理。”

她讲得很流畅，很生动，听众也平心静息，生怕漏掉一个字。讲话的时候，林徽因不停地用眼睛望着门口，她期待那个身影的出现。

17日晚上，徐志摩即将离家的时候，陆小曼问他："你准备怎么走呢？"

"坐车。"徐志摩回答。

陆小曼说："你到南京还要看朋友，怕19日赶不到北平。"

"如果实在来不及，我就只好坐飞机了，我口袋里还揣着航空公司财务主任保君健给我的免费飞机票呢。"徐志摩说。

"给你说了多少遍了，不许坐飞机。"小曼着急了。

"你知道我多么喜欢飞啊，你看雪莱，死得多么风流。"

"你又瞎说了。"

"你怕我死吗？"

"怕什么！你死了大不了我做风流寡妇。"

18日凌晨，徐志摩匆匆起身，怕误了火车，顺手抓起一条又短又小的西装裤子，连腰间的一个破洞也没注意到，就胡乱套上，又顺手拎起那只从不离身的皮箱子，乘早车到南京去了。

在火车上，他买了一张报纸，报纸上正好登载着北平戒严的消息。糟了，她的讲演听不上了。转而他又想起，张学良或许正在南京，干脆搭乘他的"福特"专机去北平。于是下车后他先到张歆海家去问情况。

林徽因喝了口茶，继续讲道："'左祖右社'是对皇宫而言。'左祖'指的是左边的太庙，'右社'指的是右边的社稷坛。'旁三门'是指东、西、北面各两座城门。日坛和月坛分列在城东和城西，南面是天坛，北面是地坛。'九经九纬'是指城内南北向与东西向各有九条主要街道。而南北的主要街道同时能并列九辆车马，即'经涂九轨'，北京的街道原来是宽的，清末以来逐渐建了许多民房，路就越来越窄了。所以你可以想象当年马可·波罗到了北平，就跟乡巴佬进城一样吓蒙了，欧洲人哪里见过这么伟大气魄的城市！"

这时，一位使节站起来问："对不起，林小姐，请允许我提一个问题，马可·波罗同样来自一个文明古国，那里有古罗马角斗场和万神殿，整个古罗马文化，都可在同时代建筑中找到投影。他来到中国的元大都，究竟是什么东西把他震撼了？"

林徽因笑了笑回答："吸引了马可·波罗的是中国建筑中表现出的人和天地自然无比亲近的关系。中国传统的建筑群体，显示了明晰的理性精神，最能反映这一点的，莫过于方、正、组、圆的建筑形态。方，就是刚才我讲过的方九里，旁三门的方形城市以及方形建筑、方形布局；正，是整齐、有序，中轴、对称；组，是有简单的个体，沿水平方向，铺展出复杂丰富的群体；圆，则代表天体、宇宙，日月星辰，如天坛、地坛、日坛、月坛。不过中国的建筑艺术又始终贯彻着人为万物之灵的人本意识，追求人间现实的生活理想和艺术情趣，正是中国的建筑所创造的'天人合一'及'我以天地为栋宇'的融合境界，感动了马可·波罗。"

听众中再次爆发出热烈的掌声。

当徐志摩赶到张歆海家时，张歆海夫妇和朋友到明孝陵灵谷寺去玩了。于是他便去金陵咖啡馆吃茶，然后到在硖石长大的同窗好友何竞武家闲坐。何竞武原名陆何坤，生于1894年，后入保定军校四期步兵科，参加过北伐战争，后任处长、副师长、平汉铁路局局长、西北运输司司长，授国民党中将，1962年病逝于香港。何竞武说："张学良现在北平，他的飞机一时还到不了南京，你只好坐火车去了。"

何竞武家离飞机场较近，故对张学良专机情况很清楚。徐志摩插进衣袋里的右手，突然触到一张硬纸片，他这才想起原来手上还有一张保君健送他的免费机票。他说："我明天搭乘邮件飞机，当天准能赶到北平。"

何竞武说："邮件飞机明早8点起飞，我家离飞机场很近，今晚你就睡在这里吧。"

"好吧，那我晚上再到张歆海家去一趟。"徐志摩说。

他9点半到了张歆海家，张歆海夫妇参加一个宴会还没回来，两个小孩子已经睡着了。他独自一个人烤火、吸烟，和那只名叫"法国王"的猫玩耍。感到无聊了，他便给杨杏佛打电话，把杨杏佛召了来。

晚上10点多钟，张歆海夫妇回来了。张歆海一见到徐志摩，便亲热地拥抱在一起。韩湘眉注意到徐志摩穿着一件又短又小，腰间破着一个窟窿的西装裤子，徐志摩像陀螺似的转来转去，想寻找一根腰带，引得大家大笑，他自我解嘲地说，那是临行仓促中不管好歹抓来穿上的。大家又说了一阵笑话，韩湘眉忽然问："Suppose something happens tomorrow（明天会不会出事），志摩？"

徐志摩顽皮地伸出了右手掌，他说会看手相，他的生命线特别长，不会出事的。韩湘眉又说："志摩，说正经话，总是当心一点好，驾机的是中国人，还是外国人？"

徐志摩回答："不知道，没关系，I always want to fly（我总是要飞的）。"

韩湘眉又问："你这次乘飞机，小曼说什么没有？"

"她说我要出了事，她做风流寡妇！"

"All widows are dissolute（凡是寡妇都风流）。"杨杏佛打趣说。

说罢，大家都笑起来。

接着他们谈朋友，谈国事，谈徐志摩此后的北平生活。夜深了，他们才依依惜别。到了门口，徐志摩回过头来，像长兄似的在韩湘眉左颊上温柔地吻了一下，没想到这竟成了他们的永诀。

"'面朝后市'也是对皇宫而言，"林徽因接着讲，"皇宫前面是朝廷的行政机构，所以皇帝面对朝廷。'市'是指商业区，封建社会轻视工商业，因此商业区放在皇宫的后面。现在的王府井大街，是民国以后才繁荣起来的。过去地安门大街，鼓楼大街是北平为贵族服务的最繁华的商业区。前门外的商业区原来是在北平城的西南，元朝的大都建在今天北平城的位置，当然与金旧都有联系。

"这种'左祖右社''面朝后市'的棋盘式格局，城市总体构图，整齐划一，而中南海、景山、北海，这三组自然环境的楔入，又活跃了城市气氛，增添了城市景观的生动感，这是运用规划美和自然美的结合，取得多样统一，正如古罗马角斗场的墙壁，随着椭圆形平等轨迹，而连续延伸，建筑的圆形体，显得完整而统一。但正面效果上，因为各开间采用券柱式构图，形成了直线与弧线、水平与垂直、虚面与实面的强烈对比，这是运用几何手段，求得建筑美的多样统一。但这种美不是形象的，而是结构的。它的艺术魅力因顿悟而产生，其结果却是伦理的，这也是中国古代文化和艺术中的一个重要特征。"

11月19日上午8点之前，徐志摩同何竞武一起吃过早点，又匆匆给林徽因发了一个电报，便登上了由南京飞往北平的"济南号"飞机。这是一架司汀逊式六座单叶九汽缸飞机，1929年由宁沪航空公司管理处从美国购入，马力350匹，速率每小时145公里，在两个月前刚刚换了新机器。飞机师王贯一，是个文学爱好者，徐志摩搭乘他的飞机，他非常高兴。他说："早就仰慕徐先生大名，这回咱们可有机会在路上好好聊一聊了。"

副机师叫梁壁堂，他跟王贯一都是36岁，与徐志摩同龄。

南京的天气出现了好兆头，飞机起飞的时候，蓝天白云，一派万里晴空。

徐志摩心旷神怡，他是喜欢飞的。在空中飞行，人常常觉得自己脱离了肉体凡胎，跟蓝夜里的彗星一样，在天际遨游。他曾在散文《想飞》中写过："飞上天空去浮着，看地球这弹丸在太空里滚着，从陆地看到海，从海再回看陆地。凌空去看一个明白——这才是做人的趣味，做人的权威，做人的交代。"

此刻，他觉得自己化作了一朵白云，乘风飞去。

10点10分，飞机降落在徐州机场，徐志摩突然头痛欲裂，他在机场写了封信给陆小曼，不拟再飞。10点20分，飞机又将起飞，他看看天气晴朗，心想再坚持一下，便能赶到北平，如约去听林徽因的讲座，他又转身钻进了机舱。

飞机由副驾驶员梁壁堂驾驶，王贯一同徐志摩一前一后，不停地聊着文学。

一缕又一缕白云，从他们身边飞去。

突然，梁壁堂叫道："不好，前面有大雾。"

他们一齐朝着窗外望去，飞机已被雾气团团围住，迷蒙不见任何景物。

"冲过去！"王贯一命令。

"不行，这儿有山。"梁壁堂回答。

"绕过去！"王贯一急速说。

"砰"的一声突然炸响，飞机撞在党家庄上空的开山顶上。机身轰然起火，像一只火鸟，翩翩坠落于山下。

开山，当地人叫白马山，就在津浦铁路旁边。"济南号"失事时，正被一个路警看到，等他跑到出事地点，机上的火还在燃烧。


"女士们，先生们！今天我们讲了中国的皇城建筑，在下一次讲座里，我要讲的是中国的宗教建筑，在此之前，我想给诸位读一首我的朋友写的诗：《常州天宁寺闻礼忏声》，这首诗所反映的宗教情感与宗教建筑的美是浑然天成的。"

林徽因的朗诵把听众带到另一个肃穆庄严的境界。

我听着了天宁寺的礼忏声！

这是哪里来的神明？人间再没有这样的境界！

这鼓一声，钟一声，磬一声，木鱼一声，佛号一声……

乐音在大殿里，迂缓的，漫长的回荡着，无数冲突的波流谐和了，无数相反的色彩净化了，无数现世的高低消灭了……

这一声佛号，一声钟，一声鼓，一声木鱼，一声磬，谐音盘礴在宇宙间——解开一小颗时间的埃尘，收束了无量数世纪的因果；

这是哪里来的大和谐——星海里的光彩，大千世界的音籁，真生命的洪流：止息了一切的动，一切的扰攘；

在天地的尽头，在金漆的殿椽间，在佛像的眉宇间，在我的衣袖里，在耳鬓边，在感官里，在心灵里，在梦里……

在梦里，这一瞥间的显示，青天，白水，绿草，慈母温软的胸怀，是故乡吗？是故乡吗？

光明的翅羽，在无极中飞舞！

大圆觉底里流出的欢喜，在伟大的，庄严的，寂灭的，无疆的，和谐的静定中实现了！

颂美呀，涅槃，赞美呀，涅槃！

听众们看到她的嘴唇颤抖着，她的眼眶里涌满了泪水。

回到家中，梁思成告诉林徽因，他雇车下午3点到南苑机场，等到4点半未见志摩踪影，只好空车而回。已给胡适打过电话，胡适也很着急，他也怀疑途中有变故。

20日早晨，胡适和林徽因分别看到了北平《晨报》刊登的消息：

**京平北上机肇祸，昨在济南坠落！**

机身全焚，乘客司机均烧死，天雨雾大误触开山。

【济南十九日专电】十九日午后二时中国航空公司飞机由京飞平，飞行至济南城南卅里党家庄，因天雨雾大，误触开山山顶，当即坠落山下，本报记者亲往调查，见机身全焚毁，仅余空架，乘客一人、司机二人，全被烧死，血肉焦黑、莫可辨认，邮件被焚后，邮票灰仿佛可见、惨状不忍睹……

林徽因和梁思成赶到胡适家中，胡适声音嘶哑地说："我这就到中国航空公司去一趟，请他们发电问问南京公司，看是不是志摩搭乘的飞机出事了。"

中午时，张奚若、陈雪屏、孙大雨、钱端升、张慰慈、饶孟侃等人都来到胡适家中打听情况，电话铃声响个不停。

胡适回来了。他沉痛地告诉大家，南京公司已回电，证实出事的是徐志摩搭乘的"济南号"飞机，南京公司今天早晨已派美籍飞行师安利生赶往出事地点，调查事实真相。

林徽因觉得两眼一黑，昏倒在椅子上。

下午，北平《晨报》又发了号外：

**诗人徐志摩惨祸**

【济南二十日五时四十分本报专电】京平航空驻济办事所主任朱凤藻，二十早派机械员白相臣赴党家庄开山，将遇难飞机师王贯一、机械员梁璧堂、乘客徐志摩三人尸体洗净，运至党家庄，函省府拨车一辆运济，以便入棺后运平，至烧毁飞机为济南号，即由党家庄运京，徐为中国著名文学家，其友人胡适由北平来电托教育厅长何思源代办善后，但何在京出席四全会未回。

整整一天，林徽因的眼前闪动着一团火光，徐志摩散文《想飞》中的那几句话，不时地撞进她的脑海："同时天上那一点子黑的已经迫近在我的头顶，形成了一架鸟形的机器，忽地机沿一侧，一球光直往下注，砰的一声炸响——炸碎了我在飞行中的幻想，青天里平添了几堆破碎的浮云。"

志摩，难道你是先知，难道你早就预感到你的幻灭，你就这样悄悄地走了吗？

冷雨如麻。雨滴敲在福缘庵的青瓦上，如泣如诉。水幕从屋檐下垂落成一幅挽幛，也是凄清而冰冷。

这座小庵原来是个卖窑器的店铺，院子里堆放着大大小小的坛坛罐罐。徐志摩的遗体停放在庵内入门左边贴墙的一侧。在济南中国银行工作的一位姓陈的办事人，早已把徐志摩的遗体装殓得干净整洁，他照当地民间寿衣的样式，给徐志摩穿了件蓝色的绸布长袍，上罩一件黑马褂，头戴红顶黑绸小帽，露出掩盖不住的额角，左额角有个李子大小的洞，这显然是他的致命伤。他的眼睛微微张开，鼻子略微发肿，门牙已脱落，静静地躺在那里。这就是那个永远生气勃勃、永远渴望飞翔的徐志摩。

梁思成、金岳霖、张奚若三人，11月22日上午9时半赶到济南，在齐鲁大学会同乘夜车到济南的沈从文、闻一多、梁实秋、赵太侔等人，一起赶到福缘庵。

梁思成带来一只用铁树叶作主体缀以白花的小花圈，这只具有希腊风格的小花圈，是林徽因和他流着泪编成的。徐志摩的一张照片镶嵌在中间，照片上的徐志摩是那样充满灵性，生龙活虎，而现在已成故人。人生的渺茫和命运的不可知，就像这凄风苦雨，让人感到悲凉。

下午5时，徐志摩的长子徐积锴和张幼仪的哥哥张嘉铸，从上海赶到济南，朱经农夫妇也来了，晚8时半，灵柩装上了一辆敞篷车，将由徐积锴、张嘉铸、郭有守等人护送回沪。

在返回北平之前，梁思成悄悄捡起了"济南号"飞机残骸的一块小木板，珍重地放进自己提包里，这是林徽因再三叮嘱的。


徐志摩的灵柩运到上海万国殡仪馆，上海文艺界在静安寺设奠，举行追悼仪式，吊唁的人络绎不绝，许多青年学生排着队来瞻仰这位中国的拜伦。

北平的公祭设在北大二院大礼堂，由林徽因主持安排，胡适、周作人、杨振声等到会志哀，京都的社会贤达和故友纷纷题写挽联、挽诗和祭文。

蔡元培的挽联是：

谈话是诗，举动是诗，毕生行径都是诗，诗的意味渗透了，随遇自有乐土。

乘船可死，驱车可死，斗室生卧也可死，死于飞机偶然者，不必视为畏途。

梅兰芳的挽联一唱三叹：

> 归神于九霄之间，直着噫籁成诗，更忆招花微笑貌；
> 北来无三日不见，已诺为余编剧，谁怜推枕失声时。

张歆海、韩湘眉的挽联椎心泣血：

> 十数年相知情同手足；一刹那惨剧，痛切肺腑。
> 温柔诚挚乃朋友中朋友；纯洁天真是诗人的诗人。

杨杏佛的挽联不胜哀痛：

> 红妆齐下泪，青鬓早成名，最怜落拓奇才，遗受新诗又不朽；
> 少别竟千秋，高谈犹昨日，共吊飘零词客，天荒地老独飞还。

庐隐和李惟建夫妇的挽联是一片手足之情：

> 叹君风度比行云，来也飘飘，去也飘飘；
> 嗟我哀歌吊诗魂，风何凄凄，雨何凄凄。

黄炎培的诗长歌当哭：

> 天纵奇才死亦奇，云车风马想威仪。
> 卅年哀乐春婆梦，留与人间一卷诗。
> 白门哀柳锁斜烟，黑水寒鼙动九边。

料得神州无死所，故飞吟蜕入寥天。

新月娟娟笔一枝，是清非薄不凡姿。

光华十里联秋驾，哭到交情意已私。

……

公祭之后，林徽因把那片飞机的残骸悬挂在卧室中央的墙壁上。徐志摩轻轻地走了，他把他的苦闷、惆怅、落寞、欢愉全部交付与了万里云空，唯一没有带走的，是他轻轻挥手作别之后留下的这片烧焦的云彩……

# 14

## "八宝箱"的奥秘

对徐志摩的赞美和攻讦自他逝世后不久就开始了。

新月社的同人筹备了《新月》志摩纪念专号，刊出了陆小曼的《哭摩》、胡适之的《追悼志摩》、郁达夫的《志摩在回忆里》、韩湘眉的《志摩最后的一夜》、杨振声的《与志摩最后一别》、周作人的《志摩纪念》、何家槐的《怀志摩先生》、方令孺的《志摩是人人的朋友》、陈梦家的《纪念志摩》等12篇文章。

林徽因、凌叔华等也在北平《晨报》上发表了纪念文章。

徐志摩的碑文，大家委托在武汉大学的新月社故旧凌叔华题写。

不只是新月社同人，整个北平文化界都把徐志摩的遇难，看作中国新文学的一大损失。

但社会上对于他的个人生活，往往有不能谅解之处。他的离婚和他的再婚，是他一生中最受社会谴责的两件事。现在徐志摩虽已盖棺，却未定论，种种指责，也理所当然地牵涉林徽因。这使新月社的朋友们为之愤怒，他们在悼念文章中，很直率地谈到了这一点。

胡适说："谁都能明白，至少在志摩的方面，这两件事最可以代表志摩的单纯的理想的追求，他万分诚恳地相信那两件事都是他实现他那'美与爱与自由'的人生的正当步骤，这两件事的结果，在别人看来，似乎都不曾能够实现志摩的理想生活。但到了今日，我们还忍用成败来议论他吗？"

杨振声说：“他所处的环境，任何人要抱怨痛苦了，但我没听见他抱怨过任何人，他的行事受旁人的攻击多了，但他并未攻击过旁人。难道他是滑头？我敢说没有一个认识他的朋友会有这个印象的，因为，他是那般地天真！他只是不与你计较是非罢了。他喜欢种种奇奇怪怪的事，他一生在搜求人生的奇迹和宇宙的宝藏。哪怕是丑，能丑得出奇也美；哪怕是坏，坏得有趣就好。反正他不是当媒婆，做法官，谁管那些！他只是这样一个鉴赏家，在人生的行程中，采取奇葩异卉，织成诗人的袈裟，让哭丧着脸的人们看了，勾上一抹笑容，这人生就轻松多了！

“我们试想想这可怜的人们，谁不是仗着瞎子摸象的智慧，凭着苍蝇碰窗的才能，在人生中摸索唯一引路的青灯，总是那些先圣往哲，今圣时哲的格言，把我们格成这样方方板板的块块儿。于是又把所见的一切，在不知不觉中与自己这个块块儿比上一比，稍有出入，便骂人家是错了。于是是非善恶，批评叫骂，把人生闹得一塌糊涂，这够多蠢！多可怜！志摩他就不——一点也不。偏偏这一曲《广陵散》，又在人间消灭了！”

陶孟和说：“一个永远寻求新的兴奋的人当然最怕平凡。规则的生活与志摩的性格是格格不相入的。我们若想象志摩每天早晨拿着皮包到公事房，过衙署式的生活，晚间回家同老婆孩子相聚，过十九世纪的家庭生活，不特是滑稽至极，实在是亵渎了志摩的可爱的性格。这样无聊的，平庸的，缺乏生命兴味的存在只是凡夫俗子的份，没有志摩的。”

方玮德说：“至于另一些人毁谤志摩，那又是因为做人的基本观念不同。那些人是不大承认古老是有价值的，即是新奇和将来于他们也不一定有意味。这些人的论调我们无须辩白，我不愿意在我们这是非的世界里谈判我们的是非。志摩文学上的事业没有达到他自己所愿望的成功，那是无可讳言，但他这半生做人的精神已是可贵。另外他待人处世那副热肠，那样真切，也不易得。我们失掉一个得用的东西，总都要记挂半天，除非是寻得一件和以前差不多的，心里才略为安慰些。但是寻不着的话呢，那在这凄漠的国度里，谁又能禁止我们对于志摩的早死不加以惆怅？”

徐志摩的心是挂在胸膛外面的，因此也最容易让人当成靶子。再没有比看到一个死去的朋友仍然在受着世人的责难，更让人难过了。新月社的朋友们，只有用他们手中的笔，愤怒地为他们的朋友呐喊，这是对朋友杜鹃啼血的忠诚。

最悲痛的莫过于林徽因，在徐志摩坠机不几天，她便给北平《晨报》写了

《悼志摩》的文章：

  现在那不能否认的事实，仍然无情地挡住我们前面。任凭我们多苦楚的哀悼他的惨死，多迫切的希冀能够仍然接触到他原来的音容，事实是不会为体贴我们这悲念而有些许更改；而他也再不会为不忍我们这伤悼而有些许活动的可能！这难堪的永远静寂和消沉便是死的最残酷处。

  我们不迷信的，没有宗教地望着这死的帷幕，更是丝毫没有把握。张开口我们不会呼吁，闭上眼不会入梦，徘徊在理智和情感的边沿，我们不能预期后会，对这死，我们只是永远发怔，吞咽枯涩的泪，待时间来剥削这哀恸的尖锐，痂结我们每次悲悼的创作……

  他离平的前一晚我仍见到，那时候他还不知道他次晨南旅的，飞机改期过三次，他曾说如果再改下去，他便不走了。我和他同由一个茶会出来，在总布胡同口分手。在这茶会里我们请的是为太平洋会议来的一个柏雷博士，因为他是志摩生平最爱慕的女作家曼殊斐儿的姊丈，志摩十分的殷勤，希望可以再从柏雷口中得些关于曼殊斐儿早年的影子，只因限于时间，我们茶后匆匆地便散了。晚上我有约会出去了，回来时很晚，听差说他又来过，适遇我们夫妇刚走，他自己坐了一会儿，喝了一壶茶，在桌上写了些字便走了……

  现在这事实一天比一天更结实，更固定，更不容否认。志摩是死了，这个简单残酷的实际早又添上时间的色彩，一周，两周，一直的增长下去……

  我认得他，今年整十年，那时候他在伦敦经济学院，尚未去康桥。我初次遇到他，也就是他初次认识到影响他迁学的狄更生先生。不用说他和我父亲最谈得来。虽然他们年岁上差别不算少，一见面之后便互相引为知己。他到康桥之后由狄更生介绍进了皇家学院，当时和他同学的有我姊丈温君源宁。一直到最近两月中源宁还常在说他当时的许多笑话，虽然说是笑话，那也是他对志摩最早的一个惊异的印象。……

  诗人的志摩用不着我来多说，他那许多诗文便是估价他的天平。我们新诗的历史才是这样的短，恐怕他的判断人尚在我们儿孙辈的中间。我要谈的是诗人之外的志摩。人家说志摩的为人只是不经意的浪漫，志摩的诗全是抒情诗，这断语从不认识他的人听来可以说很公平，从他朋友们看来实在是对不起他。志摩是个很古怪的人，浪漫固然，但他人格里最精华的却是他对人的同情，和蔼和优容；没有一个人他对他不和蔼，没有一种人，他不能优容，没有一种的情感，他绝对地不能表同情。……

在何等情况之下，他理智上认为适当与否，他全能表几分同情，他真能体会原谅他人与他自己不相同处。从不会刻薄地单支出严格的迫仄的道德的天平指摘凡是与他不同的人。他这样的温和，这样的优容，真能使许多人惭愧，我可以忠实地说，至少他要比我们多数的人伟大许多……

说来志摩朋友之多，不是个可怪的事；凡是认得他的人不论深浅对他全有特殊的感情，也是极自然的结果。而反过来看他自己在他一生的过程中却是很少得着同情的。不止如是，他还曾为他的一点理想的愚诚几次几乎不见容于社会。……

他站在雨中等虹，他甘冒社会的大不韪争他的恋爱自由；他坐曲折的火车到乡间去拜哈代，他抛弃博士一类的引诱卷了书包到英国，只为要拜罗素做老师，他为了一种特异的境遇，一时特异的感动，从此在生命途中冒险，从此抛弃所有的旧业，只是尝试写几行新诗——这几年新诗尝试的运命并不太令人踊跃，冷嘲热骂只是家常便饭——他常能走几里路去采几茎花，费许多周折去看一个朋友说两句话；这些，还有许多，都不是我们寻常能够轻易了解的神秘。……

志摩的兴趣是极广泛的。就有几件，说起来，不认得他的人便要奇怪。他早年很爱数学，他始终极喜欢天文，他对天上星宿的名字和部位就认得很多，最喜暑夜观星，好几次他坐火车都是带着关于宇宙的科学的书。他曾经译过爱因斯坦的相对论，并且在一九二二年便写过一篇关于相对论的东西登在《民铎》杂志上。他常向思成说笑："任公先生的相对论的知识还是从我徐君志摩大作上得来的呢，因为他说他看过许多凌淑华关于爱因斯坦的哲学都未曾看懂，看到志摩的那篇才懂了。"今夏我在香山养病，他常来闲谈，有一天谈到他幼年上学的经过和美国克来克大学两年学经济学的景况，我们不竟对笑了半天，后来他在他的《猛虎集》的"序"里也说了那么一段。……

此外他的兴趣对于戏剧绘画都极深浓，戏剧不用说，与诗文是那么接近，他领略绘画的天才也颇可观，后期印象派的几个画家，他都有极精密的爱恶，对于文艺复兴时代的那几位，他也很熟悉，他最爱鲍提且利和达文骞。……

他喜欢色彩，虽然他自己不会作画，暑假里他曾从杭州给我几封信，他自己叫它们做"描写的水彩画"。他用英文极细致地写出西（边？）桑田的颜色，每一分嫩绿，每一色鹅黄，他都仔细地观察到。……

对于音乐，中西的他都爱好，不止爱好，他那种热心便唤醒过北平一次——也许唯一的一次——对音乐的注意。……

谁相信这样的一个人，这样忠实于"生"的一个人，会这样早地永远地离开我们另投一个世界，永远地静寂下去，不再透些许声息！

我不敢再往下写，志摩若是有灵听到比他年轻许多的一个小朋友拿着老声老气的语调谈到他的为人不觉得不快吗？这里我又来个极难堪的回忆，那一年他在这同一个的报纸上写了那篇伤我父亲惨故的文章，这梦幻似的人生转了几个弯，曾几何时，却轮到我在这风紧夜深里握吊他惨变。这是什么人生？什么风涛？什么道路？志摩，你这最后的解脱未始不是幸福，不是聪明，我该当羡慕你才是。

这年12月，新月社同人为了编辑《徐志摩全集》而忙碌着。徐志摩生前一批信件和几本日记曾交凌叔华保管，胡适曾写信给凌叔华，让她提供这批徐志摩遗稿，凌叔华12月10日复信说：

20世纪30年代的林徽因

志摩于一九二五年去欧时，曾把他的八宝箱（文字因缘箱）交我看管，欧洲归，与小曼结婚，还不要拿回，因为箱内有东西不宜小曼看的，我只好留下来，直到去上海住，仍未拿去。我去日本时，他也不要，后来我去武昌交与之琳，才算物归原主。……今年夏天，从文答应给他写小说，所以把他天堂地狱的案件带来与他看，我也听他提过（从前他去欧时已给我看过，解说甚详，也叫我万一他不回来时为他写小说），不意人未见也就永远不能见了。……

前天听说此箱已落徽音处，很是着急，因为内有小曼初恋时日记二本，牵涉是非不少……日记内容牵涉散海及你们的闲话（那当然是小曼写给志摩看的），不知你知道不？

12月18日，胡适另写一信给凌叔华：

昨始知你送给徽音的志摩日记只有半册，我想你一定把那一册半留下做传记或小说材料用了。但我细想，这个办法不很好。……你藏有此两册日记，一般朋友都知道……所以我上星期编的遗著略目，就注明你处存两册日记。……今天写这信给你，请你把那两册日记交给我。我把这几册英文日记全付打字人打成三个副本，将来我可以把一份全的留给你做传记材料。

1932年1月初，凌叔华由武汉来北平度假，林徽因到史家胡同寓所找到她，向她要徐志摩在伦敦写的那两本英文日记。凌叔华说："日记确在我手里，是受志摩委托代他保管的。要交出的话，也只能交给陆小曼。"

林徽因快快不快地又去求助胡适，胡适几次打电话又登门索要，凌叔华只是搪塞。后经许多朋友斡旋，凌叔华才勉强把日记和八宝箱交给了胡适。

半个世纪以后，1982年10月15日，客居英国伦敦的凌叔华，致信陈从周，旧事重提，信中说：

1966年的凌书华

这情形已是三四十年前的了！说到志摩，我至今仍觉得我知道他的个性及身世比许多朋友更多一点，因为在他死的前两年，在他去欧找泰戈尔那年，他诚恳的把一只小提箱提来叫我保管，他半开玩笑地说：你得给我写一传，若是不能回来的话（他说是意外），这箱里倒有你所需的证件。……不意在他飞行丧生的后几日，在胡适家有一些他的朋友，闹着要求把他的箱子取出来公开，我说可以交给小曼保管，但胡帮着林徽音一群人要求我交出来

（大约是林和他的友人怕志摩恋爱日记公开了，对她不便，故格外逼胡适向
我要求交出来），我说我应交小曼，但胡适说不必。他们人多势众，我没有
法拒绝，只好原封交与胡适。可惜里面不少稿子及日记，世人没见过面的，
都埋没或遗失了。……

1983年5月7日，凌叔华再次致信陈从周，对上信所讲到的史实做了补充
说明：

　　前些日收到赵家璧来信，并寄我看他写纪念志摩小曼的一文，内
中资料（为志摩传）提到当年志摩坠机死后，由胡适出面要求朋友们把
志摩资料交他的事。其实那时大家均为志摩暴卒，精神受刺激，尤其是
林徽音和她身边的挚友，都有点太过兴奋。我是时恰巧由武汉回北京省
亲避暑，听到志摩坠机，当然十分震动悲戚。……志摩去欧之前（即翡
冷翠前），他巴巴的提着他的稿件箱（八宝箱），内里有尚未给第二人
读过的日记本及散文稿件（他由欧过俄写回原稿件等）多打，他半开玩
笑的说："若是我有意外，叔华，你得给我写一传记，这些破烂交给你
了！"我以后也问过他几回，要不要把他的八宝箱拿走，第一次是我离
开北京到日本去一二年……在去日之前，我问过志摩要不要拿走他的箱
子，他不来拿。
　　我们二年后由日本回，西滢应武大之聘，我又问志摩要不要他的箱
子，他大约因上海的家，没有来取。
　　至于志摩坠机后，由适之出面要我把志摩箱子交出，他说要为志摩整
理出书纪念。我因想到箱内有小曼私人日记二本，也有志摩英文日记二三
本，他既然说过不要随便给人看，他信托我，所以交我付存，并且重托过我
为他写"传记"，为了这些原因，同时我知道我交胡适，他那边天天有朋友
去谈志摩的事，这些日记恐将滋事生非了。因为小曼日记内（二本）也常记
一些是是非非，且对人名一点不包涵，想到这一点，我回信给胡适说，我只
能把八宝箱交给他，要求他送给陆小曼。以后他真的拿走了。
　　日来平心静气的回忆当年情况，觉得胡适为何要如此卖力气死向我
要志摩日记的原因，多半是为那些他热衷政治，志摩失事时，凡清华北

大教授，时下名女人，都向胡家跑，他平日也没有机会接近这些人，因志摩之死，忽然胡家热闹起来，他想结交这些人物，所以得制造一些事故，以便这些人物常来。那时我蒙在鼓中，但有两三女友来告我，叫我赶快交出志摩日记算了。我听了她们的话，即写信胡适派人来取，且叮嘱要交与小曼。但胡不听我话，竟未交去全部……

那时林徽音大约是最着急的一个，她也同我谈过，我说已交适之了。

半个世纪的一桩公案，凌叔华也只说了一家之言。

据后来卞之琳的文章说，林徽因将这两本日记一直保存到她生命的最后一刻，后焚于"文革"之中。

近年来，又发现了林徽因给胡适的两封亲笔信，几十年来那个争论不休的"八宝箱"问题，如今离揭示其谜底更近了一步。

林徽因1932年元日致胡适的信写道：

志摩刚刚离开我们，遗集事尚毫无头绪，为他的文章，就有了些纠纷，真是不幸到万分，令人想着难过至极。我觉得甚对不起您，为我受了许多麻烦，又累了别的许多朋友，也受了些纠扰，更是不应该。

事情已经如此，现在只得听之，不过我求您相信我不是个多疑的人，这一桩事的蹊跷曲折，全在叔华一开头便不痛快——便说瞎话——所致。

我这方面的事情很简单：

一、大半年前志摩和我谈到我们英国一段事说到他的《康桥日记》仍存在，回硖石时可找出给我看，如果我肯要，他要给我（因为他知道我留有他当时的旧信，他觉得可收藏在一起）。

注：整三年前他北来时，他向我诉说他订婚结婚经过，讲到小曼看到他的"雪池时代日记"，不高兴极了，把它烧了的话，当时也说过"不过我尚存下我的《'康桥日记'》"。

二、志摩死后我对您说了这段话——还当着好几个人说的——在欧美同学会，奚若、思成从济南回来那天。

三、十一月二十八日星期六晨，由您处拿到一堆日记簿（有满的一本、有几行的数本，皆中文，有小曼的两本，一大一小，后交叔华由您负责取回的），有两本英文日记即所谓Cambridge日记者，一本乃从July.31.1921起。次本从Dec.2nd.起始，至回国止者。又有一小本英文为志摩一九二五在意大利写的。此外几包晨副原稿，两包晨副零张杂纸，空本子、小相片、两把扇面、零零星星纸片，住址本。

注：那天在您处仅留一小时，理诗刊稿子，无暇细看箱内零本，所以一起将箱带回细看，此箱内物一是您放入的，我丝毫未动，我更知道此箱装的不是志摩平日原来的那些东西，而是在您将所有信件分人、分数捡出后，单将以上那些本子、纸包子聚成这一箱的。

四、由您处取出日记箱后，约三四日或四五日听到奚若说："公超在叔华处看到志摩的《康桥日记》，叔华预备约公超共同为志摩作传的。"

注：据公超后来告我，叔华是在十一月二十六日开会（讨论追悼志摩）的那一晚上约他去看日记的。

五、追悼志摩的第二天（十二月七号）叔华来到我家，向我要点志摩给我的信，由她编辑成一种《志摩信札》之类的东西，我告诉她旧信全在天津，百分之九十为英文，怕一时拿不出来，拿出来也不能印，我告诉她我拿到有好几本日记，并请她看一遍大概是些什么，并告诉她，当时您有要交给大雨的意思，我有点儿不赞成，您竟然将全堆"日记类的东西"都交我，我又embarrassed却又不敢负您的那种trust——您要我看一遍编个目录——所以我看东西绝对的impersonal带上历史考虑眼光。Interested only in事实的辗进变化忘却谁是谁。

最后我向她要看公超所看到的志摩日记——我自然作为她不会说"没有"的可能说法，公超既已看到（我说：听说志摩的《康桥日记》在你处，可否让我看看，等等）她停了一停说可以。

我问她："您处有几本？两本吗？"

她说两本——声音拖慢，说后极不高兴。

我还问："两本是一对吗？"未待答是否与这两本（指我处康桥日记两本）相同的封皮？

她含糊应了些话，似乎说："是、不是、说不清等等。（似乎）一本是——"现在我是绝对记不清这个答案（这句话待考）。因为当时问此话时，她的神色极不高兴，我大窘。

六、我说要去她家取，她说她下午不在，我想同她回去，却未敢开口。

后约定星三（十二月九号）遣人到她处取。

七、星三九号晨十一时半我自己去取，叔华不在家，留一封备给我的信，信差带复我的。

此函您已看过。她说："（原文）昨归遍找志摩日记不得，后捡自己当年日记乃知志摩交我乃三本，两小一大，小者即在君处箱内，阅完放入的。大的一本（满写的）未阅完，想夹在字画箱内（因友人物多，加意保全）因三四年中四方奔走，家中书物皆叠成山，甚少机缘重为整理，日间得闲当细检一下，必可找出来阅，此两日内人事烦扰，大约须此星期底才有空翻寻也。"

注：这一篇信内有几处瞎说不必再论，即是"阅完放入""未阅完"两句亦有语病，既说志摩交她三本日记，何来"阅完放入"君处箱内，可见非志摩交出乃从箱内取出阅而"阅完放入"，而有一本（？）未阅完而未放入。此箱偏偏又是当日志摩曾寄存她处的一个箱子，曾被她私开过的（此句话志摩曾亲语我，他自叔华老太太处取回箱时亦大喊："我锁的如何开了，这是我最要紧的文件箱，如何无锁，怪事！"又"太奇怪许多东西不见了'missing'旁有思成、LiLian、Tailor及我三人"）。

八、我留字请她务必找出借我一读，说那是个不幸事的留痕，我欲一读，想她可以原谅我。

九、我觉得事情有些周折，气得通宵没有睡着，可是我猜她推到"星期底"必是要抄留一份底子，故或需要时间（她许怕我以后不还她那日记）。我未想到她不给我。更想不到以后收到半册，而这半册日记正巧断在刚要遇到我的前一两日。

十、十二月十四号（星一）Halt a book with 128 pages received, dated from Nov.17.1920 Ended with sentence " It was badly planned." 叔华送到我家来，我不在家她留了一个note说，怕我急，赶早送来的话。

十一、事后知道里边有故事却也未胡猜，后奚若来说，叔华跑到性仁家说，她处有志摩日记（未说清几本），徽音要，她不想给（不愿意给）的话，又说小曼日记两本她拿去也不想还等等。大家都替我生气，觉得叔华这样实在有些古怪。

十二、我到底全盘说给公超听了（也说给您听了），公超看了日记说，这本正是他那天（离十一月二十八日最近的那星期）看到了的，不过当时未注意底下是如何，是否只是半册未注意到，她告诉他有两本，而他看到的只是一本，但他告诉您"I refuse to be quoted"。底下事不必再讲了。

民国二十一年元日即正月初一下午（1932年2月6日），林徽因再次致信胡适，进一步阐述了两本英文日记内容的始末：

下午写了一信，今附上寄呈，想历史家必不以我这种信为怪，我为人直爽性急，最恨人家小气曲折，说瞎话。此次因为叔华瞎说，简直气糊涂了。

我要不是因为知道公超看到志摩日记，就不知道叔华处会有的。谁料过了多日向她要借看时，她倒说"遍找不得"，"在书画箱内多年未检"的话真叫人不寒而栗！我从前不认得她，对她无感情，无理由的，没有看得起她过。后来因她嫁通伯，又有"送车"等作品，觉得也许我狗眼看低了人，始大大谦让真诚地招呼她，万料不到她是这样一个人！真令人寒心。

志摩常说："叔华这人小气极了。"我总说："是吗？小心点吧，别得罪了她。"女人小气虽常有事，像她这种有相当学问知名的人，也该学点大方才好。

现在无论日记谁裁去的，当中一段缺了是事实，她没有坦白说明以前，对那几句瞎话没有相当解释以前，她永有嫌疑的（志摩自己不会撕的，小曼尚在可问）。

关于我想看那段日记，想也是女人小气处或好奇处、多事处，不过这心理太human人之常情，我也不觉得惭愧。

据实说，我也不会以诗人的美诔为荣，也不会以被人恋爱为辱。我永是"我"，被诗人恭维了也不会增美增能，有过一段不幸的曲折的旧历史，也没有什么可羞惭。我只是要读读那日记，给我是种满足，好奇心满足回味这古怪的世事，纪念老朋友而已。

　　我觉得这桩事，人事方面看来真不幸，精神方面看来，这桩事或为造成志摩为诗人的原因，而也给我不少人格上、知识上、磨练修养的帮助，志摩 in a way 从某方面不悔他有这一段苦痛历史，我觉得我的一生至少没有太堕入凡俗的满足，也不算一桩坏事，志摩警醒了我，他变成一种 stimulant 激励在我生命中或恨、或怒、或 happy、或 sorry、或难过、或苦痛，我也不悔的，我也不 proud 得意我自己的倔强，我也不惭愧。

　　我的教育是旧的，我变不出什么新的人来，我只要"对得起人——爹娘、丈夫（一个爱我的人，待我极好的人）、儿子、家庭等等，后来更要对得起另一个爱我的人，我自己有时的心，我的性情，便弄得十分为难，前几年不管对得起他不，倒容易——现在结果也许我谁都没有对得起，您看多冤！

　　我自己也到了相当年纪，也没有什么成就，眼看得机会愈少——我是个兴奋型的人靠突然的灵感和神来之笔做事。现在身体也不好，家常的负担也繁重，真是怕从此平庸处世，做妻生仔的过一世！我禁不住伤心起来，想到志摩今夏的 inspiring friendship and love 富于启迪性的友谊和变对于我，我难过极了。

　　这几天思念他得很，但是他如果活着恐怕我待他仍不能改的。事实上太不可能。也许那就是我不够爱他的缘故，也就是我爱我现在的家在一切之上的确证，志摩也承认过这话。


徐志摩"八宝箱"中的遗稿，陆小曼将其中两本日记整理后，以《爱眉小札》和《眉轩琐语》为题发表。

　　然而，徐志摩的碑文凌叔华一直没有写来，直到1948年，才由他的同乡——浙江省教育厅厅长张宗祥题写，算是安慰了长眠在荒烟蔓草间的那颗孤独的灵魂。

15

/

# 建筑的诗意

那尊石佛睡得好沉。

几百年了，他就这样春风蝴蝶般地睡着，从不管人世间的风风雨雨，对香火和膜拜也不感兴趣。

一进这寺院你就踏着了他的鼾声。

然而那颗心也许一直是醒着的，一颗石头的心醒着，他甚至能听得出每一株松树的低语。他知道这世事不可以睁了眼看，也不可以闭了眼看，眼开眼闭，又远非佛家的心旨，因此便醺然睡倒，让人醒着看他，他睡着看人。人看他，梦里庄周一个大彻大悟的逍遥；他看人，悲悲欢欢多少热热闹闹的无奈。

林徽因、梁思成刚进卧佛寺的门，就遇见了智宽和尚，半年多不见，他仿佛苍老了许多。他告诉林徽因，师父已把卧佛寺的一大半租给了基督教青年会，定了20年的契约。

林徽因这才感到，原本冷冷清清的卧佛寺，果然热闹了不少。一路上看到一队队的青年，打着旗子爬山，想来是基督教青年会组织的活动。

林徽因告诉智宽和尚，这次她不是来游山的，是跟她的先生梁思成来考察平郊古建筑的。

智宽和尚高兴起来。他拜托林徽因写一封信给北平政府，赶快终止与基督教青年会订的合同。这么多男男女女，一天到晚在这里折腾，把菩萨搞得不得安宁。

林徽因说："这佛祖睡了几百年，也该醒醒了。智宽师父，你还得感谢青年会呢。要不是青年会组织年轻人到这里来，谁还知道这山坳子里有个卧佛寺，这样你也少一些寂寞了。"

一番话说得智宽和尚笑起来。

营造学社的考察，从1932年夏天开始，他们的第一个目标是平郊的古建筑。过去林徽因经常来卧佛寺，这次来与以往又有了许多不同。琉璃牌楼北面的放生池，做了青年男女的游泳场，那些放生的鱼不知跑到哪里去了。池子四周原有精美的石栏杆，被拆下来叠成了台阶，做了游人下水的路。正殿的月台上，林徽因记得每年秋收的时候，屋檐下面挂了一串串金黄的老玉米，那是庙里的收获。金黄色的玉米和金黄色的璃瓦，映衬着一座古寺的寂寞。而现在，那屋檐下却晾了许多花花绿绿的衣服，虽然同这庄严的宗教场所不太协调，却充满了人间烟火和青春的气息。

山门平时是不开的，走路的人都从山门旁边的门道出入。入门之后，迎面是一座天王殿，里面供的是四大天王，正殿五间，有三座喇嘛式的佛像。

作为一个游客游山的时候，林徽因较少注意到它的建筑格局，现在却从这熟悉的牌楼殿堂中看到了它独特的建筑。她在这次考察报告《平郊建筑杂录》的开篇中写道：

> 这些美的存在，在建筑审美者的眼里，都能引起特异的感觉，在"诗意""画意"之外，还使人感到一种"建筑意"的愉快。这也许是个狂妄的说法——但是，什么叫做"建筑意"？我们很可以找出一个比较近理的含义或解释来。
>
> 顽石会不会点头，我们不敢有所争辩，那问题怕要牵涉到物理学家，但经过大匠之手艺，年代之磋磨，有一些石头的确会蕴含生气的。天然的材料经人的聪明建造，再受时间的洗礼，成美术与历史地理之和，使它不能不引起赏鉴者一种特殊的性灵的融会，神志的感触，这话或者可以算是说得通。
>
> 无论哪一个巍峨的古城楼，或一角倾颓的殿基的灵魂里，无形中都在诉说，乃至于歌唱，时间上漫不可信的变迁；由温雅的儿女佳话，到流血成渠的杀戮。他们所给的"意"的确是"诗"与"画"的。但是建

筑师要郑重的声明，那里面还有超出这"诗""画"以外的"意"的存在。眼睛在接触人的智力和生活所产生的一个结构，在光影可人中，和谐的轮廓，披着风露所赐与的层层生动的色彩；潜意识里更有"眼看他起高楼，眼看他楼塌了"凭吊与兴衰的感慨；偶然更发现一片，只要一片，极精致的雕纹，一位不知名匠师的手笔，请问那时锐感，即不叫他做"建筑意"，我们也得要临时给他制造个同样狂妄的名词，是不？

从前面牌楼一直到后殿，都是建立在一条中轴线上。从游廊向东西方向，再折而向北，其间虽有方丈客室和正殿的东西配殿，但一气连接，直到最后面，又折而东西，回到后殿左右，这一周的廊，东西19间，南北40间，成一个大方形，中间虽立着天王殿和正殿，却不像普通的庙殿，将全部寺院用"四合头"式，前后分成几进是少有的。

梁思成说，这种平面布置在唐宋时代是很平常的，敦煌壁画的伽蓝就是如此布置。在日本各地，也有飞鸟、平安时代这种遗例，而北平一带，却只剩下卧佛寺这一处唐式平面了。

这所寺院，建于唐贞观年间，初名"兜率寺"，元延七年扩建，到至顺二年完工，称"招孝寺"，后又改名"洪庆寺"。明宣德正统年间重修，改成"寿安禅林"，并颁大藏经置诸佛殿；成化年间，宪宗敕命于寺前修建延寿舍利塔，现在早已塌掉；崇祯年间，又改称"永安寺"。清雍正十二年重修后，改名为"十方普觉寺"。

林徽因说，以前没有注意到这种布局的建筑美学特点，现在看来，它同我们在欧洲考察过的一些宗教建筑有异曲同工之美。古典美学的思想倾向，在于它的经典性，由亚里士多德、毕达哥拉斯、维特鲁威以及文艺复兴时期的阿尔伯蒂、帕拉迪奥等人建立倡导的和谐论、完善论、整一论，都可以在卧佛寺建筑布局中找到注脚，而且他们已晚了几个世纪。

从卧佛寺出来，他们又驱车直奔香山之南的法海寺。

法海寺在香山通八大处马路的西边不远处，是一个很小的山寺。这座袖珍寺院建在山坡上，寺门却在一里多远的山坡下，走路的人很少注意到山谷碎石堆里的那座小建筑物。

这座寺院建于明正统四年，为御用太监李童集资兴建的。虽历经修缮，仍具明代早期的建筑特点。殿宇依山势层叠而上，气度轩昂。山门即护法金刚殿，宽三间，保存有明代前期的旋子彩画。山门里面的高台上，有天王殿的遗址和伽蓝、祖师二堂。正中的大殿，面宽五间、黄瓦庑殿顶，金碧辉煌，掩映在苍松翠柏之间。殿内有明代巨幅神像壁画，栩栩如生，很为精湛。

林徽因却意外地发现了这座寺院拱门的建筑特色，她在《平郊建筑杂录》中写道：

> 因为这寺门的形式是与寻常的极不相同；有圆拱门洞的城楼模样，上边却顶着一座喇嘛式的塔——一个缩小的北海白塔。这奇特的形式，不是中国建筑里所常见。
>
> 这圆拱门洞是石砌的。东面门额上题着"敕赐法海禅寺"，旁边陪着一行"顺治十七年夏月吉日"的小字。西面额上题着三种文字，其中看得懂的中文是"奄巴得摩乌室尼渴华麻列吒（注：意为愿我功德圆满，与佛融合）"，其他两种或是满蒙各占其一。走路到这门下，疲乏之余，读完这一行题字也就觉得轻松许多！
>
> 门洞里还有隐约的壁画，顶上一部分居然还勉强渗出一点颜色来。由门洞西望，不远便是一座石桥，微拱的架过一道山沟，接着一条山道直通到山坡上寺的本身。
>
> 门上那座塔的平面略似十字形而较复杂。立面分多层，中间束腰石色较白，刻着生猛的浮雕狮子。在束腰上枋以上，各层重叠像石级，每级每面有三尊佛像……最顶尖上有仰月的教徽。仰月徽去夏还完好，今秋已掉下。据乡人说八月间大风雨吹掉的，这塔的破坏于是又进了一步。

法海寺门特点却不在上述诸点、石造及其年代等，主要的是他的式样与原先的居庸关类似。从前居庸关上本有一座塔，但因倾颓已久，无从考其形状，不想在平郊竟有这样一个发现。虽然在《日下旧闻考》里法海寺只占了两行不重要的位置，一句轻淡的"门上有小塔"，在研究居庸关原状的立脚点看来，却要算个重要的材料了。

由八大处向香山走，大约三四里路程，马路从一处山口拐过去，路边的山坡上，两座小石亭引起了林徽因的兴趣。小石亭的位置，面朝着对面的另一个山口。那个山口叫作杏子口，满坡的杏树正挂着累累青果。在三四十尺深的山沟中，一条蜿蜒的山路从石缝里爬出来，两旁对峙着两座高山，一出口则豁然开朗，一片海似的平原铺展开去，浮出孤岛一般的玉泉山。小小的杏子口，俨然成为"一夫当关，万夫莫开"的险隘。

两座石亭立在相对的山坡上，好像两座石龛，分峙两崖，虽然不起眼，却有一种超然的庄严。

他们下了车，拎起照相机，爬到山坡上。眼前的石龛只是几块青石砌成的，仿佛是一座民初时期的雕塑，它漫不经心地被岁月搁置在这里，好像两个穿着旧棉袄的山民，相互对望着各自的风景。

从山坡上望下去，那条刻着几百年车辙的杏子口石路，一个个泥人大小的山民，挑着担子蠕动着。间或有一个戴鬓花的老太婆，夹着黄包袱，往这山口上慢慢爬动，也许是到这佛龛上来烧香的。

石板路上，一队骆驼正一个跟着一个穿过杏子口，驼铃叮咚，四面群山显得更加幽静。

林徽因这样描述她所见到的石龛：

> 西边那座龛较大，平面约一米余见方，高约二米。重檐，上层檐四角微微翘起，值得注意。东面墙上有历代的刻字，跑着的马，人脸的正面等等。其中有几个年月人名，较古的有"承安五年四月二十三日到此"和"至元九年六月十五日贾智记"。承安是金章宗年号，五年是1200年。至元九年是元世祖的年号，元顺帝的至元到六年就改元了，所以是1272年。这小小的佛龛，至迟也是金代遗物，居然在杏子口受了七百多年以上的风雨，依然存在。当时巍然站在杏子口北崖上的神气，现在被煞风景的马路贬到盘坐路旁的谦抑；但它们的老资格却并不因此减损，那种倚老卖老的倔强，差不多是傲慢冥顽了。西面墙上有古拙的画——佛像和马——那佛像的样子，骤看竟像美洲土人的To-tam-Pole。

> 龛内有一尊无头趺坐的佛像，虽像身已裂，但是流利的衣裙褶纹，还有"南宋期"的遗风。台基上东边的一座较小，只有单檐，墙上也没有字画。龛内有小小无头像一躯，大概是清代补作的。这两座都有苍绿的颜色。

台基前面有宽二米、长四米余的月台，上面的面积勉强可以叩拜佛像。

南崖上只有一座佛龛，大小与北崖上小的那座一样。三面做墙的石片，已成纯厚的深黄色，像纯美的烟叶。西面刻着双钩的"南"字，南面"无"字，东面"佛"字，都是径约八十厘米。北面开门，里面的佛像已经失了。

这三座小龛，虽不能说是真正的建筑遗物，也可以说是与建筑有关的小品。不止诗意画意都很充足，"建筑意"更是丰富，实在值得停车一览。至于走下山坡到原来的杏子口里望上真真瞻仰这三龛本来庄严峻立的形势，更是值得。

林徽因很仔细地画了素描，又落落大方地坐在杏子口北崖石佛龛的门口，把那件蓝上衣披在肩上，让梁思成为她拍照。林徽因问梁思成："你看这个佛龛像什么？"

梁思成说："它很抽象，好像什么都像，又好像什么都不像，也许它只是一个符号吧。法国的郎香教堂像一艘驶向远方的大船，又像一顶荷兰牧师的帽子，也像祈祷合掌的双手，它们不是一般的实现了建筑的物质功能，而且在精神上、艺术上给人以强烈的象征性，建筑美的本质特征在于抽象，从广义上讲抽象就是象征。这两个佛龛，可以说它是扣在山顶上的僧帽。"

林徽因说："不能孤立地看这两个建筑，它是整个山的一部分。在这个山口上，唯斯朴素奇特，才能显示宗教的征服，这是蕴涵在自然中的达观和庄严。"

平郊建筑的考察，唤起了林徽因特殊的审美感觉。1933年11月，林徽因、梁思成、莫宗江又到河北正定的兴隆寺、阳和楼、开元寺钟楼等十余处宋辽时期的古建筑考察。在她的眸子里，没有一块石头是冥顽不化的，而她的酬报便是那无穷的建筑诗意。

16

# 彼岸的友情

林徽因夫妇和费正清夫妇在北平洋人办的美术俱乐部看画展时不期而遇，从此便结下了他们一生难忘的友谊。时在1932年的秋天。

费慰梅大学毕业后，于1932年5月来华与未婚夫费正清在北平相聚，他们借住在西总布胡同21号美国人翟孟生寓所，由赫约翰牧师主持婚礼结婚，后又一同到朝内大街81号加利福尼亚语言学院学习中国语言，这座棕色的砖砌三层大楼，与四处低矮的灰色平房间恰成鲜明对比，呈现着典型的欧美风格。于现代化的北京，仍不失当年巍峨风姿。

林徽因、梁思成夫妇在1931年"九一八事变"后，结束东北大学的执教生涯，受聘于朱启钤先生创办的中国营造学社。不久他们的家便迁来东城北总布胡同3号居住。这个胡同是东总布胡同的一条支巷，向南亦可到长安街。然后去中央公园营造学社上班。20世纪70年代小院等被拆，盖成高楼。后来在文物部门呼吁下，大楼又被拆掉，恢复3

梁思成、林徽因与费慰梅合影

号小院的原貌，只是门楼移到东边，归文物部门管理。

梁、林一家在此住了7年，成为北平当时有名的"文化沙龙"——是个作家、教授、经济学家等星期六聚会的地方。活动时吃饭大多在金岳霖的后院。两个院落虽有一个门相通，但金岳霖另有出入的大门。

费正清、费慰梅是稍后进入北总布胡同3号的外国友人。然而林徽因的母亲却不放心这对年轻夫妇，总是用一双异样的眼神盯着这对黄头发、蓝眼睛的外国人。每当他们叩响梁家的门环时，仆人把大门打开一道小缝，从上到下地把他们打量一番，然后才让进入院子。而林母踮着小脚一直把他们追到客厅为止。林徽因又把母亲推着送回她自己的房里。

费慰梅回忆，那时候他们夫妇怀揣着"美国人在北京"的矫情住在四合院里，吃火锅、喝豆汁，过道地北京人生活，"一有空，我们就去紫禁城和香山寺庙探奇"，更吸引他们的还有北京高耸的城墙和门楼。

随着他们友谊的加深，费慰梅经常骑自行车或坐人力车到梁家去，林徽因的一班朋友与她也渐渐成了朋友。金岳霖住在梁家院后面小房子里，徐志摩一到他的居所便惊奇地发现，新月社时期自己用父亲的钱买的那张地毯，不知什么时候"美美地躺在他的客厅里！"周六梁家聚会，老金必到无疑，还有坦率豪爽的政治家张奚若、国际问题专家钱端升、不苟言笑的经济学家陈岱孙、考古学家李济、社会学家陶孟和他的夫人沈性仁等。他们大都是留美学人，费氏夫妇的加盟自然受到大家的欢迎。有时这样的聚会在老金家举行，他有一个做西点的厨师，"星（期）六碰头会"吃的是咖啡冰激凌，喝的是按他要求浓度配制的咖啡。中晚饭到前院与梁家一起用餐。有时也到"湖南餐厅"（金岳霖家）活动和聚餐。

许多年后，北总布胡同3号院子里的垂花门，丁香、海棠和马缨花树，以及明亮的客厅和悬挂着的梁启超手书对联，还在费慰梅记忆深处闪光。

在聚餐会上，差不多每次林徽因给大家讲一段开心的故事，而故事的主角往往是她自己。

有一个故事是这样的：林家的仆人陈妈，一天惊慌地跑来报告说，在梁家毗邻的西院，房顶开了一条大缝，因为那家房客穷得修不起屋顶，想托林徽因向房主求情，让东家出钱修房。林徽因马上去找房东，得知房客住的几间居室每月只付50个铜板房租，而且房客的祖上从乾隆年间就租住这所房子，已经有两百年了，每月房租至今没有涨过，房东也没有能力维修这所房子。事情的结果是林徽因自己捐钱修好房顶了事。

大家听完故事都开心地笑起来。费慰梅也因林徽因的公益之心竖起大拇指。

费慰梅回忆说："天才诗人徐志摩当然是其中一个。林徽因不时地对我谈起他，从来没有停止过思念他。我时常想，我们之间用流利的英语谈着各种题材，那些充满激情的话语，可能就是徐志摩和林徽因之间生动对话的回响。我想，她永远忘不了他，当她还是一个小女孩，在伦敦，徐志摩为她打开了一个更宽广的世界，引导她认识英国文学和英语的精妙。"

那段日子，是林徽因一生最为美好的时光。她不仅与这一班朋友聚会交流，谈天说地，还与梁思成一起到山西大同云冈石窟，河北正定兴隆寺，山西汾阳、赵城，河南安阳等处考察古建筑。受现实生活的激发，她写的散文《窗子以外》成了有名的代表作。最能代表她闲适、安逸心情的是北总布胡同三号那首《静院》的诗，每当夕阳西下后，院子的"美"与"静"，"有不有清风，轻得那样/没有声响，"读后令人神往。

尤其是比这一班人更年轻的费慰梅，受林徽因的影响，竟热情偾张，围绕着她热爱中国的艺术专业。早在读书期间就对中国山东武梁祠的汉代拓片情有独钟，她到北京后第一个行动就买了一套武梁祠的拓片，每天花几个小时观察它，甚至对画中每个人的官阶，从服饰上就能够清晰地辨识出来。因着梁思成、林徽因外出古建筑考察，无疑也深深地打动了她。

便是在梁、林到华北考察的同时，费慰梅和另一个位美国女友决定到山东省嘉祥县武梁祠去，一探石刻的究竟。武梁祠地处嘉祥县城南30华里的武翟山下，全称武氏墓群石刻，俗称武梁祠。东汉末年，嘉祥武氏世代为官，桓帝建和元年（147年），他的后世子孙在墓前开始建造祠堂，数十年后建成。武梁祠居中央，前室为武荣祠，后室为武开明祠，左室为武班祠。全部祠堂为石刻建筑，有石阙、石狮、墓碑、画像等。石刻在宋代欧阳修、赵明诚已有著录，后经历洪水漫淤淹埋地下。清乾隆时官方勘察发掘得石20余块，特为捐资保存，是研究东汉时期政治、经济、文化的重要实物资料。直到中华人民共和国成立后增建陈列室，设文物管理所。

费慰梅这次在山东考察两周，先乘火车到达济宁，再乘公共汽车到嘉祥住下。第二天又徒步走了30里路，才到紫云山下的墓地。许多年后她回忆说：

武梁祠的石块，在大平原上的一座小房子里存放着，大小不一。有些只是一边有雕刻，有些则在前后或前边和旁边有雕刻，还有独立的石柱。最令我惊奇的是那些有三角顶部的大石块。我原先期望看到石刻展览，结果不然。这不是艺术展，而是建筑物件的大杂烩！建筑！什么样的建筑？地上的还是地下的？有多少？有可能重建它们吗？

这等于说，费慰梅费了九牛二虎之力，跑到嘉祥来，见到的只是一堆石头，根本没见到武梁祠的建筑面目，所以她发出"有可能重建它们"的呼唤和期盼。

过了几年，她与费正清从北平回到她的家乡美国马萨诸塞州坎布里奇，把武梁祠的出版物，经过细心剪裁，像七巧板那样拼接，才凸显武梁祠的本来面目。

1941年又写了一篇36页的长文，最先提出"重建实体的构想"，使她在美国学术圈声名大振，也让她兴奋了好久！她不无感慨地说："这里显然有梁氏夫妇的影响，我深深地感谢他们。"

1934年夏天，费正清夫妇又与梁氏夫妇到山西汾阳等地做过一次调查。

为了和林徽因一家交往，不久，费慰梅和费正清把家搬到北总布胡同向西的小羊宜宾胡同，这样离林徽因家更近，向北拐便是北总布胡同3号。

从那时起，他们维系了一生血浓于水般的友情。晚年的费慰梅回忆他们相识时的感受说：

当时他们和我们都不曾想到这个友谊今后会持续多年，但它的头一年就把我们都迷住了。他们很年轻，相互倾慕着，同时又很愿回报我们喜欢和他们做伴的感情。徽（whei）——她为外国的亲密朋友给自己起的短名——是特别的美丽活泼。思成则比较沉稳些。他既有礼貌而又反应敏捷，偶尔还表现出一种古怪的才智，俩人都会两国语言，通晓东西方文化。徽以她滔滔不绝的言语和笑声平衡着她丈夫的拘谨。通过交换美国大学生活的故事，她很快就知道我们夫妇俩都在哈佛念过书，而正清是在牛津大学当研究生时来到北京的。

往往真正的友情开始于心灵的奇遇，而这两对夫妇的相识却完全没有故事，他们在一次聚会上认识，并互相吸引，一交谈，才知两家居然是相距不远的近邻，这使他们喜不自胜。

新的友谊给林徽因的生命注入了新鲜的活力，当时她和梁思成刚刚由沈阳迁回北平，开始在中国营造学社的工作，百废待兴，而繁重的家事又给她平添了若许烦恼，费慰梅怀念这段日子时记叙道：那时徽因正在经历着可能是她生平第一次操持家务的苦难，并不是她没有仆人，而是她的家人，包括小女儿、新生的儿子，以及可能是最麻烦的、一个感情上完全依附于她的、头脑同她的双脚一样被裹得紧紧的母亲。中国的传统要求照顾她的母亲、丈夫和孩子们，她是被要求担任家庭"经理"的角色的，这些责任要消耗掉她在家里的大部分时间和精力。

应该说，作为一个西方女性，费慰梅对林徽因的感知是深层次的，她在中西方文化的节点上，一下子找到了她的中国朋友全部痛苦的症结，费慰梅说：

> 林徽因当然是过渡一代的一员，对约定俗成的限制是反抗的。她不仅在英国和美国，而且早年在中国读小学时都是受的西方教育。她在国外过的是大学生的自由生活，在沈阳和思成共同设计的也是这种生活。可是此刻在家里一切都像要使她铩羽而归。
>
> 她在书桌或画报前没有一刻安宁，可以不受孩子、仆人或母亲的干扰。她实际上是这十个人的囚犯，他们每件事都要找她做决定。当然这部分是她自己的错。在她关心的各种事情当中，对人和他们的问题的关心是压倒一切的。她讨厌在画建筑的草图或者写一首诗的当中被打扰，但是她不仅不抗争，反而把注意力转向解决紧迫的人间问题。

林徽因把她的心扉全然向她的新朋友费慰梅敞开了。那段日子，费慰梅经常骑着自行车或坐人力车在天黑前到梁家去，穿过花园去找林徽因，两个人在起居室一个暖和的角落里坐下，并泡上两杯热茶，便开始了推心置腹的倾谈。她们有时比较中国和美国不同的价值观和生活方式，有时谈文学艺术，并把对方不认识的朋友的回忆毫无保留地告诉对方。林徽因谈得最多的当然是徐志摩，她给费慰梅大段大段地背诵徐志摩的诗，从她闪着泪光的眸子里，费慰梅读出了那一份深深的思恋。

1935年10月，日本人侵占华北在即，费正清夫妇离平回国去意已定，大约还有6个星期的时间。突然有一天传来《大公报》停办的消息，代替它的是《联合亚洲先锋报》，林徽因听了心中一惊，这家报纸还向她发来约稿信。她很生气，随之将它投进火炉。在这忧愁中，费慰梅帮不上什么忙，遂建议林徽因去外国人马球俱乐部骑马。

林徽因听了欣然接受，于是二人在马童指定的地点，相邀到城外上马，出发到附近乡村踏青。那时候，城外的农作物一直长到城墙边，把灰色城市和灰色尘嚣远远地甩在灰色的心情之外，眼前出现的是另一种赏心悦目的景观。

一望无垠的大平原上的庄稼，一直绿到城墙脚下，那蓬蓬勃勃的绿，散发出一种鲜嫩的气息。高高低低的土屋，错落在万绿丛中，远处的西山和北山，淡得如同一抹灰蓝色的烟迹，透过稀稀落落的树木，隐约可见远处的塔影。天空蓝得像一匹缎子，一丝丝云彩在小月河里飘荡着，元代的土城墙逶迤如一条灰蛇，起伏在纷乱苍莽中。

林徽因策马前行，她在马背上的坐姿真是棒极了。后来林徽因信马由缰，沿着古老的灰色城墙，一会儿便纵马飞驰起来，她那条红色披巾，在风里飘荡如一团燃烧的火焰。

因为经常去骑马，林徽因索性买了马鞍、马裤，穿上这身装束，她俨然成了一位英姿勃发的巾帼骑师。

那段日子，带给林徽因的印象是新鲜而美好的，费氏夫妇回国后，她在信中对往事的回顾，依然是那样神采飞扬：

> 自从你们两人在我们周围出现，并把新的活力和对生活、未来的憧憬分给我以来，我已变得年轻活泼和精神抖擞得多了。每当我回想到今冬我所做的一切，我都是十分感激和惊奇。
>
> 你看，我是在两种文化教养下长大的，不容否认，两种文化的接触和活动对我来说是必不可少的。在你们真正出现在我们（北总布胡同）三号的生活中之前，我总感到有些茫然若失，有一种缺少点什么的感觉，觉得有一种需要填补的精神贫乏。而你们的"蓝色通知"恰恰适合这种需要。另一个问题，我在北京的朋友年龄都比较大也比较严肃。他

们自己不仅不能给我们什么乐趣，而且还要找思成和我要灵感或让我们
把事情搞活泼些。我是多少次感到精疲力竭了啊！

今秋或不如说是初冬的野餐和骑马（以及到山西的旅行）使整个世
界对我来说都变了。想一想假如没有这一切，我怎么能够经得住我们频
繁的民族危机所带来的所有的激动、慌乱和忧郁！那骑马也是很具象征
意义的。出了西华门，过去那里对我来说只是日本人和他们的猎物，现
在我能看到小径、无边的冬季平原风景、细细的银色树枝、静静的小寺
院和人们能够抱着传奇式的自豪感跨越的小桥。

隔着岁月的投影，费氏夫妇仿佛听到大洋彼岸那座古城墙下，疾风般的蹄鼓
还在敲击着记忆的回声……

17

/

# 北总布胡同 3 号

咚咚咚，一双陌生的手，叩打着北总布胡同3号四合院的门扉。

院子的女主人林徽因，最先听到了那健壮的骨节在门板上敲击出的怯生和窘促。

四合院的入口处有一个小院子，是仆人的住房。里院和外院隔着垂花门，院里长着海棠、丁香和马缨花树。里边的院子一正两厢，北边正房是林徽因和梁思成的起居室，宽阔的门窗，镶嵌着林徽因精心设计的木格窗棂，上面糊了白色的窗纸，她把窗户的下层换成了玻璃，不仅可以透进阳光，还可以看到院子里的树

20世纪30年代中期，林徽因在北总布胡同3号家中

木花草。屋顶由鱼鳞状的灰瓦铺成。室内最招眼的是书架上那些中英文书籍和父亲梁启超为他们手书的条幅："清水出芙蓉，天然去雕饰；白鸥汲浩荡，万里谁能训。"

她打开门，两张年轻的脸庞出现在面前。一个是沈从文，他是常客，已是蜚声全国文坛的青年作家；另一个却是陌生的，他大约20出头年纪，微微泛红的脸上还带着点稚气，他穿着一件洗得干干净净的蓝布大褂，一双刚刚打了油的旧皮鞋。沈从文介绍说："这是萧乾，燕京大学新闻系三年级学生。"

"啊！你就是萧乾，《蚕》的作者，快进屋吧。"

萧乾用目光打量了一下这个院子。这是个不大的四合院，收拾得干净利落，院里有一棵丁香树，叶子还没有完全落尽，仿佛还留有残香，缕缕挂在枝头。

进了屋子，林徽因向萧乾介绍了刚从正定考察提前赶回的梁思成和来串门的北大教授金岳霖。

林徽因热情地给他们倒上茶。

来之前，萧乾看了林徽因给沈从文的邀请信，字里行间透着活泼和热情：

沈二哥：

　　初二回来便乱成一堆，莫名其所以然。文章写不好，发脾气时还要沤出韵文！十一月的日子我最消化不了，听听风，知道枫叶又凋零得不堪，只想哭。昨天哭出的几行，勉强叫它作诗，日后呈正。

　　萧乾先生文章甚有味儿，我喜欢。能见到当感到畅快。你说是否礼拜五，如果是，下午五时在家里候教，如嫌晚，星期六早上，也一样可以的。

　　关于云冈现状，是我正在写的一短篇，那一天，再赶个落花流水时当送上。

　　思成尚在平汉线边沿吃尘沙，星期六晚上可以到家。

　　此问俪安，二嫂统此。

徽音拜上

在这封信之外沈从文还告诉萧乾，今年11月18日发表在《大公报·文艺副刊》上的诗《秋天，这秋天》，是林徽因为徐志摩逝世两周年写的。这是一首长诗，林徽因散点式地回忆着与徐志摩的过往：

> 这里那里，在这秋天，
> 斑彩错置到各处。
> 山野，和枝叶中间，
> 像醉了的蝴蝶，或是
> 珊瑚的珠翠，华贵的失散，
> 缤纷降落到地面上。
>
> 一切都两样了，他闪一闪说，
> 只要一夜的风，一夜的幻变。
> 冷雾迷住我的两眼，
> 在这样的深秋里，
> 你又同谁争？现实的背面
> 不是现实，荒诞的，
> 果属不可信的虚妄？
>
> 如果你忘不掉，忘不掉
> 那同听过的鸟啼；
> 同看过的花好，信仰
> 该在过往的中间安睡。
> 听风扯紧了弦索自歌挽：
> 这秋，这夜，这惨的变换！

　　萧乾还听沈从文说，林徽因的肺病已相当严重，以为她会穿了睡衣半躺在床上接待客人，没想到林徽因却穿了一套骑马装，显得轻盈潇洒。她的脸上稍有一点病后的倦意，但青春的美丽是遮掩不住的。她的眼睛很美，眉毛也楚楚动人。萧乾感到，他要见的那位绝顶聪明的小姐，竟如一首纯净的诗。

　　萧乾不止一次读过她发表在《新月》和《大公报》上的作品，沈从文也很推崇她。萧乾的第一篇小说《蚕》在《大公报》上发表后，沈从文告诉他，有一位

"绝顶聪明的小姐"看上了他的那篇作品，请萧乾到她家去吃茶。

沈从文还告诉他，林徽因家的"太太客厅"在北平文化圈子里颇有名气，去的大都是文坛巨子、社会名流。刚来时，萧乾还有几分忐忑，但林徽因的热情让他忘掉了来时的那种拘谨。

"喝茶，不要客气，越随便越好。"林徽因说，"你的《蚕》我读了几遍，刚写小说就有这样的成绩，真不简单！你喜不喜欢唯美主义的作品，你小说中的语言和色彩，很有唯美主义味道。"

林徽因在屋子里走动，她的脸庞因兴奋而潮红着。

"我喜欢这样的描写：'当蚕幼小的时候，实在常常可以看得出它那腼腆羞涩处，到了中年，它就像个当家人了，外貌规矩，食物却不必同家中人客气。及至壮年，粗大的头，粗大的身子，和运行在粗壮的身子里的粗大青筋都时刻准备反抗的。握到手里，硬朗不服气得像尾龙门的鲤鱼。'"林徽因接着说，"你对暮年的蚕描写得更出色：'身子软得像一泡水，黄面透明得像《吊金龟》里喊吾儿的老旦。那么老态龙钟，那么可怜，那么可爱！'"

萧乾吃惊了。林小姐居然能把他的小说大段大段地背诵出来。

林徽因说："我在香山时，写过一篇小说《窘》，现在看起来，没有你这篇有色彩。读你的小说让我想到，艺术不仅要从生活得到灵性，得到思想和感情的深度，得到灵魂的骚动或平静，而且能在艺术的线条和色彩上形成它自身。艺术本身的完美在它的内部，而不在外部，它是一层纱幕，而不是一面镜子，它有任何森林都不知道的鲜花，有任何天空都不拥有的飞鸟，当然也会有任何桑树上没有的蚕。"

萧乾入神地听着，生怕漏掉一个字。

金岳霖是林徽因家的常客，住在她家的后边，他高大瘦削，爱打网球，矜持又能说会道，历任清华哲学系教授，熟悉的人都叫他"老金"。他是湖南人，早年在北京学习时获赴美奖学金，到宾夕法尼亚华尔顿学院经济和商业的预备班学习，因他敏于抽象思维，后来转向哲学，毕业后又到英、法等国留学，他差不多在国外待了10年。传说他与西方姑娘有几桩恋爱的故事，有一个还跟他到过北京，但他终身未娶。

梁思成和金岳霖坐在沙发上吧嗒着烟斗，沈从文托着下巴，不住地点头赞赏。

"我是不是说得太多了。"林徽因突然打住。

"你一讲起来,谁还能插得上嘴。"梁思成打趣道。

"我们家是妇唱夫随嘛,插不上嘴,就请你为客人倒茶吧!"林徽因说。

大家都笑起来。

林徽因又转向萧乾:"我觉得你那篇小说,最成功的是调动了艺术感觉'那长长的身子就愈变愈透明,透明得像一个钢琴家的手指。一股青筋,絮云似的在脊背上游来游去。我疑惑那就是我所不懂的潜伏在诗魂中的灵感。'这段文字真是精彩极了。感觉是什么?感觉就是艺术家的触角。一个作家,在生活面前要有昆虫那样一百对复眼,因为你需要发现的是存在于人的精神深处的那个不朽的本能,发现人生存于其中的多种形式、声韵和颜色。在感觉过程中,甚至色彩感比正误感更重要。"

太精彩了,萧乾差点喊出来。

整整一个下午,他们就这样会心地交谈着。更多的时候,是林徽因在眉飞色舞地讲,大家在恭恭敬敬地听。

正是有这封信的相邀,萧乾怯生生地拜会了这位年长他6岁的"神仙姐姐"。


1925年年末,金岳霖与美国小姐丽莲·泰乐从欧洲一起来北京同居"试婚"。泰乐小姐高高的个子,留着一个男生短发头,说话高门大嗓,既没有女性的文雅,又长得不怎么好看。她在北京的职业是给小学生辅导学习英语,与金岳霖同居了一段时间后分手,独自回美国去了。

金岳霖也是官宦之家出身,其父金聘之原籍浙江诸暨,清末到湖南洋务派首领张之洞手下做官,曾任湖南省铁路公司和黑龙江穆河金矿总办任职。金岳霖的母亲是湖南人,1895年7月21日生于湖南长沙。上有6个哥哥和2个姐姐,金岳霖他早年就读于长沙明德小学和雅礼中学,1911年考入清华学堂高等科。1914年赴美留学,先后毕业于宾夕法尼亚大学和哥伦比亚大学,获得博士学位。后赴欧洲,在英国伦敦大学、剑桥大学听课,后漫游德、法、意等国。金岳霖在美国留学时就与徐志摩相识,他认识林徽因时已三十六七岁,也是经徐志摩介绍认识。后来,他也搬到北总布胡同2号居住。

周末是沙龙活动的时候,许多朋友从四面八方来到这里相聚。他们吃茶品茗,交流信息,畅谈文艺,成为故都处独特的文化风景。来者多是清华、北大、燕京等大学的教授，他们有着欧美留学背景。徐志摩、金岳霖、陈岱孙、张奚若、钱端升、邓以蜇、陶孟和、周培源、吴有训、李济、叶企孙等都是这里的常客，而沈从文却是这群人中的例外。

据金岳霖说，30年代，我们一些朋友每星期六有个聚会，称为"星（期）六碰头会"，陈岱孙先生也是"星（期）六碰头会"成员之一。

"太太客厅"和"星（期）六碰头会"实际上是一回事。林徽因和梁思成住北总布胡同3号，金岳霖住后面一个小院，门向西开，还有一个门南开，通林、梁的3号院落。碰头会时，张奚若、陶孟和讲些政治情况，如南京方面人事安排。金岳霖是搞哲学的，却从来不谈哲学。他们谈得最多的是建筑和字画，特别是山水画。有时邓以蜇带来一两幅画供大家欣赏。那时有人写了一篇文章，题目叫《我们的太太客厅》，中文里没有相应的字，洪深先生虽然多才多艺，也没有好办法，用"少奶奶"这个名称来应付应付。这篇文章好像20世纪30年代的中国的少奶奶们有一种"不知亡国恨"的主意。金岳霖认为，批判"客厅"的对象很明显是指他。不过批判者没有掌握具体情况，以为星期六活动一定是以女性为表面中心——客厅主人一定是少奶奶，哪里知道客厅主人是一个单身男子汉呢？

金岳霖说，碰头会的人有时在前院，有时在后院。吃饭时在金岳霖的后院，又称"湖南饭店"。有时是中餐，有时是地道的西餐。每次，咖啡和咖啡冰激凌都是不可少的。

陈岱孙在回忆"星（期）六碰头会"时说："战前在北总布胡同，经常是星期六下午约请朋友来金家叙茶，久而久之成为习惯，他在星日下午都备些茶点在家恭候客人光临，而他的朋友常常是不速之客。其中有的是常客，有的是稀客、生客。常客中以学界中的人为最多，也不排除学生们。记得一两次我就遇见燕大的女学生，其中有一位常来华访问的华裔作家韩素音女士。学界中也有外籍学人。一次遇到20世纪30年代美国哈佛大学校长坎南博士，他是由他女儿慰梅和女婿费正清介绍来的。有一次我在他的茶会遇见几位当时戏剧界正在绽蕾的青年演员，另一次又遇见几个玩蟋蟀的老头，人物的广泛性是茶会的特点。"

萧乾之外，林徽因还特别欣赏年轻诗人卞之琳和青年评论家李健吾。

林徽因看了与她一同发表在《诗刊》第二期上卞之琳那首《断章》后，很推崇他诗的哲思和感觉的与众不同，是月便邀他到北总布胡同家中晤面，在客厅聚会上，许多人谈他那首《断章》的诗：

你站在桥上看风景；

看风景的人在桥上看你。

明月装饰了你的窗子

你装饰了别人的梦。

有人说，这首诗寓有无限悲哀，着重点是在"装饰"两个字上。也有人说，这是一首爱情诗，那"桥"是"握手之桥"，横跨的桥，是情感的结合。还有人说，那是《逍遥游》的昭示，诗人如"蜗牛的银迹"，成功走过"二百海里一夜"，去完成历史的演进，在时空的交错点上，联结起过去与未来，宣示着一个生命的存在。

听着这些评说，卞之琳红着脸一言不发。

性格爽直的林徽因坐不住了。她说，你总不能功夫全用在笔上，不爱说话的毛病得改改。

卞之琳只是笑笑，算是对林徽因的话做了回答。

林徽因说："这首诗是一刹那的直觉感悟。依我看，最精妙的莫过于'装饰'二字。"卞之琳沉默了半晌，终于发言了："《断章》里那一句'明月装饰了你的窗子，你装饰了别人的梦'，我的意思着重在'相对'的关联上。"

林徽因说："我说的'装饰'不妨害这首诗的自白，作者自白也不妨害我的解读。与其看作相悖与冲突，不如作'想成'的辩证之美。"

这首《断章》从此成为卞之琳诗作的经典。之后许多诗的选本大都在选择之内。诗尽管写得很美，意境悠远，给人以无限遐想，他却写在与北大红楼"南面与之遥遥相对的"汉园公寓那座灰色西式学生宿舍小楼里。那时北河沿的水恶臭无比，垃圾高堆如山，与诗的美妙意境并不能相映成趣。

卞之琳对林徽因的话又敬重又佩服，他们初次见面，便拉近了距离。尽管林徽因比他只大6岁，在以后的岁月里，他一直尊其为敬佩的"长者"。

1934年1月，郑振铎、章靳以主编的《文学季刊》创刊号问世，在刊登的作品中，李健吾的论文《包法利夫人》最为抢眼，引起北京文化沙龙里林徽因的注意，她当即给作者李健吾写了一封长信（因战乱不存），邀其到她的客厅会面。这便是林徽因与李健吾交往的开始。

李健吾是山西运城西曲马村人，1906年8月17日出生。父亲李岐山是清末秀才，山西大学毕业，1907年加入同盟会，武昌起义爆发后曾率部东征，失败后返回运城。1915年12月在陕西起兵讨袁，失败后逃往北京。1920年中秋节前后，陈树藩假借与于右任静国军议和，在西安城外设伏杀害。后靠冯玉祥等人捐款存北京某钱庄，靠利息维持一家人生活。

李健吾从厂甸师大附中毕业后，1925年夏考入清华学校大学部文学系，后转外文系，1931年8月入巴黎语言专科学校，第二年又到巴黎大学文科旁听，由于经费限制，只取得了文凭，1933年5月与朱光潜同船归国。

在林徽因的激励下，李建吾对巴金的《爱情三部曲》、沈从文的《边城》、林徽因的《九十九度中》、萧乾的《篱下集》、塞先艾的《城下集》、曹禺的《雷雨》等写了一批引人注目的评论文章，后结集为《咀华集》出版。

这其中他对评林徽因的短篇小说《九十九度中》一文评论尤为突出，从此更拉近了他与林徽因的距离，并建立了友情。他在评论中说：

> 没有再比人生单纯的，也没有再比人生复杂的，一切全看站在怎样一个犄角观察；是客观的，然而有他感性为依据；是主观的，然而他有的是理性来驾驶。而完成又待乎选择或者取舍；换而言之，技巧。一部文学作品之不同于另一部，不在故事，而在故事的运用；不在情节，而在情节的支配；不在辞藻，而在作者与作品一致……

> 那篇发表在《学文》杂志第一期的《九十九度中》，林徽因女士的制作。我相信读者很少阅读这篇小说，即使阅读，也很少加以注意。我亲耳听见一位国立大学文学院的教授，向我承认他完全不懂这不到一万五千字的东西。他有的是学问，他缺乏的便是多用一点点想象。真正的创作，往往不是腐旧的公式可以限制得下。……一种富有个性的观察，是全部身体灵魂的活动，不容一丝躲懒。从观察到选择，从选择到写作，这一长串的精神作用，完成一部想象的作品的产生，中间的经过是必然的，绝不是偶然的；唯其如此，一以贯之，我们绝难用形式内容解释一件作品，除非作品本身窳陋，呈有裂痕，可以和件制服一样，一

字一字地剥扯下来。

　　我绕了许多弯子，只为证明《九十九度中》在我们过去短篇小说的制作中，尽有气质更伟大的，材料更事实的，然而却只有这样一篇，最富现代性；唯其这里包含着一种独特的看法，把人生看作一根合抱不来的木料，《九十九度中》，正是一个人生的横切面。在这样溽暑的一个北平，作者把一天的形形色色披露在我们的眼前，没有组织，却有组织；没有条理，却有条理：没有故事，却有故事，而且那样多的故事；没有技巧，却处处透露匠心。这是个人云亦云的通常人生，一本原来的面目，在它全幅的活动之中，呈出一个复杂的有机体。用她狡猾而犀利的笔锋，作者引着我们，跟随饭庄的挑担，走进一个平凡然而熙熙攘攘的世界：有失恋的，有作爱的，有庆寿的，有成亲的，有享福的，有热死的，有索债的，有无聊的……全那样亲切，却又那样平静……一个女性的细密而蕴藉的情感，一切在这里轻轻地弹起共鸣，却又和粼粼水纹一样轻轻地滑开。

　　李健吾慧眼独具，给林徽因这篇小说很高的评价。小说通篇洋溢着一个"热"字，沸沸扬扬的闹热，确已达到华氏九十九度，但其背后，每一笔都透着逼人的寒气，呈现着一幅幅发人深省的人生冷风景，如一支"冷热金针"，准确无误地刺到了社会的痛点。那滚滚的油锅底下，原来是一块万年不化的坚冰。

　　李健吾这个时期学的评论文章，皆属他的笔名"刘西渭"。这个笔名沿用了许多年，因而那个时期的人大多知道刘西渭是个文艺评论家，却把他的真实名字忘在背后。

　　金岳霖1932年6月借梁思成去河北宝坻西大寺考察，乘隙向身怀六甲的林徽因表达移情别恋的心绪，给梁思成的家庭投下一枚情感危机的震撼弹。

　　处于两难的林徽因，一时难于抉择。等梁思成考察回来，她将此事如实告诉了梁思成。听到此事，梁思成半天说不出话，一种无法形容的痛楚紧紧地抓住了他，他感到血液凝固了，连呼吸都困难。

　　林徽因见到梁思成时哭丧着脸说，她苦恼极了，因为她同时爱上了两个人不知怎么办才好。她和梁思成谈话时，一点儿都不像妻子和丈夫，却像小妹妹在请哥哥拿主意。但是梁思成也感谢林徽因对自己的信任和坦白。她没有把他当一个傻丈夫。怎么办？

梁思成想了一夜，他问自己，林徽因到底和自己生活幸福，还是和老金在一起幸福？梁思成把自己、老金、林徽因三个人放在天平上衡量。他觉得尽管自己在文学艺术各方面都有一定的修养，但他缺少老金那哲学家的头脑，他认为自己不如老金。

于是，第二天他把想了一夜的结论告诉了林徽因。梁思成说，你是自由的，如果你选择了老金，我祝愿你们永远幸福。他们二人都哭了。

过了几天，林徽因告诉梁思成说，她把他的话告诉了老金。老金的回答是："看来思成是真正爱你的，我不能去伤害一个真正爱你的人，我应当退出。"

那次谈话之后，梁、林再没有谈过这件事，因为梁思成相信老金是个说到做到的人，林徽因也是个诚实的人。后来事实证明了这一点，他们三个人始终是好朋友。

梁思成对这场危机的处理是宽容和智慧的，也恰到好处地跳过无奈孤客的叨扰。

慈慧殿3号。

这是朱光潜和梁宗岱在景山后面的寓所，也是与"太太客厅"同样有影响的文化沙龙。这个沙龙每月集会一次，朗诵中外诗歌和散文，因此又称"读诗会"。林徽因也是这里的主要参加者。

这个沙龙的成员有冰心、凌叔华、朱自清、梁宗岱、冯至、郑振铎、孙大雨、周作人、沈从文、卞之琳、何其芳、萧乾，以及旅居中国的英国诗人尤连·伯罗、阿立通等人。这个沙龙，实际上是20世纪20年代闻一多西单辟才胡同沙龙的继续。

沙龙主持人朱光潜，笔名孟实，是香港大学文科毕业生，20世纪20年代中期先后留学英、法两国，并只身游历过德国和意大利，1933年7月归国后，应胡适之聘，出任北京大学西语系教授。朱讲西方名著选读和文学批评史，同时，还在北大中文系、清华大学、辅仁大学、女子文理学院和中央艺术研究院等处主讲文艺心理学和诗论。

"读诗会"对沙龙成员的吸引，在于它形式的活泼，大家可以随心所欲地争论问题。这不，林徽因和梁宗岱又争论起来了。起因是为了梁宗岱刚刚朗诵过的一首由他翻译的瓦雷里的诗《水仙辞》。

　　林徽因语言的锋芒总是那么尖锐，一点也不顾及梁大诗人的面子："宗岱，你别得意，你的老瓦这首诗我真不想恭维。'哥啊，惨淡的白莲，我愁思着美艳，/把我赤裸裸地浸在你溶溶的清泉。/而向着你，女神，女神，水的女神啊，/我来这百静中呈献我无端的泪点。'这首诗的起句不错，但以后意象就全部散乱了，好像一串珠子给粗暴地扯断了线。我想起法国作家戈蒂耶的《莫班小姐》序言里的一段话——谁见过在哪桌宴席上会把一头母猪同十二头小猪崽子统统放在一盘菜里呢？有谁吃过海鳝、七鳃鳗炒人肉杂烩？你们真的相信布里亚-萨瓦兰使阿波西斯的技术变得更完美了吗？胖子维特尤斯是在什维食品店里用野鸡、凤凰的脑、红鹳的舌头和鸟的肝填满他那著名的'米纳夫盾'的吗？"

　　梁宗岱从沙发上站起来，他额角的青筋鼓胀着。才高气盛的梁宗岱，现在担任着北京大学法文系主任兼教授，在留学法国期间，诗人瓦雷里是他的老师，梁宗岱曾在课堂上亲耳聆听过瓦雷里讲授《水仙辞》，这也是他最喜欢的一首诗。梁宗岱高声说："我觉得林小姐对这首诗是一种误读，作为后期象征主义的主要代表，瓦雷里的诗，是人类情绪的一种方程式，这首《水仙辞》是浑然一体的通体象征，它离生命的本质最近，我想你没有读懂这样的句子：'这就是我水中的月与露的身，/顺从着我两重心愿的娟娟情形！/我摇曳的银臂的姿势是何等澄清！/黄金里我迟缓的手已倦了邀请！'瓦雷里的作品，忽视外在的实际，注重表现内心的真实，赋予抽象观念以有声有色的物质形式，我想林小姐恰恰是忽视了这点。"

　　"恰恰是你错了。"林徽因也提高了声音，"我们所争论的不是后期象征主义的艺术特点，而是这一首诗。一千个读者，可以有一千个哈姆雷特。我觉得，道义的一些格言，真理的一些教训都不可被介绍到诗里，因为他们可以用不同的方法，服务于作品的一般目的。但是，真正的诗人，要经常设法冲淡它们，使它们服从于诗的气氛和诗的真正要素——美。"

　　梁宗岱那颧骨很高的脸上泛着光泽，他的一双大手不停地搓着："林小姐，你应该注意到，诗人在作品中所注重的，是感性与理性、变化与永恒、肉体与灵魂、生存与死亡冲突的哲理，这才是美的真谛。我认为美，不应该是唯美，一个诗人，他感受到思想，就像立刻闻到一朵玫瑰花的芬芳一样。"

林徽因也站起来说："我想提醒梁诗人，诗歌是诉诸灵魂的，而灵魂既可以是肉体的囚徒，也可以是心灵的囚徒。一个人当然不可以有偏见，一位伟大的法国人，在一百年以前就指出过，一个人的偏爱，完全是他自己的事，而一旦有偏见，就不再是公正的了。"

大家兴致勃勃地听着他们争论。

第一次参加这个沙龙活动的萧乾对沈从文说："他们吵得这么热闹，脸红脖子粗的，你怎么不劝劝。"

沈从文摆摆手："在这儿吵，很正常，你不要管他，让他们尽兴地吵，越热闹越好。"

林徽因坐下去，平静地说："每个诗人都可以从日出日落受到启发，那是心灵的一种颤动。梁诗人说过，'诗人要到自然中去，到爱人的怀抱里去，到你自己的灵魂里去，如果你觉得有三头六臂，就一起去。'只是别去钻'象征'的牛角尖。"

梁宗岱哈哈大笑。

大家也一起笑起来，林徽因笑得最响。

那波浪，洗亮了室内一双双星子般灼热的眼睛。

# 第三章

# 倾我所能去坚强

下了从北平开往大同的火车，林徽因等几个人愣住了。这就是辽、金两代的陪都西京吗？

18

## 把晋汾古建的栏杆拍遍

下了从北平开往大同的火车，林徽因等几个人愣住了。这就是辽、金两代的陪都西京吗？

从火车站广场上望出去，没有几座像样的楼房，大都是些窑洞式的平房，满目败舍残墙，像是随意丢弃在那里的一堆破旧衣服。大街上没有一棵树，尘土打着旋儿东冲西撞。

车站广场上聚集着许多驼帮，这是林徽因第一次看到大群大群的骆驼，成百上千的骆驼，双峰的和单峰的，赭色的和白色的，一队队拥进来，一队队穿过去。天很低，骆驼高大傲岸，颈下硕大的铁铃，苍凉、悲壮地响在9月的斜阳里。这大群的骆驼总是让人想起远古与深邃，想起大漠孤烟与长河落日，这情景，仿佛是从遥远年代飘来的古歌。

林徽因被迷住了，怔怔地站在那里。

梁思成、刘敦桢和莫宗江却让强烈的骆驼粪尿气味熏得捂着鼻子直咳嗽。

梁思成催促着："快去找旅馆吧。"

他们沿着尘土飞扬的街道搜寻着。偌大一个大同城，竟然找不到一家能够栖身的旅馆。街上多是车马大店一类的旅舍，他们看到的都是穿着羊皮服的骆驼客，成帮结伙地蹲踞在铺面的门口，捧着硕大无朋的粗瓷蓝花碗，呼噜呼噜地喝着玉茭稀粥，他们的光头上冒着热气。

林徽因走到哪里，就在哪里引起一片骆驼客的骚动。

刘敦桢开玩笑地说："真是耕者忘其犁，锄者忘其锄，来归相怨怒，但坐观罗敷啊！"

可是他们很快就高兴不起来了。

快到掌灯时分，几乎跑遍了大同城，也没找到可容身的住处，4个人只好又折回火车站，腰酸背痛的梁思成，苦着脸说："看来只好蹲火车站了。"

进了候车大厅，奇迹发生了。

突然有谁喊了一声："这不是梁思成？"

梁思成和林徽因惊诧地转过身，一位穿着铁路制服的大汉站在他们面前。两个人一起惊喜地喊起来："李大个子，你怎么到这儿了？"

李大个子原名李景熙，是林徽因、梁思成在美国宾夕法尼亚大学时的同学，攻读铁路运输专业，因身材高大，同学们送他这个绰号。如今他在大同车站任站长。

李大个子说："这话该我问你们啊。"

梁思成说："我们来考察古建筑，跑遍了大同城，连个住处都找不到。"

林徽因向刘敦桢、莫宗江介绍说："这是我们在美国宾夕法尼亚大学的同学老李，他是学铁路的，看样子我们今晚用不着蹲车站了。"

老李哈哈大笑起来："我这个站长还能让你们蹲车站？走，到我家去。"

到了老李家，他们舒舒服服地吃了顿晚餐，莜麦片炒山药蛋，还有黄糕。

老李说："大同这个灰地方，一年到头都是山药蛋，拿不出好东西招待老同学，太惭愧了。"

大家一再说："好吃好吃。"

这一晚，莫宗江的肚子胀得像鼓一样，跑了好几次厕所。

林徽因说："莜麦片吃多了就这样，真忘记告诉你了。"

第二天，李景熙又找大同的政府求援，政府官员向城里唯一一家办宴席的酒楼打招呼，专为他们准备便饭，每人每餐是一大碗山西独特风味的汤面。

在大同，他们先考察了辽金时代的巨刹华严寺和善化寺。依照分工，4个人抄碑文、搞摄影、量斗拱、测平面、绘图纸，很快就完成了两座寺院的考察，并与宋地河北正定隆兴寺相印证，确定了它们的建造年代。

然后，老李弄来站上一部敞篷吉普车，陪同他们去云冈。

出大同城西30多里，便是云冈石窟。石窟依武周山北崖开凿，面朝武烈河，

50多座洞窟一字排开。

这座石窟开凿于北魏文成帝和平初年（460年），与中原北方地区的洛阳龙门石窟和西北高原的敦煌莫高窟，同为中外知名的三大石窟。

据《魏书·释老志》记载，北魏460年—465年，由当时高僧昙曜主持，在京城郊武周塞，开凿五所石窟，即云冈16至20窟，后人称"昙曜五窟"，它是云冈石窟群中最早的五窟。其他各洞窟完成于北魏太和十九年（495年）迁都洛阳之前。其主要洞窟大约在40年间建成。北魏地理学家郦道元在《水经注·漯水》中写

1934年，林徽因和梁思成在山西考察古建筑

道："凿石开山，因岩结构，真容巨状，世法所希。山堂水殿，烟寺相望，林渊锦镜，缀目新眺。"使后人可窥当时之盛况。

云冈石窟的开凿，不凭借天然洞窟，完全以人工劈山凿洞。林徽因等人完全被这宏伟的美惊呆了。走进昙曜五窟，平面呈马蹄形，穹隆顶是苦行僧结茅为庐的草庐形状，主佛占据洞窟的绝大部分空间，四面石壁雕以千佛，使朝拜者一进洞窟必须仰视，才得窥见真容。主佛像顶天立地，巍峨高大，给人以至尊至贵的感觉。

老李说："你们注意看看这5尊佛像，是昙曜和尚为了取悦当时的统治者，模拟北魏王朝五位皇帝的真容而雕凿的，借造佛像之名，行给皇帝造像之实，看样子出家人也不是四大皆空啊！马屁拍到这份儿上，也算炉火纯青了。"

林徽因沉醉在艺术的氤氲中，她仿佛进入了那个古老年代，眼前的石像活起来，仿佛听到他们在朗诵《华严经》，仿佛看到他们在眉飞色舞地叙述一个佛本生的故事，仿佛听到他们用排箫、琵琶、长笛奏出美妙的仙乐。1500多年，岁月构筑的栅栏，了无痕迹，这里的每一块石头，都轰轰烈烈地活着，仿佛听得到他们血管里血液流动的声音，仿佛感受得到他们的体温、呼吸和心跳。然而，活着的不是释迦牟尼，活着的是石头一样顽强的历史，是把这历史雕凿在侏罗纪云冈

统砂岩上的无名的太史公们。

他们没有谁留下自己的名字，也许他们来自大路上横陈着白骨的凉州，来自荒漠的塞外，来自长安嶙峋的古道。年老石匠额上的皱褶如岩石的纹理，年轻石匠结实的双臂仿佛能托起一座大山，他们成千上万地聚集在这里，吞咽着黄河一样绵长而悠久的苦难，默默雕凿着岁月。

林徽因仿佛听到了铺天盖地的凿石的轰鸣，看到了铁钎在石头上飞溅的火花。那声音，让整个武周山血脉陡涨，让一条武烈河泪涛翻滚；那声音，在历史的崖壁上被放大了许多倍，时光不能消磨它们。

石窟雕成的时候，骨瘦如柴的幸存者们，匍匐在大地上，膜拜被他们的手塑造出来的神。武烈河水干涸了，河床上裸露着累累白骨，这是美的代价。

远在西方雕塑之父米开朗琪罗诞生之前，这些无名艺术家的生命便活在这云冈统砂岩上了，便活在这有血有肉的石头里了。石头的灵魂是永远醒着的，他们要把一个个梦境千年万年地守护下去。

林徽因忍不住掩面而泣。

一座云冈石窟他们整整看了3天，搞了许多素描和拓片。这项工作结束以后，梁思成和莫宗江要去应县考察木塔，林徽因和刘敦桢返回北平，整理资料。

林徽因、梁思成继1933年9月云冈石窟考察之后，又来到山西吕梁山区的汾阳。

他们原计划是到北戴河度假的，临行时费正清和夫人费慰梅告知，美国传教士朋友汉莫在山西汾阳城外买了一座别墅，梁思成原来也想到赵城考察，两地相距不是非常远，于是便一同前往。

美国朋友买的别墅在汾阳城外的峪道河，那里有一条"跑马神泉"，为沿溪数十家磨坊供给动力，现在这些废弃的磨坊被喜欢自然情调的美国人看中，买来改装成度假的别墅。"跑马神泉"是吕梁山麓风光最优美的所在，自宋太宗的骏马踢出甘泉，救了干渴的三军，

1933年9月，林徽因在云冈石窟考察

千百年来便没有停流过。这里水碧山青，气候宜人，逐水而居，别有一番情趣。林徽因对费慰梅说，这里很有绮色佳流水别墅的风味。

他们在汾阳住了三天，看了杏花村酒厂。林徽因告诉费正清和费慰梅，这里酿酒始于北魏，已有一千五百多年的历史，因唐朝诗人杜牧的名句"借问酒家何处有，牧童遥指杏花村"而驰名。费正清扶着古井亭旁的石碑感叹，这家酒厂竟比美国的历史早上十几个世纪。他们还看了汾阳一带的"文峰塔""南熏楼"和"太符观"等古建筑。

在他们的住处，峪道河两壁山崖上有几处小庙，东崖上的实际寺以风景幽胜著名。西崖上的龙天庙，又称落日庙，跑马泉因而也享受了它千年的烟火。林徽因从乾隆十二年碑刻发现，龙天即介休令贾侯，晋惠帝永兴元年（304年），刘元海攻陷介休，公死而守节，后人建庙纪念。

汾阳到赵城300余里，同蒲铁路正炸山兴筑，公路多段被毁。他们便在当地租了3辆驴车，费正清和费慰梅第一次坐这样的车子，一路上说说笑笑，兴味异常浓厚。他们每人戴一顶白色的太阳帽，林徽因身穿白裤子宝石蓝衬衫，仪容整洁而潇洒，与梁思成的咔叽布服装形成了鲜明的对照。

驴车在乡间高低不平的土路上颠簸着。车把式都是年轻的后生，他们不时在牲口的头顶爆响一串串鞭花。毛驴喷着响鼻，四蹄轻快地奔跑，从庄稼地里挤过来的风，带着清爽，拂过他们的面颊。车把式们一应一和地唱起了小调。

前边车把式领唱：

亲疙蛋下河洗衣裳，双膝膝跪在那石头上。

后边车把式应一声：

小亲圪呆——

前边领唱：

小手手红来小手手白，
抬抬毛眼眼把小辫甩。

后边应和：

> 小亲圪呆——

前边领唱：

> 小亲亲来小爱爱，
> 你把那好脸脸掉过来。

后边应和：

> 小亲圪呆——

前边领唱：

> 叫咱掉过就掉过，
> 好脸脸要对那好小伙。

林徽因、梁思成、费慰梅、费正清不由自主地齐应：

> 小亲圪呆——

那土腔土味的歌谣，让他们受到了感染。在这古朴的民风里，他们如同喝了杏花村的美酒，醉得那么深。

毛驴车的铁皮轮子碾过孝义—介休—灵石—霍县—赵城。

他们走一路看一路，那开元古碑、铁瓦寺、千佛崖、州署大堂等古迹激动着他们。到了洪洞，林徽因他们顾不上休息，就去拜谒全国闻名的洪洞大槐树和苏三监狱，林徽因告诉费正清和费慰梅，大槐树是明洪武年间由晋向冀、鲁、豫、苏、皖等地移民的聚散处，半个华夏的根都在这里。在苏三监狱，林徽因还给他们二人讲了京剧《玉堂春》的故事，那故事也深深地感动着他们。

第二天一早，他们去县城东北霍山南麓的赵城考察广胜寺。

赵城县距广胜寺约40里。前20里虽是平原，但地势渐高，路悬谷中。林徽因抬头望望，左右土崖遍是青苗，头上一线蓝天，烈日当空，心中实在乏味。后20里渐渐斜坡，盘绕上下，直上高冈，再回头看看低矮的农舍，又极富诗情画意。快到广胜寺时，又是一片平原，满地石片，如同一道干涸的河床，几乎一株茅草也不长，但气象开朗宏阔，展现出北方风景粗犷的性格。

广胜寺建于东汉建和元年（147年），经唐、宋、元历代重修，明清两代又予以补葺，分上下两寺和水神庙三处。他们从霍泉出发，进入广胜下寺，这是一座很别致的元代建筑，前殿五开间，悬山式，殿内仅有两根柱子，梁架施大爬梁，承形如人字柁架，构造奇特。梁思成大叫，叹为观止。

广胜上寺在霍山山巅。他们拾级而上，由山门进入弥陀殿、大雄宝殿、观音殿、地藏殿，最吸引他们的是毗卢殿，这座大殿是庑殿式，殿内两山施大爬梁，结构奇特，是元代建筑艺术富有成就的实例。山门内是塔院，飞虹耸立其中，塔身琉璃镶嵌，呈八角形，13级，各层皆有出檐，全身用黄、绿、蓝三彩琉璃瓦披挂。他们沿着塔中翻转的踏道攀登而上，费正清不时发出一声声惊呼。

林徽因对费正清、费慰梅说："佛教流入中国后，从星象来看，选择的就是佛塔的形式，因为在中国古代文化思想中，对于空间的理解，是空间与实体的辩证统一。高耸的形象，一方面有纪念色彩，在压倒人的心灵中来显示崇高。人情味的很浓，这种人情味，通过色彩和图案装饰体现出来，把艺术立足于一种宗教情感上，它有着深切的虔诚，正因为这样，艺术才愿意与宗教携手而行。"

林徽因和梁思成很认真地测绘了这座古塔各部分的尺寸，用他们的莱卡相机拍了照片，搞了细部的素描图。

梁思成因车祸撞坏腿后，骨头交搭接合，他的右腿短了一截，不仅腿有点跛，也使他的脊椎弯曲，背部软弱无力，他穿一件支撑脊椎的钢背心，尽管行动不便，但仍能在屋顶、椽架上爬行，克服了常人难以忍受的困难。

离开赵城，费正清夫妇又回到峪道河。林徽因和梁思成则去了太原附近的晋祠考查。

晋祠在太原市西南的悬瓮山下，是晋水的发源处。这座建筑群始造于北魏前，为纪念周武王次子叔虞而建。叔虞封唐，他的儿子燮因晋水更国号，后人因以国号为祠名。晋祠屡经修葺而变迁，到北宋天圣年间，追封唐叔虞为汾东王，并为其母修建了规模宏大的圣母殿。

晋祠是个热闹的所在，同其他寺庙比起来，更多了一些人间烟火，游人如织，大都是来游览的红男绿女，很少有进香者。他们经水镜台，看了鱼沼飞梁和圣母殿。梁思成对圣母殿的宋代结构和形制很感兴趣，说是营造法式的一个绝好的范本。费慰梅却称赞鱼沼飞梁上的石桥，结构精巧，体现了东方人静谧整洁的审美情趣。

接着，他们还看了莲花台、老君洞、文昌宫、难老泉等景观。

出了大门，他们被一片热闹的吆喝声吸引住了。林徽因说："不吃刀削面，不算到太原。咱们吃碗刀削面吧。"

面摊在露天底下一字排开，约有十数家，清一色的一架炉灶，一口铁锅。面的花样很多，有拉面，有面鱼，每口锅上都蒸腾着热气。卖刀削面的摊子前围的人最多，面工是个彪形大汉，他把一块柔韧的面团顶在光头上，两手各持一把快刀，寒光闪闪，在头顶上飞舞，面片像银鱼一般飞到离他丈把远的锅里。

中国的吃是一种艺术，也是一种文化，处处体现出人的精神和意志。

下午，他们去看永祚寺。

永祚寺坐落在太原南郊，远远地就望见了比肩站立的双塔，当地人都称其为双塔寺。双塔寺建于明万历年间，是高僧福登奉敕所建，两塔原名"文宣"，皆为砖塔，下镂以斗拱，檐上饰有琉璃脊兽，绚丽壮观。永祚寺虽接近闹市，却很僻静，来的多是乡下进香的农民，门口拴一溜毛驴。

在观音莲座下，梁思成看见那里摆了许多小孩的鞋子，不解地问林徽因是什么意思，林徽因笑而不答，带他们攀上塔顶。登高望远，万家霞烟尽收眼底。

林徽因问：思成，"你看到了什么？"

"我想起了中国一位大诗人杜甫的一首诗：'秦山忽破碎，泾渭不可求。俯视但一气，焉能辨皇州。'"

林徽因说："是啊，宗教的出世观念与历史的苍茫感相比，显得淡漠多了。用来登高的塔，是一种缘情的形象，这与佛教空门思想是矛盾的，它与世俗却越来越结下不解之缘，在西方的教堂里，那种穹隆会让人觉得离上帝很近，而在这塔上远眺，佛却与人越来越远了。"

下到塔底的时候，她告诉思成，观音莲座下的小孩鞋，是中国女人为求儿子送给观音的信物。

这是一个很深奥又很简单的谜底。

这次山西考察，以塔河道为起点，向邻近的、介休、霍县、洪洞延伸，最后又返回文水、太原。一路下来，他们发现古建筑40余处。在《晋汾古建筑预查纪略》一文中，做了详细的报告，她不无感慨地说："这次晋汾一带暑假的旅行，正巧遇着同蒲铁路兴工期，公路被毁，给我们机会将300余里的路程，慢慢地细看。假使坐汽车或火车，则有许多地方都没有停留的机会，我们所错过的古建，是如何的可惜。"

然而，他们的考察并不是顺风顺水，300余里的路程，多是徒步过来的。开始还能雇到汽车、马车，后来就只有人力推车了。一路上，他们起早贪黑，风餐露宿，住过鸡毛小店，睡过农家土坑，住过寺院大殿，也借宿过传教士的居所。徒步行走令林徽因难忘，疲劳如影子紧随其后。走不动的时候，林徽因总是后悔，觉得吃这份苦有多么不值得，但到了目的地，又庆幸多亏走了这么一遭。

山西之行一个多月里，梁思成、林徽因夫妇与费正清、费慰梅夫妇朝夕相处，因近距离接触又加深了彼此之间的了解。林徽因因体力透支和环境恶劣，遇事总是情绪激动，不是一顿抱怨，便是一顿诅咒，而梁思成总是一板一眼地按计划行事，遇事沉着冷静，有时还诙谐地开着玩笑，与林徽因形成巨大反差和鲜明的比照。当然，她的情绪一过便也雨过天晴，且事情做得更为出色。

费慰梅一开始很不适应林徽因这种性格，她常常无言以对，不知如何是好，与北京时的那个开朗、优雅的林徽因相比，眼前这个人简直判若两人，那情绪的火焰不燃烧殆尽，事情就不能复归平静。

习惯了这种性格的费慰梅，也渐渐发现，这绝对是诗人气质使然，许多艺术家不乏这种性格，没有这种激情，也产生不了感人至深的作品。果然不出费慰梅所料，这次晋汾之旅，林徽因写出了《窗子以外》这篇有着深刻命题的传世佳作。不管走到哪里，从窗子以内走到窗子以外，都免不了有坐在窗子以内的感觉，无形的窗子是无处不在的，窗里窗外，一个否定之否定，更可怕的是，否定之后的回旋。窗子里的人永远无法理解窗子以外的人，人与人之间的隔膜无须十万大山，只有这么一扇小小的窗子就够了。一窗之隔，便隔开了两个世界，一张薄薄的窗纸，便是两个阶层永远难以消弭的屏障。

林徽因这次考察的另一个收获，便是其后在燕京大学关于《中国的塔》的精彩讲演。她说，塔的概念和形制源于印度的窣堵坡，而窣堵坡则是为藏储佛的舍利和遗物而建造的，它是由台座、覆体、宝匣和相轮构成的建筑物，起源于公元前2世纪，以后逐步增高，到12世纪，由原来的3层塔加到11层之多。

佛塔在东汉永平十年（67年）传入中国，早期中国佛寺的塔与印度大体相同，因塔藏舍利，所以位于寺院的中央，成为寺的主体，样式与结构主要有木制、砖制、石制和砖石结构，大都是方形、六角形和八角形。

林徽因从中国东汉徐州浮屠祠讲起，经魏晋南北朝、隋唐五代、宋辽金，再讲到元明清塔寺建筑的特点及其变化，她一路讲下来，如江河奔涌，滔滔不绝。对于各时期的塔，她如数家珍，详细而又具体。她从东汉洛阳的永宁寺塔、北魏河南登封的嵩岳寺塔，讲到隋代山东历城神通寺四门塔，唐代西安兴教寺玄奘塔、香积寺塔、大雁塔，河南登封的法王寺塔、永泰寺塔、会善寺净藏禅师塔，山西平顺海会院明惠大师塔、晋城青莲寺慧峰石塔，云南大理崇圣寺千寻塔，五代南唐时期的南京栖霞寺塔，再到宋代苏州虎丘云岩寺塔、福建泉州开元寺仁寿塔、河南开封国寺塔、河北定县开元寺塔、北京天宁寺塔、辽代山西应县佛宫寺释迦塔，山西灵丘觉山寺塔，最后讲到明代山西赵城广胜寺飞虹塔、南京报恩寺塔、北京大正觉寺金刚宝座塔，清代北京西黄寺清净化城塔等。她纵横捭阖，不仅讲了塔的建造年代、建筑结构、不同特色，还讲了塔的历史演进与嬗变。

林徽因关于《中国的塔》的讲演，把听众拉回到一个遥远的年代，同时又把听众提升到一个宇宙人类的思维空间。

这是她由灵感引发，蓦然之间捕捉到的一个有着深刻思想意义的哲学命题。

19

/

# 哀伤

昏黄的灯光，把夜切开一道伤口。

火车喘息着，停靠在一个小站的月台上。列车员喊一声："碳石到了。"

碳石？这是碳石？！

林徽因从卧铺上跳下来，打开车窗。车窗外只有远山的黑影和近处的灯火。

梁思成说："下去走走吧。"

1934年10月，林徽因、梁思成应浙江省建设厅的邀请，商议了杭州六和塔的重修计划，之后他们又去浙南武义宣平镇，考察了元代的延福寺，还在金华天宁寺发现一处元代大殿。在返回上海的途中，没有想到会有这样一个小站。

站台上冷冷清清。远处两座高矗的山影，借着夜色汹涌地压了过来。蓝夜凄冷如水，星星如撞网的鱼儿，在别一个世界里明灭。

镇子吝啬地不愿举出一盏灯光，只有稀稀落落的犬吠声和偶尔响起的更夫的梆子声，温暖着悠长的梦境。

也许你就睡在对面的山坡上，志摩，没有诗，没有音乐，甚至没有一块墓碑，伴着你万年不变的苍翠青山。天亮的时候，它们会给你捧出一山鸟鸣、一抹霞红，但我等不到。在这个小站，火车只有3分钟的停留。也许你不知道，生命里的这3分钟，于我是多么残酷，它无意中把我推近了你，又粗暴地把我拉开，甚至来不及给你道一声问候。

你仿佛是故乡山水的一个器官，注定要生长在这里。而离你几千里外的北平，两年了，你竟没走回一步。新月从此不复圆满，米粮库胡同再见不到你的足迹，朋友们的聚会上再听不到你的笑声。

林徽因不知道火车是怎么开走的，当车轮震荡着脚下的土地，她再也忍不住眼中的热泪。生者和死者，就如同平行的铁轨，永不相交。

林徽因望着窗外，静静地坐在那里。梁思成把一件外衣披在她的肩上。徐志摩的诗句是那么强烈地撞击着她：

> 火车擒住轨，在黑夜里奔；
> 过山，过水，过陈死人的坟；
> 就凭那精窄的两道，算是轨，
> 驮着这份重，梦一般累坠。

她突然想到，今天竟是11月19日，志摩遇难3周年忌日，正如生命里一切相同，人生中也有那么多偶然。一个偶然的机会，一个偶然的日子，又永远地留下一个偶然的相逢，尽管这相逢是匆匆的一瞥。

火车呼啸着在苍茫间奔腾。撞碎了又扑过来的，只是这沉沉的夜。那些不相连续的往事，幻化成一片模糊，她展开纸笔，把不可名状的情绪倾泻到纸上：

> 别丢掉
> 这一把过往的热情，
> 现在流水似的，
> 轻轻
> 在幽冷的山泉底，
> 在黑夜在松林，
> 叹息似的渺茫，
> 你仍要保存着那真！
> 一样是月明，
> 一样是隔山灯火，
> 满天的星，
> 只使人不见，

梦似的挂起，

你向黑夜要回，

那一句话——你仍得相信，

山谷中留着

有那回音！


透过车窗，朝阳洒在稿纸上的时候，火车已抵达上海。留美老同学陈植等来接站。这是他们自东北大学别后的第一次重逢，相见十分高兴，在下榻处，竟日盘旋。以往谈笑风生、滔滔不绝的林徽因，这次却一反常态，默默无语。

陈植终于忍不住问："徽姐这是怎么啦，怎么不讲话啦？"

林徽因说："你以为我乃女人家，总是说个不停吗？"

梁思成说："我们来时火车路过了硖石。"

于是大家都沉默了。


离开上海，他们还去了苏州吴县（现吴中区）甪直镇，考察了保圣寺大殿，过南京时又看了栖霞寺石塔和萧梁忠武王墓，并拍了照片。

浙南考察翌年的5月9日，新月派青年诗人方玮德在北平医院病逝。

林徽因在香山养病，不能到法源寺送殡，但她的心受到一次重创，不觉泪水模糊了眼睛。她再一次拿起笔来，为因患肺病而早逝的朋友，寄托不尽的哀思：


玮德，是不是那样，

你觉得乏了，有点儿不耐烦，

并不为别的缘故你就走了，

向着那一条路？

玮德，你真是聪明；

早早的让花开过了，

那顶鲜妍的几朵，

就选个这样春天的清晨，

挥一挥袖

对着晓天的烟霞

走去，轻轻的，轻轻的，

背向着我们。

春风似的不再停住！


春风似的吹过

你却留下

永远的那么一颗

少年人的信心；

少年的微笑

和悦的

洒落在别人的新枝上。

我们骄傲

你这骄傲

但你，玮德，独不惆怅

我们这一片

懦弱的悲伤？


　　方玮德，1908年5月出生于安徽桐城勺园。6岁入家塾，11岁丧母，由祖父方守敦亲加垂教，桐城中学毕业后，20岁考入南京大学外文系攻读英国文学。他不仅听徐志摩的课，还在中央大学《文艺》半月刊上发表诗作。那时方玮德的九姑方令孺刚从美国留学回到南京夫家，方玮德和陈梦家邀徐志摩一起到南京娃娃桥方令孺家做客。安庆小姐孙多慈在"中央大学"做旁听生，教授宗白华是方玮德的亲戚，因之方玮德和孙多慈就熟悉起来，从此有了一段"不开花"的爱情故事。那时徐悲鸿还未向孙多慈展开疯狂的追求。

　　1932年夏天，方玮德从中央大学毕业。秋天，他随九姑方令孺到北平游览，住在东城钱粮胡同北花园10号八姑方令英家里，几天后，九姑先回南京去了，他想留下来在北平"谋事"，先后拜访了南京大学同学陈梦家、北大教授朱自清、胡适、清华教授吴宓和林徽因。他看到北大教授杨丙辰发表的评论徐志摩的长文，很快写了《再谈志摩——并质吴宓先生》一文，对杨文作了有力的回击，刊登在《大公报·文艺副刊》上，他说：语体诗之兴"不过十年"，"惟西洋诗自有其音韵，自有其格律，自有其风格"。"志摩乃对此诸问题极欲下功夫之一人也。志摩之为语体诗，迥异别人，一字之去取，一韵之考究，一体裁之设定，皆极不肯轻率从事"。忆昔在沪侍陈散源先生谈诗，"惟徐某之新诗似颇有线装书气味耳，伎其不死，在中国文学史上必有所献"。

同年12月，方玮德在一次朋友的茶会上，认识了清华学生黎宪初，她是吴宓的学生，其父是北师大教授黎锦熙，二人一见钟情，当晚他给九姑方令孺写信说："九姑，糟了。我担心我自己今天爱上了一个人。我怎么办？作一次军师，告我应当怎么办吧。"又说："我很喜欢这位小姐，她待我也不错，我想同她一起读书，一定有趣。"末尾说："九姑，我发愁！"

不久，方玮德写了诗《爬山虎》和《丁香花之歌》，还有另一首《告诉Dimitri》一起，合订成一册，仅五页，题名《丁香花的歌》，自费在北平印了200册。这是方玮德生前的一本诗集。

也许他还没等到那生命的花期，没有开放便残落了。他有过那么多浓得化不开的甜蜜。毕业于上海圣约翰大学又赴过日本留学的父亲方孝岳，是著名文史学家；九姑方令孺曾留学美国，也是著名作家；少年早慧的方玮德，刚刚发表作品，就受到徐志摩的赞赏和扶掖，成为他的高足。

> 你走了，
> 你也走了，
> 尽走了，再带着去
> 那些儿馨芳，
> 那些个嘹亮，
> 明天再明天，此后，
> 寂寞的平凡中，
> 都让谁来支持？
> 一星星理想，难道
> 从此都空挂到天上？

1935年5月9日，就在九姑方令孺回南京的时候，传来玮德病逝的消息。好友陈梦家在玮德气绝时赶到。

5月10日入殓，11日下午2时，灵车将他运到生前交代的法源寺丁香花处暂厝，是日风雨如晦，奄然凄怆。送丧者有六姑方孝佶、黎宪初、方琦德、方珂德；文化界有吴宓、闻一多、林庚、陈梦家、孙大雨、孙毓棠、章靳以、孙洵侯、卢寿丹、潘家麟、郝昭宓、曹葆华、瞿冰森、佛同等二十余人。

方玮德去世的时候，林徽因两个月前因肺结核再次发作，遵医到香山休养，因而未能到法源寺送灵。她得到这个不幸消息，很快写了长诗《吊玮德》，第二个月发表在《文艺月刊》上，来哀悼这位诗坛早逝的小友。

命运就是这样无情，它过早地把一个个残酷的现实抛给活着的人们。

《玮德诗集》《秋夜荡歌》在方玮德死后由陈梦家编辑出版。还有那么多五彩斑斓的诗情，没有来得及挥洒到纸上，就匆匆而去，他对这个世界要说的话还没说完，要留给谁去说呢？

> 玮德你真是个诗人
> 你是这般年轻，好像
> 天方放晓，钟刚敲响……
> 你却说倦了，有点儿
> 不耐烦忍心，
> 一条虹桥由中间折断；
> 情愿听杜鹃啼唱，
> 相信有明月长照，
> 寒光水底能依稀映成
> 那一半连环
> 憧憬中
> 你诗人的希望！
> 玮德是不是那样
> 你觉得乏了！人间的怅惘
> 你不管；
> 莲叶上笑着展开
> 浮烟似的诗人的脚步。

你只相信天外那一条路？

这首诗是林徽因的重要作品，她是蘸着自己的泪水写成的。连续几年来，生活给了她太多的思索，使她参透了瞬间与永恒、生命与死亡、存在与不朽的禅意。这两年，她的诗作还有《年关》《你是人间四月天》《灵感》《城楼上》等。她让自己的艺术越来越贴紧了命运。

伤逝是人类一种最复杂的情感。如果逝者的身后仍然笼罩着被曲解、被误解的阴影，对于活着的朋友没有比这更让人伤心的了。

徐志摩去世3年来，种种曲解和误解始终没有离开过他。一些人不知道，被他们有意无意伤害的，是一位一如既往对这个世界付出全部真诚和爱的诗人，不知道他的诗篇将会永远辉耀着中国的星空。他们总是习惯以自己认定的价值观去规范别人，不管是死去的，还是活着的，不管是陌生人，还是熟朋友。

在徐志摩逝世4周年的时候，林徽因一吐心中的块垒，写下了《纪念志摩去世四周年》的散文，发表在《大公报》上。文中写道：

> 但是我却要告诉你，虽然4年了你脱离去我们这共同活动的世界，本身停掉参加牵引事体变迁的主力，可是谁也不能否认，你仍立在我们烟涛渺茫的背景里。间接的是一种力量，尤其是在文艺创造的努力和信仰方面。间接地你任凭自然的音韵、颜色，不时的风轻月白，人的无定律的一切情感，悠断悠续的仍然在我们中间继续着生，仍然与我们共同交织着这生的纠纷，继续着生的理想。你并不离我们太远，你的身影永远挂在这里那里，同你生前一样的飘忽，爱在人家不经意时莅至，带来勇气的笑声也总是那么嘹亮，还有，经过你热情或焦心苦吟的那些诗，一首一首仍串着许多人的心旋转。
>
> 说到你的诗，朋友，我正要正经的同你再说一些话。你不要不耐烦。这话迟早我们总要说清的。人说盖棺定论，前者早已成了事实，这后者在这四年中，说来叫人难受，我还未曾读到一篇中肯或诚实的评论，虽然对你的赞美和攻讦由你去世后一两周间，就纷纷开始了。但是他们每人手里拿的都不像纯文艺的天平；有的喜欢你的为人，有的疑问

你私人的道德；有的单单尊崇你诗中所表现的思想哲学，有的仅喜欢那些软弱的细致的句子；有的每发议论必须牵扯到你的个人生活之合乎规矩方圆，或断言你是轻薄，或引证你是浮奢豪侈！朋友，我知道你从未介意过这些，许多人的浅陋老实或刻薄处你早就领略过一堆，你不止未曾生过气，并且常常表现怜悯同原谅；你的心情永远是那么洁净；头老抬得那么高；胸中老是那么完整的诚挚；臂上老有那么许多不折不挠的勇气。但是现在的情形与以前却有稍稍不同，你自己既已不在这里，做你朋友的，眼看着你被误解、曲解乃至谩骂，有时真忍不住替你不平。

但你可别误会我心眼儿窄，把不相干的看成重要，我也知道误解、曲解、谩骂，都是不相干的，但是朋友，我们谁都需要有人了解我们的时候，真了解了我们，即使痛下针砭，骂着了我们的弱处、错处，那整个的我们却因而更增添了意义，一个作家文艺的总成绩更需要一种就文论文，就艺术论艺术的和平判断。

林徽因在这篇散文中，肯定了徐志摩的诗歌成就，她不仅是个欣赏者，而且是一个心灵的认同者。

我承认写诗是惨淡经营，孤立在人中挣扎的勾当，但是因为我知道得太清楚了，你在这上面单纯的信仰和诚恳尝试，为同业者奋斗，维护他们的情感的愚诚，称扬他们艺术的创造，自己从未曾求过虚荣，我觉得你始终是很逍遥舒畅的。如你自己所说，"满头血水"你"仍不曾低头"，你自己相信"一点性灵还在那里挣扎"，"还想在实际生活的重重压迫下透出一些声响来"。

简单地说，朋友，你这写诗的动机是坦白不由自主的，你写诗的态度是实诚、勇敢而倔强的。这在讨论你诗的时候，谁都先得明了的。

我们的作品会不会再长存下去，就看它们会不会活在那一些我们从来不认识的人，我们作品的读者，散在各时、各处互不认识的孤单的人的心里的，这种事它自己有自己的定律，并不需要我们的关心的。你的诗据我所知道的，它们仍旧在这里浮沉流落，你的影子也就浓淡参差的系在那些诗句中，另一端印在许多不相识人的心里。朋友，你不要过于看轻这种间接的生存，许多热情的人他们会为着你的存在，而增加了生的意识的。伤心的仅是那些你最亲热的朋友们和同兴趣的努力者，你不在他们中间的事实，将要永远是个不能填补的空虚。

林徽因认为，徐志摩作为诗人的一生，处处充满着诗意，他诗意地活在这个世界上，爱、自由和美是他全部的灵魂，对诗歌的真诚和对世界的真诚，是徐志摩作为诗人的基本品格，而这种品格，正是需要发扬光大的。

你走后大家就提议，要为你设立一个"志摩奖金"，来继续你鼓励人家努力诗文的素志，勉励象征你那种对于文艺创造拥护的热心，使不及认得你的青年人永远对你保存着亲热。如果这事你不觉得太寒伧不够热气，我希望你原谅你这些朋友们的苦心，在冥冥之中笑着给我们勇气来做这一些蠢诚的事吧。

林徽因献给徐志摩的不仅仅是一篇悼文，她献给他的是一粒种子在石缝里砰然绽苞的声音，是灵魂被锯着的诗人的歌哭。

她呼唤公正，呼唤良知，尽管这是那些道貌岸然的人餐桌上的最后一道菜肴。

诗人的心永远是一只方舟。他头顶即使戴着花冠，也是用荆棘编织的。在他的全部生命中，他需要清算的不是别人的恶行，而是他自己的灵魂。

从这天起，林徽因觉得她的生命里多了一份承诺，这承诺会烛照她的每一分钟。

这是精神的责任。

20

/

# 留不住的静院

这是林徽因一生钟爱着的院子，深深的院落，掬一捧的静，如幻如梦。夜晚降临时候，黑黑的屋脊，如兽的背耸伏着，从不发光，它是哑然的歌者。窗棂透出那一缕灯火，离离落落洒满院子，温暖着一朵朵花的微笑，留一片逍遥的影子于身后。月残了的时候，叫卖声便消尽了全部的颜色，迷失在无边的夜里。

林徽因一家在这里一住便是5年，她和梁思成白天到中央公园中国营造学社上班，傍晚下班回来，由雇主车接车送，一家人其乐融融，生活安闲适意，从无什么事情打破他们的生活节奏。

周末沙龙活动时，许多朋友从四面八方到这里相聚。他们吃茶品茗，交流信息，畅谈文艺，成为故都一处独特的文化风景。来者是清华大学、北京大学、南开大学和燕京大学教授，且大多有着留学欧美的背景。如张奚若、金岳霖、钱端升、邓以蛰、陈岱孙、沈从文、陶孟和、周培源、吴有训、李济、叶企孙等都是这里的常客。

林徽因对这座适意的院子，在她的诗作《静院》里有这样的描写：

> 你说这院子深深的——
> 美从不是现成的。
> 这一掬静，
> 到了夜，你算，

就需要多少铺张？……

这掬静，院子深深的
——有人也叫它作情绪——
情绪，好，你指点着
有不有轻风，轻得那样
没有声响，吹着凉？……

又是许多年前——夏夜。
有人说："今夜，天……"
（也许是秋夜）
又穿过藤萝，
指着一边，小声的：
"你看，星子真多！"……

静，真的，你可相信
这平铺的一片——
不单是月光，星河，
雪和萤也远——
……
你折开来看，纷纭，
那玄微的细网
怎样深沉的拢住天地，
又怎样交织成
这细致缥缈的彷徨！

诗写的是北总布胡同3号的居所，静且美丽着，令人心向往之。

1934年年初，沈从文与张兆和遇到场情感危机。起因是沈从文去香山拜访原北洋政府总理熊希龄（跟沈有亲戚关系），接待他的是熊的家庭教师高韵秀，她是福建人，高中文化，笔名高青子。之后就秘密地联络起来。她遍读沈从文的小说，颇有见地。一个月后，沈从文公干再次到熊家，高青子奉命陪吃饭。高的衣着让沈从文为之一惊：她穿着一件绿底小黄花绸子夹衫，袖口缘着淡淡的紫，脚下是粉红鞋子。沈从文一眼便认出了是他的小说《第四》里的人物穿着。饭后，高青子拿出她的习作《紫》，请沈从文指点。沈很欣赏她的文采，后将她写的小说发表在他主编的《国文图刊》上。张兆和看到小说《紫》后，读出了其中奥秘。后来，沈从文在妻子的追问下，如实说了与高青子的关系。张兆和一气之下，抱起儿子龙朱回了苏州娘家。为此沈从文给妻子写信解释，张兆和毫不原谅。无奈之下，写信向林徽因求助。

2月27日，林徽因回信说，在"二十四个钟头中，我前前后……看过好几遍"，"你希望抓住理性的自己，或许找个聪明的人帮忙你整理一下你的苦恼或是'横溢的情感'，设法把它安排妥帖一点，你竟找到我来，我懂得的，我也常常被同种的纠纷弄得左不是右不是"。她劝沈从文"任性到损害旁人时，如果你不忍，你就根本办不到任性的事"。林徽因在做了人性分析后说："算了吧！二哥，别太虐待自己，有空来我这里，咱们再费点时间讨论讨论它，你还可以告诉一点实在情形。我在二十四小时中。""而使我苦的想死的那个人，自己在去上海火车中也苦的要命，已经给我来了两封电报一封信，这不是'人性'的悲剧么？那个人便是说他最不喜管人性的梁二哥！"

一天清晨，沈从文几乎是哭着赶到梁家，来寻求林徽因的帮助。他说每天给张兆和写信，还拿出一封刚刚收到的张兆和的信给林徽因看，就是这封信造成沈从文的痛苦。他为自己辩护，他不能想象和张兆和有什么冲突。林徽因在给费慰梅的信中讲到了此事。她信中说：

> 这个安静、善解人意、"多情"而又"坚毅"的人，一位小说家，又是如此一个天才。他使自己陷入这样一种感情纠葛，像任何一个初出茅庐小青年一样，对这种事陷于绝望。他的诗人气质造了他自己的反，使他对生活和耳中的冲突茫然不知所措……而我坐在那里，又老又疲惫地跟他谈，骂他、劝他，和他讨论生活及其曲折，人类的天性、其动人之处及其中的悲剧、理想和现实……

在林徽因的帮助下，一场家庭纠纷终于平息。这中间，无疑也透着林徽因关于人性和理性的劝勉。同时看出的，是在思想交流中，林徽因与沈从文的友谊也慢慢热络起来。

中央研究院要求并给营造学社拨款，请其将故宫、天坛等全部测绘下来，出一本专著。第二年夏天到来的时候，林徽因也风风火火地参加了这次勘测活动。梁思成、林徽因、邵力功率麦俨增、纪玉堂等人从故宫三大殿开始，对天安门、午门、天坛等60余处古建筑次第展开了勘察与测绘。

林徽因重点参加了天坛和北海静心斋的勘测。

天坛初建于明永乐十八年（1420年），是朱棣迁都北京后创建的。它位于城南郊中轴线东侧，与先农坛相对峙。天坛的主体建筑南部有祭天的圜丘，北部有祈祷丰年的祈年殿。圜丘有一个白石砌成的三层圆形台子，是皇帝每年冬至日祭天的地点。祈年殿是一座圆形大殿，上覆三层蓝色琉璃瓦顶和鎏金宝顶，朱柱和门窗屹立在圆形的石台基上，下面三层台基，有白色石栏相围，附会了古代"天圆"的宇宙观。"青天"之下，中央的柱代表一年中的四个季节，外围两排各12根柱子代表12个月和12个时辰。远远望去，殿檐翘出，红蓝相间，在阳光下熠熠生辉，更显殿宇的恢宏壮观。

这一天是林徽因和梁思成勘测天坛的第一天，梁思成拿着一本《明史》边看边对林徽因说："同为祈福之地，你看祈年殿与我们见过的罗马的圣彼得大教堂圆顶有许多相似之处，不同的是，它那个圆顶就显得单调了许多，没有什么层次感，更没有考虑什么对应关系。"

林徽因说："理想信念的迥异，决定着设计理念的差别。中国的建筑到汉代便已有了圆顶、攒尖、重檐的屋顶，不过像天坛这种三层重檐的屋顶还不多见，这便是明清建筑的发展与特点，更不用说多层宝塔了。"

梁思成说："因此我们不仅要测绘它的尺寸和结构，还要研究它的平面设计、工程做法、油漆彩画。"

林徽因说："更重要的通过这次测绘，去考察它的建筑艺术。"她转过话题说，"今天是考察的第一天，趁没有换工装，照张相做个留念吧，以后就没有这个机会了。"

梁思成说："这个想法好！"他喊来麦俨增，把手中相机递过去，二人便登

上二层重檐的外面，刚刚坐定，麦俨
增便按下了快门，于是二人便永远定
格在那个瞬间。

梁思成说："等我们到七老八十
的时候，这张照片的价值会更高。"

林徽因打趣说："你是说会增
值吧！"

梁思成窃以会心的微笑。

天坛测绘完成后，林徽因又带
领刘致平、麦俨增等到北海静心斋去
勘测。

静心斋建于清乾隆二十三年
（1758年），原名镜清斋，1913年
改为今名。它坐落在北海北岸，西邻
天王殿，正门与琼华岛隔水相望，四
周矮墙相绕，南面为透空花墙，内外
景相互交融。静心斋景色幽静，遍布
太湖石堆砌的山景，沁泉廊、画峰
室、抱素书屋，韵琴斋、焙茶坞、枕
峦亭、罨画轩、叠翠楼隐没其中，有
"乾隆小花园"之称。

慈禧曾在此设小火车站，八国联
军侵占北海，车站被废。后这里成为
北洋政府外交部宴请外国人的地方。

静心斋的勘测，比起天坛来规模
要小得多，主要是按照建造年代、组
群布局、房屋构架和艺术特色来进行
就行了。

刘致平、麦俨增都是梁思成、林
徽因在东北大学的学生，"九一八事

1936年，林徽因与母亲、三弟、
子女等在香山

1931年，梁思成、林徽因在
天坛祈年殿顶

变"后投奔二位老师到营造学社，对清式斗拱制度、建筑制图都很熟悉。林徽因放手让他们勘测制图，她主要是从史料中考证静心斋的建造年代、历史变迁和摄影等事宜。那时是林徽因写诗最多的时期，仅1936年便写诗不下20首。她的组诗《空想》（外四章）中的第三首《藤花前——独过静心斋》就是这段时间的佳作：

　　　　紫藤花开了
　　　　轻轻的放着香，
　　　　没有人知道……

　　　　紫藤花开了，
　　　　轻轻的放着香，
　　　　没有人知道。
　　　　楼不管，曲廊不做声，
　　　　蓝天里白云行云，
　　　　池子一脉静；
　　　　水面散着浮萍，
　　　　水底下挂着倒影。

　　　　紫藤花开了
　　　　没有人知道！
　　　　蓝天里白云行云，
　　　　小院，
　　　　无意中我走到花前。
　　　　轻香，风吹过
　　　　花心，
　　　　风吹过我，——
　　　　望着无语，紫色点。

　　这首诗用独特的意象，全新的审美角度，把淑女一样的紫藤花，用语言的彩瓦营造成一个全美的艺术建构，仿佛在心灵的背面，也镀亮着夏日明媚的阳光。

然而，便是在这个时候，林徽因在北总布胡同平静的生活被打乱了。先是梁思成在广州的妹妹梁思庄，因丈夫吴鲁强的去世，带着女儿吴荔明和老妈子投奔梁家。继之是林徽因同父异母的胞弟林恒从福州来北平报考清华学院机械系。她的家如一泓平静的水被投下了两枚不平静的石子。特别是林恒的到来，林徽因的母亲对林恒心怀怨怼，且不做一点包涵，常面带"敌意"。面对这种尴尬局面，林徽因总是偏袒这个从小失怙的弟弟，为了消除他心中不快，她多方安抚弟弟，帮他梳理生活中的纠葛，还让梁思成带弟弟到清华咨询报考事宜。

恰在此时，北平又爆发了"一二·九"运动，这个小院又如油锅里掉进了水花，简直要爆炸了。

梁思成的五妹梁思懿在燕京大学任"中华民族解放先锋队"大队长，上了黑名单，游行当晚跑到林徽因家中。梁思成和林徽因连夜为她化装成时髦的"少奶奶"，一路护送到火车站，送上南下的火车。

正在汇文中学上学的林恒也参加了游行，十多个小时过去了仍不见他的踪影。林徽因焦急地四处打听弟弟的下落，梁思成也开着汽车一家家医院寻找。直到深夜，林徽因才得到弟弟的消息，她亲自开车到西城一个偏僻的小巷子里把弟弟接了回来。

在燕京大学读书的梁思顺的女儿周念慈，恰在这时来到城里，住在梁家，梁思顺半夜跑来，怕女儿受到激进恋爱婚姻观的影响，要把女儿带走。因梁思顺和林徽因年轻时就有过节，不能和谐相处，且各自性格都很要强，梁思顺走时还说出一串不三不四的话："你这么喜欢出来找你的舅舅和舅妈，那你干吗不让他们给你学费？"

梁思成面对大姐不三不四的话，独自叹息地摇了摇头。林徽因不好发泄，只好写信给费慰梅诉苦：

> 对我来说，三月是一个多事的月份……主要是由于小姑大姑们。我真羡慕慰梅嫁给一个独子（何况又是正清）……我的一个小姑（燕京学生示威领袖）面临被捕，我只好用各种巧妙办法把她藏起来和送她去南方。另一个姑姑带着孩子和一个广东老妈子来了，要长期住下去。必须从我们已经很挤的住宅里分给他们房子。还要从我已经无可再挤的时间

里找出大量的时间来！到处都是喧闹和乱七八糟。第三位是我年长的大姑，她半夜里来要把她在燕京读书的女儿带走，她全然出于嫉妒心，尽说些不三不四话，而那女儿一直在哭。她抱怨说女儿在学生政治形势紧张的时候也不跟她说就从学校跑到城里来，"她这么喜欢出来找她舅舅和舅妈，那她干吗不让他们给她出学费"等。当她走的时候，又扔出最后的炸弹来。她不喜欢她的女儿从他舅舅和舅妈的朋友那里染上那种激进的恋爱婚姻观，这个朋友激进到连婚姻都不相信——指的是老金。

信中"我的一个小姑"即是有"燕京三杰"之称的梁思成的五妹梁思懿，"另一个姑姑"即是梁思成的大妹梁思庄，"大姑"和"燕京读书的女儿"即是梁思成的大姐梁思顺和她的女儿周念慈（后与燕京大学一美籍同学结婚去了美国）。

这样一来，林徽因这所"静院"再也无法宁静了。费正清、费慰梅夫妇在"一二·九"运动发生不久后也离开北平回了美国。林徽因心情不好的时候，只能用写诗来排遣心中的情绪，她在《无题》一诗中写道：

> 什么时候再能有
> 那一片静；
> 溶溶在春风中立着，
> 面对着山，面对着小河流？
>
> 什么时候还能那样
> 满掬着希望；
> 披拂新绿，耳语似的诗思，
> 登上城楼，要听那一声钟响？
>
> 什么时候，又什么时候，心
> 才能懂得
> 这时间的距离；山河的年岁；
> 昨天的静，钟声

　　　　昨天的人

　　　　怎样又在今天里划下一道影！

　　诗是心灵的投射。此时的林徽因多么希望留住那一片静啊，然而生活总是事与愿违，面对铭感尤深的家事，她一脸茫然，再也无法追回往日的静院，只让心中划过昨天的钟声，昨天的人影，在回忆中寻觅心灵的安慰。

　　心情焦躁的时候，她无法排遣，便给费慰梅写信：

　　　　看来你对我的生活方式——到处为他人作嫁，操很多的心而又缺乏锻炼等等——很担心。是啊，有时是一事无成，我必须为一些不相干的小事操劳和浪费时间，直到——我的意思是说，除非命运对我发慈悲而有所改变。看来命运对于作为个人的菲丽丝不是很好，但是对于同一个人，就其作为一名家庭成员而言的各个方面来说，还相当不错。天气好极了，每间屋子都重新裱糊过、重新布置并装修过了，以期日子会过得像样些。让我给你画张图，告诉你是怎么回事。

　　　　慰梅，慰梅，就看那些床吧！它们不叫人吃惊！！！可笑的是，当他们多多少少按标出的公用地点摆放到一起之后，他们会一个接一个地要吃早点，还要求按不同的样式在她的或他的房间里喝茶！！！下次你到北京来，请预订梁氏招待所！……

　　　　告诉费正清，我的文章老也写不成，上帝才知道为什么我还在想完成它。先别生我的气，为我祈祷吧。……

　　不久，林徽因、梁思成等又去了山东曲阜，研究修葺孔庙的方案。也许只有在外出考察期间，她的一颗焦躁的心才稍得安闲，做些生活的调剂。

　　林徽因不知道，等待她的将是生命中更大的烦恼，以及与这所院落永久的别离。

# 21

## 来今雨轩

"来今雨轩"坐落在中央公园西南隅，是北平著名的茶轩。

正厅五间，四面出廊，一座很别致的上下两层小楼，左右环以假山，怪石嶙峋，几株古柏，数竿修篁，一架石桥，构成了松风明月的意境。

大厅门楣上，"来今雨轩"的匾额是北洋政府大总统徐世昌的手笔。两旁金字楹联："三篇陆羽经，七度卢仝碗"。

"来今雨轩"出自大诗人杜甫一首诗的题序。杜子美一度被唐玄宗赏识，很有做大官的希望，人们争先恐后地与他交往，一时间门庭若市，后来杜甫做官的消息沉寂了，人们就不再和他来往了。杜甫当时闲居长安，贫病交加，又门可罗雀，只有一个姓魏的朋友冒雨去看他，杜甫很有感慨，便写了一首诗，抒发了对人世沧桑的情怀。诗序中写道："秋，杜子美卧病长安旅次，多雨生鱼，青苔及榻，常时车马之客，旧雨常来今雨不来。"

那首诗很少让人记住，序却广为流传。尔后辛弃疾在一首词中写道："旧雨常来，今雨不来，佳人淹蹇谁留？"

这里环境清静幽雅，因此被北平的文化人选作聚会的好去处。徐志摩生前也是这里的常客。

1936年9月3日，在上海筹办《大公报》沪版的萧乾回到北平，为了纪念《大公报》复刊10周年，举办了全国性文艺作品征文，请一些在文坛享有盛名的作家担任评委，有叶圣陶、巴金、杨振声、朱自清、朱光潜、靳以、李健吾、林徽因、沈从文、凌叔华。这些评委主要是京沪两地的作家，平时靠萧乾写信协调意见。

此时，林徽因选编的《大公报文艺丛刊小说选》到了最后审定阶段。这部小说选是林徽因受萧乾之托编辑的。萧乾到《大公报》之后，林徽因一直是他的热情支持者，每个月萧乾回到北平，总要在"来今雨轩"举行茶会，邀来一二十个朋友，一边聊天，一边品茶，谈文学，谈人生，萧乾的许多稿子都是在这样的茶会上征得的。林徽因每请必到，每到必有一番宏论，语惊四座，成为茶会上的瞩目人物。萧乾早就钦佩林徽因的艺术鉴赏力，在当年春天就把这件事委托给了她。

也是在这次聚会上，萧乾与林徽因等商定了小说选的选目和序言。在所选的30篇作品中，有蹇先艾的《美丽的梦》、萧乾的《蚕》《道旁》《小蒋》、宋翰迟的《一点回忆》、祖文的《避难》、李同愈的《报复》、沈从文的《箱子岩》《一九三四年一月八日》《一个戴水獭皮帽子的朋友》《过岭者》、杨振声的《报复》、卢焚的《阴影》、叔文的《小还的悲哀》、杨宝琴的《疯子》、沙汀的《乡约》、前羽的《享福》、徐转蓬的《失业》、老舍的《听来的故事》、寒谷的《伍四嫂》、李健吾的《书呆子》、季康的《路路》、隽闻的《这年头》、李辉英的《驿路上》、程万孚的《求恕》、凌叔华的《无聊》、张天翼的《善举》、威深的《黎明》、刘祖春的《荤烟划子》和林徽因的《模影零篇》。

这些有的是已经出名的作家，如沈从文、杨振声、李健吾、凌叔华、老舍、张天翼、沙汀；也有些文坛上陌生的面孔，如徐转蓬、李辉英、寒谷、威深、程万孚等。

林徽因在写的题序中，不仅概述了对入选作品的看法，而且直接阐述了她的文学观：

> 在这些作品中，在题材的选择上似乎有个很偏的倾向：那就是趋向农村或少受教育分子，或劳力者的生活描写。这倾向并不偶然，说好一点，是我们这个时代对于他们——农人与劳力者——有浓重的同情和关心；说坏一点，是一种盲从趋时的现象。但最公平地说，还是上面的两个原因都有一点关系。描写劳工社会、乡村色彩已成一种风气，且在文艺界也已有一点成绩。初起的作家，或个性不强烈的作家，就容易不自

觉的，因袭种种已有眉目的格调下笔。尤其是在我们这时代，青年作家都很难过自己在物质上享用，优越于一般少受教育的民众，便很自然的要认识乡村的穷苦，对偏僻的内地发生兴趣，反倒撇开自己所熟识的生活不写。拿单篇来讲，许多都写得好，还有些特别写得精彩的。但以创造界全盘试验来看，这种倾向表示贫弱，缺乏创造力量。并且为良心的动机而写作，那作品的艺术成分便会发生疑问。我们希望选集在这一点上可以显露出这种创造力的缺乏，或艺术性的不真纯，刺激作家们自己更有个性，更热诚的来刻画这多面错综复杂的人生，不拘泥于任何一个角度。

……作品最主要处是诚实，诚实的重要性还在题材的新鲜，结构的完整，文字的流丽之上。即作品须诚实于作者客观所明了、主观所体验的生活。小说的情景即使整个是虚构的，内容的情感却全得藉力于逼真的、体验过的情感，毫不能用空洞虚假来支持着伤感的"情节"！所谓诚实并不是作者必须实际地经过在作品中所提到的生活，而是凡在作品中所提到的生活，的确都是作者在理智上所极明了，在感情上极能体验得出的情景或人性。许多人因为自疚生活方式不新鲜，而故意选择一些特殊浪漫，而自己并不熟识的生活来做题材，然后敲诈自己有限的幻想力去铺张出自己所没有的情感，来骗取读者的同情。这种创造即浪费文字来夸张虚伪的情景和伤感，那些认真的读者，要从文艺里充实生活认识人生的，自然要感到十分的不耐烦和失望的。

……所以一个作者，在运用文字的技术学问外，必须是能立在生活上面，能在主观与客观之间，感觉和了解之间，理智上进退有余，感情上横溢奔放，记忆与幻想交错相辅，到了真即是假，假即是真的程度，他的笔下才现着活力真诚。他的作品才会充实伟大，不受题材或文字的影响，而能持久普遍的动人。


这本小说选交由上海良友图书公司出版后，受到读者欢迎，很快售罄。这本集子不仅体现了林徽因的艺术眼光，而且充分显示了她的编辑才能和艺术鉴赏力。

自1937年起，京派作家为了重振徐志摩逝世后的文学活动，由胡适和杨振声牵头准备筹办《文学杂志》，由朱光潜来当主编，编委会多是朱光潜家谈诗会的成员：林徽因、杨振声、沈从文、周作人、俞平伯、朱自清等八人。胡适同王云五接洽，把新诞生的杂志交给商务印书馆出版。

《文学杂志》主张文艺自由独立，提出中国新文化要走的路宜宽阔些，丰富多彩些，不宜过早狭窄化到只准走一条路。朱光潜写的发刊词，对于文化思想运动的基本态度，总结为8个字：自由生发，自由讨论。他既反对打倒马克思，也反对打倒孔夫子。反对空谈"联合战线"，主张自由的思想。

当时除京派作家外，闻一多、冯至、李广田等人也经常在刊物上发表作品。《文学杂志》的第1卷1至3期连载了林徽因的四幕剧本《梅真同他们》，因抗日战争爆发，刊物停办，剧本只载到第3幕。

抗战后，1947年6月1日出版复刊号第2卷第1期，1948年出版第3卷第6期后停刊，前后共出版22期。林徽因许多诗歌作品也发表在《文学杂志》上。

《文学杂志》发表了不少揭露现实、富有政治色彩的诗文和小说，如徐盈的报告文学和穆旦的诗《饥饿的中国》，也扶持了许多新作家，如汪曾祺、李瑛、毕基初等。1948年10月号第3卷第5期，是朱自清先生纪念特辑，增加篇幅，组织了近三分之二内容的关于朱自清先生的文章，纪念这位在黎明之前倒下的宁死不屈的知识分子。

林徽因参与组织的《大公报》文学评奖活动几经周折，于1937年5月公布评奖结果：卢焚的《谷》获小说奖，曹禺的《日出》获戏剧奖，何其芳的《画梦录》获散文奖。后来编书时，林徽因为此书写了《文艺丛刊小说选题记》。

林徽因还为曹禺在天津主演莫里哀的《悭吝人》绘制布景和舞台设计，这是她在耶鲁大学所学的舞美设计，算是派上了用场。

在频繁的文学活动中，林徽因的创作也达到了高潮。这个时期内，还发表了诗作，有《雨后天》《秋天，这秋天》《你是人间四月天》等32首诗。

这个时期，林徽因写的一首叫《别丢掉》的诗，发表在《大公报·文艺副刊》上，引起了人们的好评。但在同年3月20日，《自由评论杂志》第16期发表灵雨（梁实秋）的一篇文章叫《诗的意境与文学》的文章，批评林徽因这首诗不易读懂。3月31日，沈从文致信胡适说："《自由评论》有篇灵雨的文章，说徽因一首诗不太容易懂（那意思是说不大通）。文章据说是梁实秋写的。若是他写的，您应当劝他以后别写这种文章，因为徽因的那首很明白，佩弦、孟实、公超、念生……大家都懂，都不觉得不通，那文章却实在写得不大好。"

朱自清也看不过了，灵雨（梁实秋）对诗和诗人有着天然的隔膜。他认为"诗不能卖钱"，是一颗"煮硬了的蛋"，"短短一撅，充篇幅都不中用"。还说西班牙诗人走在街上，"被人误认为是一个特务"。

11月8日，朱自清作《解诗》一文说："这是一首理想的爱情诗，托为当事人的一造向另一造的说话；说你'别丢掉''过往的热情'，那热情'现在'虽然'渺茫'了，可是'你仍保存那真'。3行至7行是一个显喻，以'流水'的'轻轻''叹息'比'热情'的'渺茫'；但诗里'渺茫'似乎是形容词。下文说'月明（明月）''隔山灯火''满天的星'，和往日两人同在时还是'一样'，只是你却不在了，这'月'，这些'灯火'，这些'星'，只'梦似的挂起'而已。你当时说过'我爱你'这一句话，虽没第三人听见，却有'黑夜'听见；你想'要回那一句话'，你可以'问黑夜要回那一句话'。但是'黑夜'肯了，'山谷中留着有那回音'，你的话还是要不回的。总而言之，我还恋着你。''黑夜'可以听话，是一个隐喻。第一二行和第8行本是一句话的两种说法，只因'流水'那个长比喻，又带着转了个弯，便容易把读者绕住了。'梦似的挂起'本来指明月、灯火和星，却插了'只有人不见'一语，也容易教读者看错了主题。但这一点技巧的运用，作者是应该有权力的。"

朱自清《解诗》中未做过多的评论，只是泛泛作了一番解释。他不会不知道冰心因《我们的太太客厅》那篇小说和林徽因的矛盾，他也不会不知道梁实秋和谢冰心的关系，太太客厅的事过去三年，梁实秋化名灵雨对林徽因《别丢掉》又主动发起挑战，他哪里是讲"诗的意境"，他讲的是"诗不能卖钱"，那就不是"文学"评论了。可惜沈从文、朱自清煞费了那片苦心，解释多少，对梁实秋也没有用，因为他超出了诗评的本身。

这个时期，林徽因还发表了许多散文、小说和剧本，重要作品有《窗子以外》《纪念志摩去世四周年》《蛛丝和梅花》《究竟怎么一回事》《彼此》《窘》《钟绿》《吉公》《文珍》《绣绣》《九十九度中》《梅真同他们》等。

她还与梁思成合作，为《大公报·文艺副刊》设计了若干幅插图。其中一幅叫"犄角"的插图，是在北戴河冒着暑热赶制出来的。林徽因附信说："现在图案是画好了，十之八九是思成的手笔。在选材及布局上，我们轮流讨论草稿。说来惭愧，小小的一张东西，我们竟做了三天才算成功。好在趣味还好，并且是汉刻，纯粹中国创造艺术的最高造诣，用来对于创作前途有点吉利。"

萧乾接到插图非常高兴，在使用时还特意加了评语，说这幅"美丽的图案""壮丽典雅"，是这期副刊"精彩的犄角"！

这个时期，林徽因的诗风转向清丽和明快：

> 是谁笑得那样甜，那样深，
> 那样圆转？一串一串明珠，
> 大小闪着光亮，迸出天真！
> 清泉底浮动，泛流到水面上，
> 灿烂，
> 分散！
>
> 是谁笑得好花儿开了一朵？
> 那样轻盈，不警起谁。
> 细香无意中，随着风过，
> 拂在短墙，丝丝在斜阳前
> 挂着
> 留恋。
>
> 是谁笑成这百层塔高耸，
> 让不知名的鸟雀来盘旋？是谁
> 笑成这万千个风铃的转动，
> 从每一层琉璃的檐边
> 摇上
> 云天？

这首题为《深笑》的诗，可以看出林徽因一个时期内总体上的美学追求，清新、细腻、纯净，仿佛每一个句子都有很高的透明度，同时又很讲究韵律美、建筑美、音乐美。

还有她的《风筝》：

看，那一点美丽
会闪到天空！
几片颜色，
挟住双翅，
心，缀一串红。


飘摇，它高高的去，
逍遥在太阳边
太空里闪
一小片脸，
但是不，你别错看了
错看了它的力量，
天地间认得方向！
它只是
轻的一片，
一点子美


像是希望，又像是梦；
一长根丝牵住
天穹，渺茫——
高高推着它舞去，
白云般飞动，它也猜透了不是自己，
它知道，知道是风！


    一只飘在天上的风筝，逍遥，美丽，林徽因把它表现得淋漓尽致，充满了很强的象征意义和深邃的哲学思考，让人仿佛感到，在风筝之外的那个人，时时刻刻，清醒地辨识着风的力量，风的方向。

她的小说处女作《窘》，显示了她不凡的艺术视点。这篇1.2万余字的小说，描写了一个刚刚进入中年的知识分子维杉，在现实生活中由经济窘迫和精神压抑所带来的双重尴尬。

做教授的维杉在学校暑假时感到无聊至极，在朋友少朗家，他同少朗的几个儿女在一起，觉得自己已经突然苍老了，似乎自己还未来得及享受人生，时光就把他粗暴地推入另一个边缘。他感到自己正在变成一个落魄的四不像。在这篇小说的开头，维杉就陷入了这样一个境地：

> 拿做事当做消遣也许是堕落，中年人特有的堕落。"但是"，维杉狠命的划一下火柴："中年了又怎样？"他又点上他的烟卷连抽了几口。朋友到暑假里，好不容易找，都跑了，回南的不少，几个年轻的，不用说，更是忙得可以。当然脱不了为女性着忙，有的远赶到北戴河去。只剩下少朗和老晋几个永远不动的金刚，那又是因为他们有很好的房子，有太太、有孩子，真正过老牌子的中年生活，谁都不像他维杉的四不像的落魄。

在长起来的孩子们面前，维杉好像在他们中间画出了一条界线，分明地分成两组，把他自己分在前辈的那边。他羡慕许多人只是一味地老成，或是一味地年轻，他虽然分了界限，仍然觉得四不像，他处处感到"窘——真窘极了"。

林徽因在这篇小说中，首次提到了"代沟"这个概念，这道沟是有形的，它无处不在，处处让人感到一种生存的压迫；它又是无形的，仿佛两个永恒之间一道看不见的深壑。

林徽因以细腻的心理描写手法，写出了维杉这种无处不在的"窘"：

> ——他不痛快极了，挺起腰来健步到旁边小路上，表示不耐烦。不耐烦的脸本来与他最相宜的，他一失掉了"不耐烦"的神情，他便好像丢掉了好朋友，心里便不自在，懂得吧？他绕到后边，隔岸看一看白塔，它是自在得很，永远带些不耐烦的脸站着——还是坐着？——它不懂得什么年轻，老，这一些无聊的日月，它只是站着不动，脚底下自有湖水，亭榭松柏，杨柳，人——老的小的——忙着他们更换的纠纷！

"要活着就别想"，维杉不得不这样安慰自己。维杉觉得自己同这全部世界中间隔了一道深深的沟。"桥是搭得过去的，不过深沟仍是深沟，你搭多少桥，沟是仍然不会消灭的。"这是一代人的悲剧，作为知识分子的维杉，只不过是比别人更早地体味到了这一点：

　　维杉心里说："对了，出去，出去，将来，将来，年轻！荒唐的年轻！他们只想出去飞！飞！叫你怎不觉得自己落伍，老，无聊，无聊！"他说不出的难过，说老，他还没有老，但是年轻？！他看着烟卷没有话说。芝看着他不说话也不敢再开口。

最后写到少朗的女儿芝请维杉写一封介绍信给她去美国的同学，少朗问："你还在和碧谛通信吗？还有雷茵娜？""很少……"维杉又觉得窘到极点了。仿佛连过去的那一点有色彩的生活，也被这道无形的沟隔开了，甚至没有回眸生活的权利。

生活状态的窘迫，是心理状态窘迫的投射。这篇小说的主题，其深刻之处在于她写出了整整一代人的生存尴尬，这里面有社会的、历史的、道德的、观念的因素，但最本质的还是那道看不见、摸不着，却又无处不在的鸿沟。

这篇小说，发表于《新月》月刊第3卷第9期。

《九十九度中》是林徽因的一部重要作品，在叶公超主编的《学文》杂志创刊号发表后，立刻引起了较大的反响和同代作家的注意。

这篇小说充满了寓意和象征。李健吾先生早在1935年就慧眼独具，给予林徽因的小说《九十九度中》以很高的评价。他说："一件作品或者因为材料，或者因为技巧，或者兼而有之，必须有以自立。一个基本的起点，便是作者对于人生看法的不同。由于看法的不同，一件作品可以极其富有传统性，也可以极其富有现代性。"诚如李健吾先生所言，《九十九度中》以一幅全景式的京都平民生活风俗画，多角度呈现了市民阶层一个生活的横断面。

通篇小说处处洋溢着一个"热"字，有钱的人热热闹闹地祝寿，热热闹闹地过生日，热热闹闹地娶媳妇。另一面，生活在下层社会里的挑夫、洋车夫忙忙碌碌地为生活奔波，一切都是混乱的、无序的，仿佛这世界就是一只热气腾腾的开水锅，所有的面孔都在生活的蒸气里迷离着。

这一家在忙着祝寿：

> 喜棚底下圆桌面就有七八张，方凳更是成叠地堆在一边；几个夫役持着鸡毛帚，忙了半早上才排好五桌。小孩子又多，什么孙少爷，侄孙少爷，姑太太们带来的那几位都够淘气的。李贵这边排好几张，那边小爷们又扯走了排火车玩。天热得厉害，苍蝇是免不了多，点心干果都不敢先往桌子上摆。冰化得也快，篓子底下冰水化了满地！汽水瓶子挤满了厢房的廊上，五少奶看见了直嚷不行，全要冰起来。

那一户在忙着娶亲：

> 喜燕堂门口挂着彩，几个乐队里人穿着红色制服，坐在门口喝茶——他们把大铜鼓撂在一旁，铜喇叭夹在两膝中间。杨三知道这又是哪一家办喜事。反正一礼拜短不了有两天好日子，就在这喜燕堂，哪一个礼拜没有一辆花马车，里面挽出花溜溜的新娘？今天的花车还停在一旁……

这沸沸扬扬的闹热，确已达到了九十九度，人生就像一台戏，总是由锣鼓声伴着开场的。然而：

> 此刻那三个粗蠢的挑夫蹲在外院槐树荫下，用黯黑的毛巾擦他们的脑袋，等候着他们这满身淋汗的代价。一个探首到里院，偷偷看院内华丽的景象。

他们是生活最热情的参与者，但又是最无奈的旁观者。通篇小说中不着一个冷字，连冰菜肴的冰块都"热"得要融化了，但每一笔都透着逼人的寒气：

> 七十年的穿插，已经卷在历史的章页里，在今天的院里能呈露出多少，谁也不敢说。事实是今天，将有很多打扮得极体面的男女来庆祝，庆祝能够维持这样长久寿命的女人，并且为这一庆祝，饭庄里已将许多

生物的寿命裁削了，拿它们的肌肉来补充这庆祝者的肠胃。

在那场婚礼的闹热背后又是什么呢？

理论和实际似乎永不发生关系；理论说婚姻得怎样又怎样，今天阿淑都记不得那许多了。实际呢，只要她点一次头，让一个陌生的，异姓的，异性的人坐在她家里，乃至于她旁边，吃一顿饭的手续，父亲和母亲这两三年——竟许已是五六年——来的难题便突然的，在他们是觉得极文明地解决了。

她没有勇气说什么，她哭了一会儿，妈也流了眼泪，后来妈说：阿淑你这几天瘦了，别哭了，做娘的也只是一份心。……现在一鞠躬，一鞠躬的和幸福作别，事情已经太晚得没有办法了。

这是一幅多么发人深省的人生的冷风景。

林徽因以哲学的视角俯瞰人生，以九十九度来比照生命的零度，如同《红楼梦》中翻看"风月鉴"，美女的另一面便是骷髅。

这才是人生真正的严酷。

活泼、美丽、健硕，全幻灭在死的幕后，时间一样地向前，计量着死的实在。

寒暑表中的水银，一直过到九十九度的黑线上，这人生的闹热也算达到了顶点。

然而就在这种种纷乱中，却不会有谁注意到，坐在喜棚门外的小丫头，肚子饿得咕咕叫，一早眼睛所接触的大都是可口的食品，但是她仍然饿着肚子，坐在老太太门槛上等候呼唤；没有谁注意到，给祝寿的人家送宴席的挑夫，因得了霍乱，跑遍全城竟找不到一粒暑药，只好眼睁睁地死去。

小说结尾是颇有意味的：

报馆到这时候积渐热闹，排字工人流着汗在机器房里忙着。编辑坐到公事桌上面批阅新闻。本市新闻由各区里送到；编辑略略将张宅名伶送戏一节细细看了看，想到方才同太太在市场吃冰其凌后，遇到街上打架，又看看那段厮打的新闻，于是很自然地写着"西四牌楼三条胡同庐宅车夫杨三……"新闻里将杨三、王康的争斗形容得非常动听，一直到了"扭区成讼"。

　　再看一些零碎，他不禁注意到挑夫霍乱数小时毙命一节，感到白天去吃冰其凌是件不聪明的事。

这果然是一幅鞭辟入里的"冷热金针"，它准确无误地针砭到了社会的痛点。

那滚沸的油锅底下，原来是一块万年不化的坚冰。人世炎凉，岂止是小说家一幅笔墨了得？这篇小说，真正给予读者的，是纸背面的那些底蕴。

《吉公》写了一个身份卑微却灵魂高贵的小人物。吉公本是作者"外曾祖母抱来的儿子"，因此，在家里的地位是尴尬的，介乎食客和下人之间。然而吉公是个绝顶聪明的人，他喜欢摆弄小机械，房间里像一个神秘的作坊，他能修理手表，自称大上海的手表修理匠还比他不过，他会照相，这在当时可真了不起，因此总能得到许多女人的青睐。还有一次：

> 　　我那喜欢兵器武艺的祖父，拿了许多所谓"洋枪"到吉公那里，请他给揩擦上油。两人坐在廊下谈天，小孩子们也围上去。吉公开一瓶橄榄油，扯点破布，来回的把玩那些我们认为颇神秘的洋枪，一边议论着洋船，洋炮油，及其他洋人做的事。
>
> 　　吉公所懂得的均是具体知识，他把枪支在手里，开开这里，动动那里，演讲一般指手画脚讲到机器的巧妙，由枪到炮，由炮到船，由船到火车，一件一件。祖父感到惊讶了，这已经相信维新的老人听到吉公这许多话，相当的敬服起来，微笑凝神的在那里点头领教。大点的孩子也都闻所未闻地睁大了眼睛；我最深的印象便是那次祖父对吉公非常愉悦的脸色。

但吉公最终还是离开了，那是为了一个女人，入赘到那个女人家去当上门女婿了，这当然有损于一个大家的体面，于是：

忽然突兀的他把婚事决定了，也不得我祖母的同意，便把吉期选好，预备去入赘。祖母生气到默不作声，只退到女人家的眼泪里去，呜咽她对于这个弟弟的一切失望。家里人看到舅爷很不体面的到外省人家去入赘，带着一点箱笼什物，自然也有许多与祖母表同情的。但吉公则终于离开那所浪漫的楼屋，去另找他的生活了。

吉公的行为既是叛离亲族，在旧家庭里许多人就不能容忍这种的不自尊。他婚后的行动，除了带着新娘来拜过祖母外，其他事情便不听到有人提起！似乎过了不久的时候，他也就到上海去，多少且与火轮船有关系。有一次我曾大胆地问过祖父，他似乎对于吉公是否在火轮船做事没有多大兴趣，完全忘掉他们一次很融洽的谈话。在祖母生前，吉公也还有来信，但到她死后，就完全地渺然消失，不通音讯了。

这是一曲高亢的灵魂自由之歌。

林徽因以独到的艺术视角，揭示了生命最本质的生存态势：对生命意志的张扬和灵魂对自由的渴求。他不需要别人恩赐他的生活，他要凭着自己的生命去奋斗去追求。

这是对本真的赞美与呼唤。因此，这篇不足5000字的小说，却有着丰厚的艺术含量，闪现着浓厚的人文主义色彩。

《梅真同他们》是林徽因创作的唯一一个剧本，这不仅体现了她多方面的创作才能，同时也体现了她驾驭文字的功力。这个剧本描写的是一个大户人家的丫头梅真，在思想启蒙的社会环境里所经历的独特的人生际遇，以及由此带来的情感危机与爱情悲剧。

李家的丫头梅真，天资聪慧，性情活泼，很讨李家二太太李琼的喜欢，并让她与自己的女儿文琪一起上学读书。这使心胸狭窄的李家长房太太大为不满，也令大小姐文娟又妒又恨，因此常寻机奚落梅真。而李家四小姐文琪却与梅真格外融洽，宛若姐妹。机器匠宋雄早有意梅真，几次向她求婚，都被梅真回绝了。从国外留学回来的唐元澜也看上了李家丫头梅真，抓住机会当面向梅真表白自己的爱情。而梅真一直深爱着李家二少爷文靖，但又有意躲避他。文靖虽然爱着梅真，却害怕家族的反对和外界的嘲笑，因此内心矛盾重重，总想逃避现实，最后撇下梅真独自离去。梅真终于怀着清醒的悲哀走向了现实，她最终无法改变丫头的身份，永远被排斥在上层社会之外。文靖的心理障碍与梅真不同，他的懦弱是他的社会角色造成的，他戴着思想的枷锁，而真正的枷锁是无形的，这绝不仅仅是梅真的悲哀，也是文靖的悲哀。

这个剧本前3幕发表在朱光潜创刊并主编的《文学杂志》1至3期上，第4幕因林徽因去山西考察古建筑，接着抗日战争爆发，杂志停刊，《梅真同他们》这个剧本就永远缺了最后一幕。后来有人问林徽因，梅真最后怎么样了？林徽因诙谐地一笑："抗战去了。"

"来今雨轩"时期，是作为作家、诗人的林徽因，创作生命最辉煌的时期。她的艺术风格已经确立，作品锋芒已露端倪，且日臻完美。

这个时期虽然短暂，但她留下来的作品却是中国现代文学史上一笔重要的财富。

22

/

## 中原寺庙文化寻踪

一座石头的乐章耸立在伊水两岸。

出洛阳南行25里，对峙的香山和龙门山如天然门阙，崖岸巍然，鬼斧神工，劈出了两壁陡峭的岁月。

只有伊河缄默如初，逝水无言，悄然环抱着一个古老的梦境，用清澈的流水编织着岁月的残片。

举世闻名的龙门石窟便开凿在龙门山的两岸间，伊河流过山口之处，两岸对峙如阙，古人称之为伊阙。《左传·昭公二十六年》载："晋知跞、赵鞅帅师纳王，使女宽守阙塞。"

杜预为这段文字所作的注解说："阙塞，洛阳西南伊阙口也。"自战国时代以来，这里便是兵家必争之地，《战国策》《史记》《水经注》《魏书》等史料，对此地亦多有战事记载。

最早把伊阙称作龙门的是隋炀帝，《元和郡县图志》卷五河南府条云："初，炀帝尝登邙山，观伊阙，顾曰：'此非龙门耶？自古何因不建都于此？'仆射苏威、对曰：'自古非不知，以俟陛下。'帝大悦，遂议都焉。"

直到唐高宗时代，在石刻中才正式称作龙门。

1936年初夏，一支小小的考察队开进了龙门石窟。这支只有5个人的考察队，却集中了中国古建筑史研究的青年才俊。梁思成、林徽因、刘敦桢已是海内外知名的建筑学家，他们的学生陈明达、赵正之也崭露头角。

他们将对龙门石窟进行全面勘察，虽然只有5个人，分工却是很严细的，刘敦桢负责洞窟编号及记录建筑特征，林徽因考察佛像雕饰，梁思成、陈明达负责摄影，赵正之抄铭刻年代。

一进入龙门，林徽因就被石窟那博大雄浑的气势深深地震撼了。

这座开凿于北魏太和年间的洞窟，经过东魏、西魏、北齐、北周、隋等朝代的雕造，已蔚为大观，唐贞观以后，龙门又逐渐成为贵族、皇室造像活动的中心，两山窟龛层层密布，全山造像多达十余万躯，与敦煌莫高窟、大同云冈石窟并称三大石窟。

1936年5月，林徽因在考察龙门石窟途中

驻足龙门山下，驰目四望，一座座洞窟掩映在山树之间，石头的韵律在这里形成了一派浑然的交响。

石径崎岖坎坷，生满滑腻的青苔，径上灌莽丛生，羁绊着人的腿脚，使攀缘者步履维艰，不小心就要摔个跟头。尽管大家都是脚力强健的年轻人，但一座山没有爬到一半，都已筋疲力尽。

林徽因本来打了一把遮阳的桐油布、紫竹柄湖州雨伞，没想到这把雨伞却派上了意想不到的用场：爬山时正好让它做拐杖，进洞窟考察，山蝙蝠横冲直撞，只好打起雨伞，抵挡横飞的蝙蝠和雨点一样落下的粪便。她头上扎了一块羊肚子毛巾，看上去像个赶路的农妇，这身装束曾让陈明达、赵正之两个学生大大地吃惊了一番，戏说林师母这一身打扮，真像地道的河南小媳妇。

林徽因却怎么也笑不起来，眼前的景象让她揪心。龙门石窟大部分开凿在寒武、奥陶纪石灰岩上，窟区内喀斯特溶洞及岩石中的构造裂缝上，长满了荆棘、侧柏之类的植物，庞大的根系让一块块石头松动开裂，因此常有岩体崩落的现象。洞窟内常年渗水，阴暗潮湿，不少雕像已被剥蚀得面目全非。一些洞口被茂密的茅草和丛生的荆棘遮掩，人要进洞去，就得先把这些挡路的草莽费力地拨开，往往会有一两条肉滚滚的花蛇从灌木丛中出来，惊得林徽因立刻起一身鸡皮疙瘩，两个学生不得不先"打草惊蛇"。

然而洞窟的美毕竟是遮掩不住的，进了古阳洞，林徽因的情绪立刻好了起来。这座最早开凿而又规模最大的洞窟，进深差不多有十三四米，高有十几米，中间的高大雕像约有五六米，奇怪的是主尊两旁的雕像是菩萨，而主尊却是道家天尊的形象，大家不由得高声称奇。刘敦桢说："这并不奇怪，这主尊像原本就是释迦牟尼佛，你们看，他旁边立的这二位，一位是文殊，另一位便是普贤，肯定是释迦牟尼的面部被风化掉了，后来让人补上去的，移花接木，用道家的天尊取代了佛祖。"

梁思成凑近看了看说："这肯定是清末补上去的，门户之争何至于此！"

林徽因却被这座大洞窟的艺术建构迷住了，这座洞窟完全利用天然石洞修凿而成，洞窟平面近似马蹄形，主佛两壁是排列有序的开凿的佛龛，在两个佛龛之间及上方又加凿无数小龛，佛像近千座，整个窟内壁面琳琅满目，富丽堂皇。

林徽因看得入了迷，她把画板架在膝盖上，入神地临摹着，不停地说："太美了，真是奇迹。"

刘敦桢笑问："徽因，又写诗了？"

林徽因说："这首诗一千五百多年以前就写在这里了，石头的诗篇是不会风化的。"

陈明达和赵正之拍手叫道："这才是最好的诗呢！"

林徽因兀自指着雕像让大家看："你们来看一下，这就叫'秀骨清像''褒衣博带'，这和南朝的画风太接近了，老夫子，你来看一看，这衣纹，这线条，像不像顾恺之的画？"

刘敦桢凑过来仔细看了看说："嗯，是有《洛神赋图》的韵味，徽因，你真是好眼力，其实顾恺之不但画画得好，他更擅长雕塑佛像，可惜这一点不为世人所知。他雕塑的佛像很多像他的朋友戴逵的手法，面容清癯，两肩削窄，是真正的'秀骨清像'，这也是被东晋、南朝共同体认的艺术风格。南朝的贵族，平日讲究漂亮的容貌，涂脂抹粉，穿着宽大的衣服，结着宽带子，戴着高帽子，出则乘车，入则扶侍，整天饮酒赋诗，吃药学仙，挥麈谈玄，坐而论道，装出一副神仙的样子，肤柔骨脆，不堪行步，这种流风相仿相习，便成了'秀骨清像'一派风格的社会基础。"

林徽因笑道："大家听好，老夫子又给我们上课了。"

刘敦桢忙抱拳拱手，连称："惭愧！惭愧！"

林徽因说："别忙着打拱，接着讲，挺好的。"

刘敦桢笑道："要讲雕塑风格，可就轮到徽因你给我们上课了。"

林徽因说："上课倒不敢，不过有些想法还要跟老夫子探讨。我觉得龙门石窟造像所体现出的这种艺术风格，和北魏孝文帝所推行的汉化改革的政治主张有关。北魏迁都洛阳后，中原汉族'褒衣博带'式服饰，风行北方，南朝的思想和艺术传入北方，给佛教艺术的发展造成了新的条件。你看这些佛像所表现的'秀骨清像'式的瘦削形体，衣带宽大的'褒衣博带'式的服饰，雍容安详，表情温和，潇洒飘逸，完全代替了北魏前期面相丰圆、肢体肥壮、神态温静的风格，这种造像艺术风格和服饰的变化，显然是孝文帝实行汉化政策、借鉴东晋南朝和中原汉文化的结果。"

刘敦桢击掌赞叹："精彩！精彩！北魏造像艺术的后期变革，算让你讲活了，因为有对云冈石窟的研究，你才有这样精辟的见解，这次考察回去，你一定要好好写篇论文。"

听林徽因这么一说，大家再看石窟里的造像，果真风格朗然，不仅佛像体态扁平修长，面相清癯秀美，眉目疏朗，颏尖唇薄，脖颈细长，两肩削窄，就连那壁上浮雕的飞天也一样是修长飘逸，上着短襦，长裙曳地，窈窕轻倩之姿，洋溢于形象之外，"褒衣博带"和"秀骨清像"的风格达到了完美的统一。

梁思成和陈明达的照相机不停地闪动着快门，大家的本子上密密麻麻记满了考察资料，整整四天的考察，他们踏遍了龙门石窟的群落。

结束了龙门石窟之行，林徽因、梁思成又进入一层新的境界，他们转道七大古都之一的开封，作中国古塔的考察。

首先闯入他们视线的，是开封开宝寺的铁塔，这也是他们考察的第一个目标。这座塔建于北宋皇元年，琉璃砖结构，平面八角，13层，高近60米，外壁镶嵌褐色琉璃瓦，酷似生铁浇铸，故称铁塔。

林徽因、梁思成来到这里时，塔基因黄河泛滥已淹没于地下，他们是第一次走近这座号称"天下第一塔"的古塔，抚摸着塔身褐色琉璃瓦上浮雕的飞天、降龙、麒麟、菩萨、力士、狮子等图像，林徽因赞不绝口，连称"真是绝代佳作"！

通过底层淹没了一半的圭形门洞进入塔身，沿着砖砌蹬道，攀缘168级台阶则达塔顶，远眺行人如蚁，纵目北方，但见黄河横空如出天半，果然就有了"黄河之水天上来"的那一份感慨。远处的帆影，星星点点，明明灭灭，隐隐现现，中原大地宛如一幅苍茫的图画。

从塔顶下来，再仰望宝塔的飞檐斗拱，宝瓶式的塔刹，造型宏伟挺拔，如擎天巨柱，生出一种倚天抽剑的豪气。

天清寺的繁塔，让他们领悟了另一种美与力的永恒，这座开封东南的古塔，始建于宋太祖开宝年间，至淳化元年方才竣工，虽然现在已成为残塔，但因明代在残留的三层塔身上加建七层小塔，反而有了十分独特的风貌。

梁思成对刻在塔壁上的《金刚般若波罗蜜经》《十善业道经要略》产生了浓厚的兴趣，扶着眼镜贴近碑刻细细鉴赏。林徽因在塔外打开了速写簿，描画着巍峨的塔影，这种经过巧妙补缀后的残缺美，令她震撼。她感悟到美的形式是多种多样的，残缺与完整、宽博与窄狭，在某种意义上，达到了另一种完美，这种完美，是需要人的心灵去补充、去领悟的。

离开开封，他们抵济南与他们的学生麦俨增会合，驱车东进到历城、章丘、临淄、益都、潍县，又回济南再南下长清、泰安、济宁、邹县、滕县等11个县，考察神通寺四门塔、辟支塔、慧宗塔、法定塔、兴隆寺砖塔、铁塔寺铁塔、法兴寺宋塔、龙泉寺明塔、岱庙、县文庙、寺殿等古建筑。山东之行不仅积累了第一手珍贵的建筑资料，还启发了林徽因的艺术灵感。她一路走，一路写诗，许多佳作成为后人传诵的名篇，《山中》一首诗写道：

> 紫色山头抱住红叶，将自己影射在山前，
> 人在小石桥上走过，渺小追一点子想念。
> 高峰外云在深蓝天里镶白银色的光转，
> 用不着桥下黄叶，人在泉边，才记起夏天！
>
> 也不因一个人孤独的走路，路更蜿蜒，
> 短白墙房舍像画，仍画在山坳另一面，
> 只这丹红集叶替代人记忆失落的层翠，
> 深浅团抱这同一个山头，惆怅如薄层烟。

1936年，林徽因、梁思成一行在山东兴阳县兴隆寺考察古建筑

山中斜长条青影，如今红萝乱在四面，
百万落叶火焰在寻觅山石荆草边，
当时黄月下共坐天真的青年人情话，相信
那三两句长短，星子般仍挂秋风里不变。

　　这首诗，淋漓尽致地写出了一个行路人置身于自在自然的感觉，心境与山景，完美和谐，迥出尘表，令人一唱三叹。她的《黄昏过泰山》，则表达了另一种情愫：

记得那天
心同一条长河，
让黄昏来临，
月一片挂在胸襟。
如同这青黛山，
今天，

心是孤傲的屏障一面；
葱郁，
不忘却晚霞，
苍莽，
却听脚下风起，
来了夜——

　　她心的孤傲的屏障，在山的怀抱中为之一开，胸襟挂一片月光，全部的感觉便融入了这橙色的苍茫。
　　最使林徽因倾心的是她同梁思成的陕西之行，在此之前，梁思成曾与莫宗江、麦俨增等先期对陕西的古建筑进行过考察，此次行程是应顾祝同之邀，到西安作小雁塔的维修计划。
　　西安的大雁塔、小雁塔，让林徽因切实感受到了中国古塔建筑那种独特的美的韵律。

　　坐落在西安市南慈恩寺之内的大雁塔是一座多层楼阁式青砖塔，关于这个塔有一个迷人的传说。

　　当地百姓说，曾有群雁飞过慈恩寺，领头的雁突然坠落地上，众僧大为惊愕，以为菩萨显灵，遂在大雁坠落处建了一座高塔，把死雁埋在塔下，故名雁塔。

　　这座古塔建于唐永徽三年（652年），玄奘为保护由印度带回的经典，由唐高宗出资在寺的西院建造此塔，初建时砖身土心，平面方形，为5层，唐长安年间，用青砖改建成七层，可由塔内攀登顶层，唐大历年间又改建为10层。

　　林徽因和梁思成被塔门精美的线刻佛像迷住了，西面石门楣的《阿弥陀佛说法图》，传说为唐代大画家阎立本的作品，图中的佛殿笔笔都是按照比例刻画的，屋脊上的兽吻、飞檐、风铃、斗拱、柱基、石阶等，都表现得清清楚楚，将唐代建筑特色全部展示了出来。林徽因说："如果将来有人搞一个摹本，唐代的营造法式，就有一个大致轮廓了。"

　　小雁塔在西安市南郊，建于唐中宗景龙年间，是为收藏经书而建，因比大雁塔小，故名小雁塔。

　　最使林徽因称奇的，是小雁塔三次离合的奇迹：明成化末年地震时，塔从顶到底中间断裂一尺多宽的缝隙，明澈如开了一道"通窗"，但正德末年地震，将塔中裂缝自行弥合，天衣无缝，人皆称奇。第二次是明嘉靖乙卯地震，塔身又裂开，癸亥地震，又复合无痕。第三次是清康熙辛未，塔又震裂，辛丑地震中又自行复合。这真是一件难以解释的奇事。

1937年，林徽因在陕西耀县药王庙测绘

小雁塔三次震裂三次复合的现象，给了林徽因、梁思成更多的启发，为他们制订修复小雁塔的计划提供了历史依据。

　　而林徽因却更多地看到了中国塔文化的意义，那不仅是一份壮美，一种力量，更是一种人文精神，一种民族风骨，它的文化内涵，象征着真、善、美的人格，既体现了佛家的"无常""无我""寂静"的真谛，又展现了一个民族创造的超凡入圣的人生终极价值。

　　在此期间，林徽因、梁思成还北去耀县考察了药王庙，按照原来的设想，还要西行去敦煌考察莫高窟，但因时局紧张，此行未果，成为他们的终生遗憾。

　　然而这次西安之行，却又一次为林徽因"建筑意"的理论建构注入了灵动的内涵。

23

## 她那双好眼力

五百里钟声撞不醒一个泱泱佛国的长梦。

那一脉云横九派的苍茫，那一脉烟笼雾锁的蓊郁，那一脉松风丹霞的灵秀，浮沉在五百里五台清幽的鼻鼾声中。

五百里伽蓝盛景，五百里文殊道场，五百里佛刹棋布，钟一声，磬一声，无尽的丛林显得异常淡泊。

东台望海峰，西台挂月峰，南台锦绣峰，北台叶斗峰，中台翠岩峰，五峰竞秀。万绿丛中，不时闪出一座座寺院琉璃瓦的飞檐，在阳光下金碧辉煌。塔的群落中，舍利塔凝脂砌玉，超凡脱俗，托举起一种神秘的力量。这是命运与日月星光同存于世的意兴，让灵魂逾越更为高峻的峰岭。

佛光寺独立黄昏。古木参天，掩映着巍峨的殿阁，山门深深，幽闭着青灯佛卷，墓塔林留住晚照，迎迓着筚路蓝缕的造访者。

在此之前，林徽因、梁思成前往太原途中，在经过榆次时，曾有过一次令他们狂

1937年，林徽因在佛光寺大殿佛像前

喜的发现。事后大家说，那场发现纯属天意。林徽因贸然从车厢里探出头来，那座小殿的飞檐正好扑入她的视线，它别具一格的营造法式，让林徽因立刻觉得这是一座有不同寻常价值的建筑，那座小殿堂便是永寿寺的雨花宫。经过考察，果然证实了这点，雨花宫的结构，是用最简略的办法，节省不必要的构材，同时在处理各种构材时，产生出纯结构的美，而没有特加任何装饰。这座建于大宋大中祥符元年的殿堂，也是唐宋间木构建筑过渡形式的重要实例。

1937年，林徽因在山西榆次考察古建筑

林徽因、梁思成、莫宗江、纪玉堂四人一大早骑毛驴上山，在崎岖的山崖小道上，走走停停，上上下下，找了一天，才看到了那一角探身松墙之外的飞檐。

"没错，就是它！"林徽因兴奋地叫起来。

那座寺庙在佛光山腰，因山势而建，坐东向西，三面环山，寺内建筑高低错落，主从有致，因年久失修，雕梁画栋的油彩剥落，好像一群蓬首垢面的阿罗汉疲惫地歇息在山坡上。

林徽因和梁思成曾读过伯希和的《敦煌石窟图录》，那上面记载了五台山的佛光寺，然后他们又从北平图书馆《古清凉志》《高僧传》《佛祖统计》《法苑珠林》等史料中查阅了有关佛光寺的记载。这座寺院创建于北魏时期，是五台山颇负盛名的大寺之一。唐武宗"会昌灭法时，佛光寺被毁，12年后，逃亡在外的该寺僧人愿诚法师募资重建"。

他们轻叩山门，开门的是一位70多岁的老僧人。听他们讲了来意，老人很高兴，便趁天未黑尽，带他们去看大雄宝殿前面的石经幢。林徽因打开手电，拂去石碑上的浮尘，依稀读出"女弟佛殿主宁公遇""大中十一年十月四日"等断断续续几行文字。她脱口叫起来："思成、小莫、小纪，你们快来看，这块碑上写的就是857年，到现在已经有一千多年的历史了。"

梁思成也兴奋地说："看这大殿的轮廓、比例，唐代以后的建筑是不会有的，这下我们没有白来，抱上大金娃娃了。"

老僧人说："前些年，这座寺院还没有破败到这个样子。如今愿诚大师的塔也倒了，寺庙也败了，这里就有我和一个哑巴徒弟续着香火。"

第二天，他们开始了全面考察。寺庙的建筑，东殿是唐代的，文殊殿是金代的，还有天王殿、伽蓝殿、万善堂、香风花雨楼，尚不可知建筑年代。

东大殿横列七楹，纵深四间，单檐庑殿顶，质朴刚健中益显古色苍劲。层层斗拱承托的梁架和屋檐，斗拱翻飞，翼出深远，仿佛是大鹏展翅欲飞。殿顶用板瓦仰俯铺盖，脊兽全为黄绿色的琉璃艺术品，一对高大的琉璃鸱吻屹立在殿顶的正脊两端，令殿宇更加壮丽劲健。

为了弄清大殿准确的建筑年代，他们爬上了顶板。殿宇建造的年月按常规多写在脊檩上。顶板上光线很暗，他们从檐下的空隙往里爬，踩着几寸厚的浮土，小哑巴徒弟为他们打着手电照明，他见林徽因爬在最前头，而且手脚轻快，连连竖起大拇指，惊奇地叫着。屋梁上栖着大群大群的黑蝙蝠，手电光一照，呼呼啦啦地惊飞起来，直往人身上撞。拍照的时候，镁光灯一闪，蝙蝠更像没头的苍蝇，屋顶上的尘土飞扬开来，让他们睁不开眼睛。

第一天考察，他们就有了很丰硕的收获。

东大殿内，保存着唐代和明代的500多尊彩色泥塑，大殿正中大佛坛，有30尊彩色泥塑，是与大殿同期的作品，坛上的塑像，有释迦牟尼佛坐像、弥勒佛半跏像、阿弥陀佛坐像，也都有9米高；坛上蹲踞的是供养人，手上捧着盘碗，内盛净果。这些彩塑，塑工精细，身体比例恰当，线条流畅，面容丰满，显然是佛教极盛时期的艺术成就。

马不停蹄地考察了几天，有远视眼的林徽因，突然发现大殿的梁下隐约有墨迹，好像是题字。大殿有9米多高，梁上浮了一层土，字迹看不清楚，便委托老僧去村里找人帮忙。这一带人烟稀少，老僧和哑巴徒弟去了一整天，才找来两个老汉，七手八脚地又忙了一天，才搭起一个架子。林徽因第一个爬了上去，梁上的积土年深日久，拂之不去，她招呼梁思成把被单撕了，浸了水递上去，擦拭了一下，字迹显了出来，然而水一干，字迹又不复见，如此折腾了3天，才算把梁下的题字辨认清楚："功德主故右军尉王"，字体宛然唐风。这行字表明佛光寺建于唐大中十一年（869年），印证了碑文记载的年代。在当中第三梁，又发现了"助造佛殿泽州功曹参军张公长"字样，大家一鼓作气，山间南梁下的字迹也终于辨认出来："敕河东节度观察处置等使检校部工尚书兼御史大夫郑"。

林徽因说："这个功德主可能是个宦官吧。唐贞元以来，置神策军护军中尉，由宦官充任，时号两军中尉。此后中尉就掌了天下大权。甚至连皇帝的废立，也由他说了算，这是个显赫的角色啊。"

这个发现，把大家乐坏了。他们又唱又跳，连老僧和哑巴徒弟也受了感染。

佛光寺的中庭，左为观音殿，右为文殊殿，分峙南北，文殊殿面阔七楹，进深四架，单檐悬山顶。殿宇的前后檐补间的斗拱施以庞大斜拱。檐下补间作斜拱，很宽大，结构精巧，形制特殊，犹如怒放的花朵。他们考证出大殿在建造时，使用了"减柱法"，大殿前后两槽均使用有长跨三间的大内额，后槽在内额与内额之间用斜材传递负荷，构成了近似"人字桄架"的屋架。殿顶正脊中央装饰有琉璃宝刹，色泽浑厚，形制秀丽，他们考证出，这是辽、金时代的建筑特征。

佛光寺也有许多古塔，几乎全是国内建筑的孤例。在东大殿南侧，是开山祖师愿诚的墓塔，上半截塌掉了，只留下了雕有莲花瓣和宝珠的塔座。林徽因说，这种局部装饰的手法，是典型的北魏风格。整个墓塔林中的塔，有唐代的，也有宋代的。他们真像走进了一座古老年代的迷宫，林林总总，让他们目不暇接。

结束了佛光寺的考察，他们一路北上，看了灵境寺、金阁寺、镇海寺、南山寺，最后到了五台县最北端的秀丽山台怀镇。

台怀镇地处五台山五大高峰怀抱之中，这个小镇居住着汉、满、蒙、藏四个民族，近两千人。

台怀镇有一座灵鹫峰，亦称菩萨顶，佛教史籍记载，东汉时期佛教在中国最初的传播人摄摩腾和竺法兰来到台怀镇，看到菩萨顶的形状，颇像印度的灵鹫峰，因而名之。

佛教史籍也记载着，台怀镇大白塔的地底下，藏有释迦牟尼的舍利，因此，历代以来，朝廷和佛门信徒纷纷于台怀镇及其附近修寺庙，使这里形成了佛寺鳞次栉比、宝塔如林的五台山佛教中心。五台山的佛教寺院有一半以上集中在台怀镇。

林徽因、梁思成等四人，看了附近的显通寺、塔院寺、万佛阁、罗睺寺、圆照寺等二三十所庙宇，大都是明清时代的建筑，这更让他们对佛光寺的发现充满了欣喜。林徽因和梁思成立即致信太原教育厅，详细陈述了佛光寺的历史价值，建议他们立即制定出一个永久性的保护办法。

7月初，他们开始返回，一路上或骑骡子，或爬山，或坐货车。走出五台山，经砂河、繁峙，到代县时已是7月12日了。

到代县之后，他们听到北平发生了"卢沟桥事变"的消息，一路上的兴奋，如迎头泼了一盆冷水，大家的心情立刻沉重起来。梁思成想起"九一八事变"前日军在沈阳的种种暴行，忍不住仰天长叹。

他们决定立刻赶回北平，但平汉、津浦两条铁路已不再通车，只能绕道返回。又恐平绥不得达，只好嘱纪玉堂带上图录、稿件，暂返太原，等候消息。四人翌晨从代县出发，徒步到同蒲路中途的阳明堡，匆匆分手，各奔南北。林徽因、梁思成出雁门关，过大同、张家口，昼夜兼程，赶回北平。

回到北平，他们立刻闻到浓烈的火药味。宋哲元二十九军的兵车从大街上呼啸开过，回到北总布胡同3号家中，又见士兵们在门口挖了堑壕，好像是要打一场大仗的样子。听到林徽因和梁思成考察归来的消息，朋友们相邀来到他们家看望，北平的马路消息很盛，弄得人心惶惶。这时，林徽因给在北戴河度暑假的女儿宝宝写了一封信，把旅途生活和北平情况告诉了她。信中说：

妈妈不知道要怎样告诉你许多的事，现在我分开来一件一件的讲给你听。

第一，我从六月二十六日离开太原到五台山去，家里给我的信就没有法子接到，所以你同金伯伯、小弟弟所写的信我就全没有看见（那些信一直到我到了家，才由太原转来）。

第二，我同爹爹不止接不到信，连报纸在路上也没有法子看见一张，所以日本同中国闹的事情也就一点不知道！

第三，我们路上坐火车同骑骡子，走得顶慢，工作又忙，所以到了七月十二日才走到代县，有报，可以打电报的地方，才算知道一点外面的新闻。那时候，我听说到北平的火车，平汉路同同蒲路已然不通，真不知道多着急！

第四，好在平绥铁路没有断，我同爹爹就慌慌张张绕到大同由平绥路回北平。现在我画张地图你看看，你可以明白了。注意万里长城、太原、五台山、代县、雁门关、大同、张家口等地方，及平汉铁路、正太铁路、平绥铁路，你就可以明白一切。

第五，（现在你该明白我走的路线了）我要告诉你我在路上就顶记挂你同小弟，可是没有法子接信。等到了代县一听见北平方面有点战事，更急得了不得。好在我们由代县到大同比上太原还近，由大同坐平绥路火车也顶方便的（看地图）。可是又有人告诉我们平绥路只通到张家口，这下子可真急死了我们。

第六，后来居然回到西直门东站（不能进前门东站），我真是喜欢得了不得。清晨七点钟就到了家，同家里人同吃早饭，真是再高兴没有了。

第六（注：原文如此），现在我要告诉你这一次日本人同我们闹什么。

你知道他们老要我们的"华北"地方，这一次又是为了点小事就大出兵来打我们！现在两边兵都停住，一边在开会商量"和平解决"，以后还打不打谁也不知道呢。

第七，反正你在北戴河同大姑、姐姐哥哥们一起也很安稳的，我也就不叫你回来。我们这里一时也很平定，你也不用记挂。我们希望不打仗事情就可以完；但是如果日本人要来占北平，我们都愿意打仗，那时候你就跟着大姑姑那边，我们就守在北平，等到打胜了仗再说。我觉得现在我们做中国人应该要顶勇敢，什么都不怕，什么都顶有决心才好。

第八，你做一个小孩，现在顶要紧的是身体要好，读书要好，别的不用管。现在既然在海边，就痛痛快快地玩。你知道你妈妈同爹爹都顶平安的在北平，不怕打仗，更不怕日本。过几天如果事情完全平下来，我再来北戴河看你，如果还不平定，只好等着。大哥、三姑过几天就也来北戴河，你们那里一定很热闹。

第九，请大姐多帮你忙学游水。游水如果能学会了，这趟海边的避暑就更有意思了。

第十，要听大姑姑的话。告诉她爹爹妈妈都顶感谢她照应你，把你"长了磅"。你要的衣服同书就寄来。

这封信是林徽因用钢笔写在毛边纸上的，竟然奇迹般地保存到今天。

由于战云压城，营造学社的工作已无法再进行。林徽因和梁思成终日忧心如焚，营造学社的同人最担心这几年积累的大量调查资料落入敌手，他们决定把这些资料，转移到天津英租界英资银行保险库中存放。

几天之后，守军却悄悄地撤走了。7月28日，日军占领北平。看着满街的太阳旗，民族的耻辱感油然占据了林徽因的心头。忽然一天，林徽因和梁思成收到了署名"东亚共荣协会"的请柬，约他们参加一个会议，林徽因愤怒地把请柬撕碎了。他们决定离开北平，到后方去，到大西南去。尽管北平有他们温暖安适的家和优越的治学条件，然而战争迫使他们必须放弃这里的一切。这个季节，院子里的丁香花比往年开得更加灿烂，汪洋恣肆地散发着浓郁、和平、宁静的芬芳。而他们全家却在一个黄昏，带了简单的行装，匆匆离开了北平。

# 24

## 南迁路难行

铁蹄下的津门,刺刀的寒光冷凝着1937年8月。

林徽因一家、金岳霖及清华大学的另外两名教授,下了从北平开来的火车。眼前的情景比他们想象的还要糟糕,车站里到处都是荷枪实弹的日本兵,天桥上日军架起了机关枪,每一个过往的旅客,都受到了严厉的盘查,日军把他们认为可疑的人,集中到站口的角落里,用枪托在他们头上、身上打着。5岁的小弟吓得哇哇哭着,直往外婆怀里躲。从北平逃难的人,大部分都集中在这里。车站的广场上挤满了人,气氛却静得可怕。

临街的墙上到处刷满了"中日亲善""东亚共荣""建设大东亚新秩序"之类的黑字标语,街道上行人寥落,一队队巡逻的日军列队走过,树上的蝉也噤声不鸣。

回到意租界"饮冰室"寓所,这里还稍微安全一点,但睡梦中常被枪炮声吵醒。他们不敢久住,津浦路已成畏途,他们决定先乘船到青岛,而后南下。

9月初,他们搭乘一艘英国的商船,从新港出发,驶入烟波浩渺的大海。船到烟台,那里也已战云密布,中日军队正在烟台对峙,箭在弦上,一触即发。林徽因、梁思成不敢在这里住宿,即刻乘上去潍坊的汽车,在潍坊住了一夜,第二天一早,又乘上了由青岛开往济南的第一班火车。

胶东半岛也已满目疮痍,火车在胶济线上行驶,不时有日军的飞机从上空呼啸着掠过。每到这时,火车便立刻停下来,拉响警报,男男女女便慌忙跑下车去。日机飞得很低，几乎可以看到机身上红色的"太阳"标记。小弟天真地问："妈妈，那是舅舅的飞机吗？"

林徽因说："不是，那是日本鬼子的飞机。"

小弟说："舅舅为什么不开飞机来打他们？"

林徽因说："舅舅会来的。"

火车就这样走走停停，下午3点钟才到济南。

济南所有旅馆都已爆满，梁思成跑到山东省教育厅，由他们帮忙，总算在大明湖边找到了一家条件不错的旅舍。

在济南住了两天，他们继续南下，经徐州、郑州、武汉，9月中旬到达长沙。

9月的长沙，天气热得像蒸笼。下了火车，在小摊上吃了几块榕江西瓜，暑气稍退，他们在火车站附近韭菜园教厂坪一刘姓家租了两间房子。这是一所二层灰砖楼房，房东住在楼下，楼后面有个阴暗的天井。

安顿下一个家徒四壁的居处，林徽因的母亲几乎心力交瘁，她身体本来就不好，这时就更支持不住了。林徽因、梁思成只好学习烧饭、洗衣服等家务劳动。所幸江南无战事，他们还能安下心来。

这时，北平文化界、教育界的许多朋友也陆续到了长沙，他们大都是北大和清华的教授，准备到昆明去办西南联大，张奚若夫妇、梁思永一家也来了。林徽因刚刚安置下来的家，立刻又成了朋友们聚会的中心。朋友们经常到这里来，讨论战局和国内外形势，有时晚上大家聊得激动了，就一起高唱救亡歌曲。他们有时用中文唱，有时用英语唱，梁思成总是担任指挥。宝宝也学会了好几支歌子，天天唱着"向前走，别退后"。

11月下旬的一个下午，空中突然出现了大批的飞机，小弟在阳台上喊着："妈妈，妈妈，你看舅舅的飞机来了。"

梁思成跑到阳台上，用手遮额向天空望去，以为是中国的飞机，把小弟抱起来高兴地说："真的是舅舅的飞机来了。"

在长沙，方玮德的女友黎宪初听说林徽因、梁思成也来到长沙，便尽地主之谊，邀梁、林夫妇赴宴。在北京时，方玮德和黎宪初曾到北总布胡同看望过林徽因，因方玮德是徐志摩生前的学生，林徽因对他有一份特殊的感情。黎宪初告诉林徽因，在南下的火车上碰到过沈从文，方玮德病故后，沈从文曾让她把与方玮德的情书整理好，交给沈从文准备出版，后抗战爆发，这件事便搁置下来。后来这些信也不知了去向。她还与林徽因说，前不久，她在长沙碰到了清华大学政治教师陈之迈，经她的母亲同意，二人便牵手结缘。

这时乌鸦一样的机群啸叫着投下了黑压压的炸弹。梁思成还没有反应过来，炸弹便在楼底下开了花。他忙跑回屋里把宝宝抱起来，林徽因也抱起小弟，扶着母亲下楼。门窗已被震垮，到处是玻璃碎片，刚刚走到楼梯拐角处，又一批炸弹在天井里炸响，林徽因被气浪冲倒，顺楼梯滚到院里。楼房坍塌了，一家人逃到街上，大街上黑烟弥漫，有几处房子燃起了大火，四处是人们惊慌的哭叫声。

离他们住的地方不远，是清华、北大、南开大学挖的临时防空壕。他们一家往那里跑的时候，飞机再次俯冲，炸弹呼啸而来，有一颗就落在他们身边，林徽因、梁思成紧紧护住两个孩子，只有一个瞬间，他们绝望地对望了一眼。然而这颗炸弹却没有炸响。

飞机走后，他们从焦土里扒出仅有的几件衣物。刚刚安置下来的家，又化成了一堆瓦砾。有好长一段时间，一家五口东一处西一处地借住在朋友家里。后来，他们和金岳霖一起，住在长沙圣经学院。

不久，沈从文、曹禺、萧乾、孙伏园也从武汉来到长沙。那天清晨，他们踩着鹅毛大雪，在林徽因家里相聚。

沈从文在军中当团长的弟弟沈岳荃同日军作战负伤，从杭州来长沙医院治疗，这时，伤已痊愈，正准备重返前线。他见到哥哥，兴奋异常，便问沈从文有多少朋友从北平来长沙，表示愿以沈从文的名义，请大家吃顿饭，以尽地主之谊。

过了两天，沈从文邀请了林徽因、梁思成、张奚若、金岳霖、杨振声、闻一多、朱自清、萧乾等人，由沈岳荃在"三湘大酒楼"设宴招待客人。席间，他的弟弟还介绍了上海"八·一三"战役，大家听了很受鼓舞，不时爆发出阵阵掌声。

11月末，林徽因一家离开长沙，前往昆明。张奚若、金岳霖到车站为他们送行。

从长沙到昆明，是一条原始而漫长的路，他们乘公共汽车取道湘西去昆明。那里是一片原始荒蛮之地，一路经常德、沅陵、辰溪、怀化、晃县、贵阳，才能到昆明。

　　12月8日，林徽因便与全家单独踏上往昆明的漫长旅途。第一天晚上住在官庄，第二天中午就顺利到达沅陵。

　　沅陵是汉代置县，"因冈傍阿""临沅对酉"而得名，它地处交通要冲，二水合流，地分南北，河谷高高低低布满了屋宇。老天爷慷慨地给了他们一个好天气，盈盈秋水，淡淡青山，这里风景美极了，但在林徽因脑海里，留下的只是一些酒家、山壁、石桥、巨榕等不完整的碎片。

　　早在长沙时，沈从文在武汉就得知他们要经过他的家乡，便写信相邀，一定到沅陵他的大哥处住上几日。林徽因一到县城，便写信给沈从文：

> 　　昨晚里住在官庄上的。沿途景物又秀丽又雄壮就使我想起你二哥（注：指沈从文）对这些苍翠的天，排布的深浅山头，碧绿的水和其间稍稍带点天真的人为的点缀如何的亲切爱好，感到一种愉快。天气是好到不能再好，我说如果不是在这战期中时时心里负着一种悲伤哀愁的话，这旅行真是不知几世修来。

　　林徽因、梁思成按图索骥，找到了沈云麓建在半山上的家。沈云麓瘦高个子，高脑门，高鼻梁，往下挂的厚嘴唇，加上厚实的下巴，长得痛快淋漓。然而，他的上身前倾，高度近视，行走步履却特别轻快，有着湘西人殊无可比的热情，且会一手画像绝活，足可以养活两口之家。

　　此时沈从文的弟弟也从前线回来养伤，与大哥一起早已做好了待客的准备。他们为林徽因、梁思成准备了辰溪的红腹锦鸡、乾州的板鸭、湘泉白酒、自制的腊肉、溆浦的红橘、本地的板栗、乌柏、碣滩茶等乡土美味，招待远道而来的朋友。

　　他们在畅谈沅陵的人文历史、地域风情外，还游览了城西北山坡上唐代建筑龙兴寺，沅、酉二水汇合处石壁上《宋代明溪新寨题名记》碑、虎溪书院等名胜，林徽因这才对沅陵有了比较完整的印象。告别时他们相邀，等战争结束后再来这里聚首。

　　到了晃县，林徽因突然得了肺炎，高烧到40度。

　　城里无处可住，小旅馆里挤满了难民。梁思成怀着惆怅的心情走在黑暗而泥泞的街上，忽然一家小旅馆里传来悦耳的琴声，他敲了敲门，屋里住着空军学院的8名学员，他们也在等车去昆明。梁思成把林徽因得病无处可住的情况告诉了他们，年轻的空军学员慷慨地挤出住房，欢迎他们一家人的到来。

整座县城没有一家医院，梁思成便找了同车的一位留学日本又懂得中草药的女医生，给林徽因开了中药。半个月之后，林徽因才退了烧。一家人告别朝夕相处的八名学员和那位女医生，又继续赶路。

他们晓行夜宿。早上起床后，梁思成很快就把铺盖卷打点起来。每到一个地方，要做的第一件事情，就是去找那些"未晚先投宿，鸡鸣早看天"的小客店，把两个孩子留在车内，坐在行李上，照顾晕车的外婆。

他们乘坐的这辆汽车经常"抛锚"。有一次，车开到一个地势险峻的大山顶上，突然停住不动了，当时天色已晚，大病初愈的林徽因，在凛冽的寒风中几乎要冻僵了，乘客们也很害怕，因为这里经常有土匪出没，大家不停地抱怨着。

梁思成不仅会开车，而且懂得机械原理，便主动与司机一起修车，寻找车究竟出了什么毛病。他把手帕放入油箱，拎上来手帕还是干的，原来是汽油烧光了。这地方前不着村，后不着店，又不能在车上过夜，他便同司机一起招呼旅客，推着车慢慢往山下走。太阳落山的时候，突然有一个村子奇迹般出现在路旁，大家雀跃起来。

过贵阳、安顺和镇宁，前面就是举世闻名的黄果树大瀑布了。很远就能听到那雷鸣般的水声，车子在离大瀑布4里远的路边停下来，大家便急不可待地循着那轰鸣的水声跑去。

一道宽约30多米的水帘凌空蹈虚，飞悬在万丈峭壁上，凭高作浪，发出轰然巨响。云垂烟接，万练倒悬，跌入犀牛潭中，飞瀑跌落处，掀起轩然大波，迷蒙的水雾，化作数道长虹，悬挂在半空，若隐若现，幻影重重。

许多身手矫健的年轻人，早就沿着水帘旁的石级，攀上了天生桥。林徽因站在百丈石崖之下，出神地望着飞挂遥峰的瀑布，听着那轰鸣的水声，对站在身旁的梁思成说："我感觉到世界上最强悍的是水，而不是石头，它们在没有路的绝壁上，也会直挺挺地站立起来，从这崖顶义无反顾地纵身跳下去，让石破天惊的瞬间成为永恒，让人能领悟到一种精神的落差。"

梁思成说："你记得父亲生前向我们说过的话吗？失望和沮丧，是我们生命中最可怖之敌，我们终身不许它侵入，人也需要水的这种勇敢和无畏。"

车子在轰鸣的水声中徐徐起动，过普安，下富源，奔曲靖，春城昆明已遥遥在望，那里将有一片新的生活天地。

　　林徽因在车子上把一路走过的地方，画了详细地图，交给宝宝辨认，让她记住走过的路程。

　　车子在如画的山色中慢慢地行驶，林徽因耳畔不停地轰响着黄果树大瀑布雷奔云泻的水声，一面刚毅的白色的旗帜在她的心壁上招展。

　　那不是生命向死亡投降的白旗。

# 25

## 水色天光的春城

在昆明，没有谁能说出春天是从哪朵花开始的。

听莺桥边的垂柳，似乎每天都换一茬叶子，永远是翠绿中透着新鲜的鹅黄。季节的嬗变，只有从天空的色泽中才能感觉出来。早春的天空，玻璃那样青，如一层薄薄的卵壳，画家的调色板上调不出那种颜色。云，如丝如缕，总是挂在天空的边角上，如果你不注意，一定误以为是谁挂在那儿的一张网片。

天气好的时候，看远处的金马山和碧鸡山，山也带着水的意韵，迷蒙飘忽，云梦沼沼。两三声鹧鸪叫声，仿佛从水里传来，淡远了一脉苍苍茫茫的记忆。

1938年1月，林徽因和梁思成来到昆明后，借住在翠湖巡津街尽头前市长的"止园"。与他们毗邻的还有张奚若夫妇。出门不远就是阮堤，散步时，穿过听莺桥，便是海心亭，亭中有联云："有亭翼然，占绿水十分之一；何时闲了，与明月对饮两三。"逃难的人可没有这份闲情逸致。梁思成由于脊椎病复发，背部肌肉痉挛，即使穿了那件从未离身的铁背心，也难以站起身子。发作厉害的时候，他痛得昼夜不能入睡，医生诊断，说是扁桃体化脓引起的，于是切除了扁桃体，但又引发了牙周炎，满口的牙也给拔掉了，只能躺在一张帆布床上。医生让他找点简单的事情做，可以分散注意力，免得服用过量止痛药引起中毒，于是他就找了件旧毛衣来拆。过了一段时间，能下床走动了，林徽因便搀起他，到翠湖边散步。有时，他们也约了张奚若夫妇在湖边走一走。

春天的时候，她给沈从文写信说："昆明的白云悠闲疏散在蓝天里。现在生活的压迫似乎比前天更有分量了。"　"虽然思成与我整天宣言我们愿意服务的，替政府或其他公共机关效力，到如今，人家还是不找我们做正经事"，"所以我仍然得另想办法来付昆明的高价房租，结果又是接受了教书生涯，一星期来往爬四次山坡走老远的路到云大去教六点钟补习英语，上月净挣得四十余元法币"。她信中又说：

> 到如今我还不明白我们来到昆明是做生意，是"走江湖"，还是做"社会性的骗子"——因为梁家老太爷的名分，人家常抬举这对夫妇，所以我们是常常有些阔绰的应酬需要我们笑脸的应付……思成不能酒，我不能牌，两人都不能烟，在做人方面已经是十分惭愧！现在昆明人才济济，哪一方面人都有云南的习惯，香港的服装，南京的风度，大中华民国的洋钱，把生活描画得十二分对不起那些在天上冒险的青年，其它更不用说了，现在我们能认识的穷愁朋友已来了许多，同感者自然甚多……
>
> 这封信做一个赔罪的先锋，我当时也知道朋友们一定记挂，不知怎么我偏不写信，好像是罚自己似的——一股坏脾气发作！

云南不是天堂。战争将他们驱赶到这里躲避战火，到云南无钱却无法生存。穷愁如一把尖利的刀子，直向他们刺来，林徽因到后向他报告的可不是福音。

不久，杨振声、沈从文、萧乾也结伴来到了昆明。他们住在离林徽因、梁思成不远的北门街，蔡锷发动反袁战争时在云南的旧居。这是一栋极平凡的小房子，斑驳陆离的瓷砖上，有"宣统二年造"字样，院子里有两株合抱大的尤利加树。过了一段时间，沈从文的夫人张兆和带了两个孩子，也绕道香港，经越南河内来到昆明；杨振声的女儿和儿子也来到这里，组成一个临时大家庭，外加金岳霖和他养的那只漂亮、雄壮的大公鸡。

1939年6月，沈从文完成教科书编写收尾工作后，被聘为西南联大师范学院教授，月薪280元。对此刘文典、查良铮（穆旦）因文凭能否胜任教授一职多有质疑。沈从文对此不予理睬，而且所教课程备受欢迎。后来成为作家的汪曾祺在这里成了他的得意门生。为躲避空袭和缓解家庭经济困难，沈从文把家搬到东南郊呈贡县龙街居住。张兆和在华侨中学志愿教书，那里距联大30里，沈从文只好来回跑着上课。4年后华侨难民学校结束，张兆和应新创办的建国中学校长卢伟民之聘，到桃源村教书，而且成了拿工资的教师。桃源村属关渡区，沈从文又把家搬到桃源村，距西南联大近了许多，这也减少了他许多奔波之苦。

朱自清等一群朋友到昆明后，住处离他们也不算太远，大家见面的机会多起来，很快又恢复了北平文化小圈子的闹热。然而他们聚会的地方，更多是在林徽因家里，隔几天他们便去林徽因家吃下午茶，大家一起谈文学、谈战局。谈累了的时候，大家便去李公朴开的北门书店逛逛，或去顺城街老城墙脚边排档上品尝风味小吃。

9月3日，朱自清等结束蒙自文学院教学返回昆明。不久沈从文来访。后与杨振声、沈从文商定教育部托编的教科书目录，由朱自清编写，成书后定名为《经典常谈》。不久西南联大三八年度第一学期开学，朱自清开设"中国文学批评"和"大一国文"课等。朱自清看望林徽因，并借她的散文《窗子以外》作讲课范文之用。由此可知这篇散文在朱自清这位散文大家心目中的地位，以及在当时文坛的影响力。

那时，林徽因的三弟林恒也在昆明航校，经常带一群同学到家里来玩。舅舅来了，是两个孩子的节日。舅舅给他们做飞机模型，还带来黄灿灿的子弹壳做的哨子。他们最喜欢舅舅讲战斗故事，萧乾来了，听得比孩子们还入迷，那些故事，不是林恒肚子里编出来的，故事的主人公，大都是早他一两年毕业的兄弟，而且他也即将毕业，很快要成为那些英雄故事的主人公了。萧乾被深深激动着，每到这时，林徽因便鼓励他把这些故事写出来。不久，萧乾写出了那篇在当时文坛颇有反响的《刘粹刚之死》。

这段日子，记录在林徽因当时写下的几首诗中。这个时期林徽因的作品，大都是记事性的，如《对北门街园子》：

> 别说你寂寞；大树拱立，
> 草花烂漫，一个园子永远
> 睡着；没有脚步的走响。
> 你树梢盘着飞鸟，每早云天，
> 吻你额前，每晚你留下对话，
> 正是西山最好的夕阳。

　　那个永远睡着的园子，总是一班文友的脚步踏进它的梦境。园中有一石桌，三五石凳，逛完了北门书店，他们就买些瓜子、话梅到这片幽静之处聊天，继续着刚才的话题。从这里可以看到西山最美的夕阳。还有她写的《茶铺》：

　　　　这是立体的构画，
　　　　描在这里许多样脸
　　　　在顺城脚的茶铺里
　　　　隐隐起喧腾声一片。

　　　　各种的姿势，生活
　　　　刻画着不同的方面：
　　　　茶座上全坐满了，笑的，
　　　　皱眉的，有的抽着旱烟。

　　　　老的，慈祥的面纹，
　　　　年轻的，灵活的眼睛，
　　　　都暂要时间茶杯上
　　　　停住，不再去扰乱心情！

　　　　一天一整串辛苦，
　　　　此刻才赚回小把安静，
　　　　夜晚回家，还有远路，
　　　　白天，谁有工夫闲着看云影？

　　　　不都为着真的口渴
　　　　四面窗开着，喝茶，
　　　　跷起膝盖的是疲乏，
　　　　赤着臂膀好同乡邻闲话。

也为了放下扁担同肩背
向命运喘息，倚着墙，
每晚靠这一碗茶的生趣
幽默估量生的短长……

这是立体的构画
设色在小生活旁边，
阴凉南瓜棚下茶铺，
热闹照样的又过了一天。

那个茶铺，给予林徽因的记忆永远是温暖而新鲜的，花上一角钱，可以买到一碗香喷喷的米线。主人是一位瑶族大妈，对北平来的几位客人总是特别热情，他们吃到的米线往往是最好的。有时，还给他们端上一盘爆炒黄鳝丝，或一盘新鲜的田螺。在这里也能吃到"您爱豆腐果"，那其实是一种油炸米豆腐小风味，有恋人来买这种小食品，茶铺主人便多多地放辣椒末，据说越辣二人的感情越深。因此，他们总是怂恿沈从文和张兆和、萧乾和"小树叶"吃"恋爱豆腐果"。张兆和和"小树叶"不堪那火一样的辣，咽下一口，眼泪全冒出来了，大家便一块儿起哄："全吃光啊，吃不光感情就不深！"

林徽因家的邻居，是一位从四川来的做白铁活的张大爹，他有60多岁，背深深地驼着，他喜欢喝很烈的苞谷酒，脸总是红红的。林徽因经常带了宝宝和小弟，去张大爹临街的小楼前看他做的手艺，一张白铁板，在他手里剪剪敲敲，三下两下，就出来一只漂亮的小水壶。林徽因《小楼》一诗，写下了她当时的感受：

张大爹临街的矮楼，
半藏着，半挺着，立在街头，
瓦覆着它，窗开一条缝，
夕阳染红它如写下古远的梦。

矮檐上长点草，也结过小瓜，

　　破石子路在楼前，无人种花，

　　是老坛子，瓦罐，大小的相伴；

　　尘垢列出许多风趣的零乱。


　　但张大爹走过，不吟咏它好；

　　大爹自己（上年纪了）不相信古老。

　　他拐着杖常到隔壁沽酒，

　　宁愿过桥，土堤去看新柳！


　　7月，萧乾接到了胡霖从香港发来的电报，去年停刊的《大公报》现已在香港筹备复刊，计划在"八·一三"一周年之际出复刊号，请萧乾速速赶往香港，重操旧业。

　　兴致勃勃的萧乾，接到电报便和"小树叶"一起跑到林徽因家，林徽因、梁思成也很高兴，说了许多鼓励的话，来宽慰"小树叶"。

　　临行前几天，萧乾四处向朋友辞行、约稿。人还未走，他就风风火火地投入了工作。林徽因对萧乾的热情非常赞赏。

　　萧乾走后，林徽因对他的工作经常写信给予鼓励和支持。


　　林徽因和梁思成到了昆明不久，莫宗江、陈明达、刘致平也先后来了。

　　在北平时，营造学社已有普查全国古建筑的设想，现在营造学社的几个骨干都到了昆明，梁思成和林徽因便设想把大家组织起来，恢复营造学社的工作，对江南地区的古建筑进行考察。为了筹措经费，梁思成曾给中美庚款基金会周诒春写过信，询问能否得到补助。周诒春复信说，只要有梁思成和刘敦桢，基金会便承认营造学社，可以继续给予补助。正好刘敦桢从湖南新宁老家来了信，赶到昆明来。这样，营造学社西南小分队就组建起来了。

　　便是这年年末，房主收回了他们的房子，林徽因、梁思成不得不另寻住处。在新觅住所还不能入住时，他们通过朋友暂借昆明西山别墅栖身。这个别墅是夏天避暑之所，当时正值冬季，无人使用。这里风景极佳，但无法取暖，这个"四季如春"的昆明，冬天的寒冷也是很难抵御的，每当有太阳时，一家人便到屋前草地上晒太阳。

1938年，林徽因与亲友在昆明西山华亭寺。
左起：周培源、梁思成、陈岱孙、梁再冰、金岳霖、吴有训、梁从诫

在这期间，朱自清因生活困难，将老婆孩子送回成都老家居住，冬天昆明气候寒冷，他无力缝制棉袄，只好买赶马人的一口"皮钟"御寒，让人见了乐不可支。这几年，他每遇假期，便在昆明和成都间往返。一次他胃病又发，儿女生病，又遭父殇，不仅不能守孝，还不能回家奔丧。

他们租住的第二处房子仍在巡津街（9号），与清华一对年轻夫妇同住一院，两家各住三间房子。他们一家在这里住了将近一年时间。

1939年秋天，明净的春城天空也不再安宁，日本人的飞机不断来骚扰，空袭的警报一响，大家便携家带口出外躲避。昆明文化圈的朋友和营造学社的同人，纷纷搬到乡下。沈从文一家去了呈贡县的龙街。林徽因、梁思成一家随营造学社搬到城东北郊区龙泉镇的麦地村。

学社的办公地址设在麦地村一个旧尼姑庵中，绘图桌与菩萨们共处一殿，只用麻布拉了一道帐子。林徽因一家住在大殿旁一间半泥土铺地的小屋里，屋子潮得可以浸出水来，只好在地上撒些石灰。学社的其他成员和眷属也都住在这座尼姑庵的其他屋里。

这一年秋天，梁思成的病经过治疗和林徽因的细心照顾，已基本复原，便和刘敦桢带上莫宗江、陈明达，开始了对云南、四川、陕西、西康等36个县的为期半年的古建筑考察。林徽因和刘致平负责留守和整理资料。

尽管这里住的房子条件很差，林徽因却把一家人的生活安排得有声有色。她通过熟人请来基泰建筑公司的木工，把半间起居室和母亲的卧室装修了一番，铺了木地板，改造了门窗，装上了玻璃，还做了一个小书架，使原来破旧不堪的小屋焕然一新。在这间小小的起居室里，她为宝宝和小弟辅导作业，讲解《庄子》《战国策》的篇章。她还为孩子买了《绿庐小孤女》《小妇人》《爱弥儿捕盗记》《苦儿努力记》《人猿泰山》等欧美儿童读物。

为了生计，林徽因也难于免俗（她不拿营造学社工资），她不得不去云南大学为学生补习英语，每周6节课，虽不多，但离住处很远，且路上要爬四道山坡，为此她付出了许多辛劳。

然而，艰苦的生活并没有改变林徽因诗人和艺术家的气质，昆明美丽的景色大大激发了她的创作热情，她先后写了诗作《除夕看花》《茶铺》《小楼》《三月昆明》（已佚）和散文《彼此》等作品。这个时期的诗作，因着颠沛流离的生活，她的诗风开始由内向外转化，更加接近现实的生活，但仍然保留了她的敏锐感觉和真挚情感。

麦地村有一座烧制陶器的土窑，能烧制出很精美的陶罐，林徽因迫切地想去看一看。当地乡亲们告诉她，烧窑的技术传男不传女，女人进作坊被看作不吉利的事。林徽因花了不少钱，终于买通了进门这一关。一进作坊，林徽因看到那个制坯子的师傅是个老年人，他把一团熟韧的泥放在转盘上，轮盘转动起来，老师傅眯着眼睛，用手漫不经意地一按就出来一个精美的造型。林徽因脱口叫起来："美极啦，就要这个！"

老师傅眯着眼睛，头也不抬，脸上毫无表情，又一个美丽的造型出现了。林徽因焦急地等待着，可是老师傅仍旧不肯停下来，似乎所有的注意力都集中在那双骨节粗大的手上。

老师傅终于停下来了，抬头对林徽因笑笑，把他的作品从转盘上取下来，那是一只精美的花盆。

林徽因感觉到，她目睹了泥土的灵魂被塑造的全过程，那灵魂在一双手上醒着，并因此获得了骨骼和血肉，这才是艺术的质朴和本真。

1940年春节前夕，梁思成、刘敦桢等考察归来。他们跑遍了巴山蜀水，收获颇丰，这也是他们进入营造学社以来最后一次野外考察。

在尼姑庵住了半年多，因房屋太拥挤，林徽因和梁思成从麦地村又搬到了两里路外的龙头村（龙泉镇）。这年5月，他们借李姓地主的地皮，自己出资，以走后房子归他为条件，亲手建造了龙泉镇三间住房和一间厨房。这座小屋坐落在村边开洼地的边上，背靠高高的堤坝，上面长着一排笔直的松树，南风吹来，野花散发出清新的香气，短暂的平静仿佛又回到往昔的生活中。

老金在他们的住房尽头加了一间耳房，算是他的居室，他每天早上到联大授课，晚上赶回来居住，好不辛苦。钱端升等一班朋友也在这里建了房子，大家都为这"乔迁之喜"感到自豪，因为从一块木板、一个钉子，到每一块砖头，都浸透着他们的辛苦和汗水。此时，北总布胡同时期文化沙龙的欢乐又得以在这里重聚。

林徽因、梁思成为建造这三间住房，花尽了所有的积蓄，这个家的经济能力已到山穷水尽的地步。1940年9月，费正清夫妇寄来一张为林徽因治病的100元的支票，才算付清了建房欠下的债务。林徽因感慨万端地在回信中说：

> 亲爱的慰梅和费正清：读着你们8月份最后一封信，使我热泪盈眶地再次认识到你们对我们所有这些人的不变的深情……那是一种欣慰的震撼，却把我撕裂，情不自禁泪如雨下。
>
> 很难言简意赅地在一封信里向你们描述我们生活的情景。形势变化极快，情绪随之起伏。感情上我们并不特别关注什么，只是不过随波逐流，同时为我们所珍惜、为生活中不可或缺的某些最好的东西感到朦胧的悲伤。这种感觉在这里是无价的和不可缺少的。……
>
> ……战争，特别是我们自己的这场战争，正在前所未有的阴森森逼近我们，逼近我们的皮肉、心灵和神经。而现在却是节日，看来更像是对——逻辑的一个讽刺（别让老金看到这句话）。
>
> 老金无意中听到了这一句，正在他屋里咯咯地笑，说把这几个词放在一起毫无意义。……

林徽因每天起床后便清扫庭院，做饭洗衣，大学上课，在这段恬静而热闹的日子里，她不仅没有得到很好的休息，反而比以前更加繁忙了。

在晃县邂逅的那批空军学员，此刻已成为林徽因心里割舍不下的牵挂。异乡结下的友谊升华为一种情愫，梁家也成为他们赖以聚首的家。

那批学员大多是来自广东、江苏、福建等省的农家子弟，他们一个个善良、正直、腼腆、勇敢，可以说是一群完全未脱尽稚气的孩子。到昆明后他们住在市郊的巫家坝机场，成为航校的第七期学员（林恒为第10期学员）。

每到星期天或节假日，这些学员便结伴到林徽因家里做客，常来的有七八个人，林徽因像对待自己的弟弟一样对待他们。他们的到来，给这个家庭平添了许多欢乐，笑语声声，他们把林徽因当作大姐，或诉着乡愁，或诉说苦闷。他们学成时，因为昆明没有亲人，林徽因和梁思成被邀请做他们的"名誉家长"出席毕业典礼，梁思成还在大会上讲了话。

那个爱拉小提琴的学员黄栋权，文静、安谧，说话轻声细语，他告诉林徽因，他快要结婚了，女朋友是江苏老家的人，他还羞涩地给林徽因看了照片，但心里仍有许多忧虑。他们有时向林徽因诉说航校的一些事情，诸如训练施行体罚，后勤部门某些人盗卖汽油、器材，飞机装备落后等，林徽因总是给予思想上的安慰。

他们毕业后，先后被分配到各处担任作战任务，大多被分配到了四川。

最先传来不幸消息的是那个广东籍学员陈桂民，在一次空战中，他射完了最后一颗子弹，被敌机紧紧咬住不放，然而敌机也没有子弹了，于是他们并驾齐飞，用手枪对射。他的手枪子弹打完后，决定冲过去与敌人同归于尽，但由于飞机性能太差，敌人还是逃脱了。最终陈桂民还是在作战中牺牲了。当林徽因接到部队寄来的遗物时，她捧着这些照片、日记、衣帽，泣不成声。

接下来离去的是那个不善言谈、诚实执着的叶鹏飞，因战机陈旧失修，空中发生故障，他两次被迫跳伞，他觉得这些飞机是父老乡亲捐钱购置的，绝不可以再跳伞了，然而他又在空中遇到了飞机故障，当机长命令他跳伞时，他没有服从，造成了机毁人亡。

黄栋权牺牲时，林徽因更流露出一份特殊的悲痛和惋惜。他在击落一架敌机后又乘胜追击另一架飞机，结果被敌机击中，他来不及跳伞，与战机一同坠落，摔得粉身碎骨，连遗体也无法收殓。

那个广东籍姓陈的小伙子，后来已升至一名中尉，在一次空战中，他击伤了一架日机后，自己驾驶的飞机也受了伤，被迫降落在广西边境。他整整两天与部队失去了联系，直到第三天才乘客车回到昆明。林徽因得知他失踪的消息，整夜睡不着觉，直到得知他平安回来，只是受了些轻伤，林徽因才长长地叹了口气，心中有说不出的欣慰。

家在香港的林耀，是牺牲最晚的一个。他和林徽因一家接触最多，林徽因迁往四川李庄后，他两次休假到李庄探望，秉烛长谈，并把他心爱的唱机、唱片留给生病的林徽因。林耀第三次来李庄，是驾机执勤路过，他绕李庄上空低飞盘旋了两圈，捎来昆明友人给林徽因、梁思成的信件，还投下了一包水果糖。他曾负过重伤，手肘被子弹射穿神经不能伸直，他却坚持康复锻炼，终于再次重返蓝天。这个毅力坚强的飞行员，最后在日军大举进攻湘桂的战役中，于衡阳上空献出了自己的生命。

他们阵亡后，一些私人遗物陆续寄到林徽因手里，每一次收到遗物，林徽因都感到一次巨大的悲痛。后来梁思成收到空军学员牺牲的噩耗，便不再告诉林徽因，将遗物悄悄藏起来。全家每到7月7日12时，都为这些死难者默哀3分钟。那一批在晃县结识的空军学员，没等到抗战结束，就在一次次与日寇力量悬殊的空战中牺牲了，没有一人幸存。

这在林徽因的情感世界里留下了刻骨铭心的伤痛。

26

病困李庄

棒棒鸟的竹林，阳光的竹林。

万竿修篁，环绕着一湾碧水。11月的竹林，霜叶已是苍茫的颜色，有风吹过，摇曳着一片叶子的水面。那声音仿佛是一种呼唤，一种向往，一种抵达者的梦境。阳光在孟宗竹的骨节上懒懒地爬动，靛蓝色的鸟身，从一竿竹梢跳到另一竿竹梢，身后留下一道翅影。

竹林深处的小村叫上坝。

这个几十户人家的村子，距李庄只有2里，属南溪县所辖。

1940年初冬，傅斯年和李济对陷入困境的营造学社伸出援手，把营造学社的五个人转为中国博物院的编制，每个人能拿到一点固定的薪水。傅斯年又把梁思成的历史语言研究所通信研究员转为兼职研究员，以稍微减轻营造学社的经济压力。然而，随着历史语言研究所的入川，林徽因、梁思成刚刚建立起来的新家又再一次面临着告别。

恰在此时，梁思成的脚趾感染，为防破伤风必须马上治疗，不然将会有截肢的危险，最后林徽因与梁思成商定，由她带母亲和一双儿女先行，梁思成留下治病，愈后再赶往四川。

1940年11月29日，天空飘着细碎的雪花，一家人乘卡车离开了居住将近3年的昆明。当时11岁的女儿宝宝后来在日记中记下了这次迁徙的全过程。她后来回忆道：

29日我上车离开昆明后因为晕车，就"倒在妈妈手上睡觉，有很多人都吐了。……后来因困极就睡着了，醒来已到曲靖，在'松花江旅馆'住下"。11月30日，我们从曲靖出发，当晚到达宣威，"住在'中国旅行社'。小弟（从诚）发烧至39度多"，半夜在床上听见小弟在床上说胡话。12月2日我们继续坐卡车从宣威到威宁，"住在'官商客寓'，是个小店，很脏，老板抽鸦片烟"。

12月3日我们从威宁到达毕节，我至今仍记得沿途风景如画，但人烟稀少。……在毕节，从诚继续发烧，妈妈带我到街上的中药店为他买了药，回来按当地土法在煮药时放进一个鸡蛋，然后用药浸过的鸡蛋为他揉搓额头，使他逐渐退了烧……

我们在毕节停留了三天，12月6日离开毕节后，在赫章吃中饭，当天晚上到达叙永。12月7日中午离开叙永，傍晚到达泸州，住在蓝田坝的"中国旅行社"。

12月9日我们准备坐上水船从泸州去宜宾，同一卡车来的各家先把行李捆好，请挑夫挑到江边，再用小划子将行李运到靠近轮船处，结果发现轮船入口太小，大件东西进不去。于是刘伯伯和中央博物院的曾昭燏小姐等人就押着行李绕道而行，刘伯母带着刘家兄妹们，妈妈带着我们坐在趸船上等待他们，直到天黑，我们才上了船。这一天，大家都没吃晚饭，饿着肚子上了床。

12月10日我们在船上醒来时发现已开船，当晚到达宜宾。在船过南溪县时，我们看到岸上有许多境遇悲惨的伤兵。在宜宾停留的两天都有空袭警报。比我们先到的莫宗江和陈明达先生在宜宾同我们"会师"了，大家都很高兴。

1940年12月13日上午，我们从宜宾下水船前往李庄，终于来到了此行目的地——当时离宜宾约60华里的李庄。在木船摇到李庄时，孩子们高兴得同声大喊："李庄！李庄！"

在林徽因到达李庄一周后，梁思成也从昆明赶到。

等待的日子，宝宝常到江边那个叫"木鱼石"的地方守望，焦急地等待着父亲的归来。太阳落下去了，江边刮起寒风，水花溅湿了她的衣衫，仍不见船上走下父亲的身影。她几次怏怏而归。日子怎么这样漫长？她心沮丧，踽踽而行，踏上"高石梯"的台阶，独自向月亮田上坝村走去，长江在身后摇动着桂轮山灰暗的影子。

当梁思成赶到家的时候，宝宝偎在父亲的怀里，落下喜极而泣的泪水。小弟还有些不大懂事，他从背后跳到父亲身上，双手捂住了梁思成的眼睛。林徽因在一旁嗔怪着，赶紧与母亲到厨房准备饭菜。

李庄，是长江边上一个千年古镇，它距宜宾和南溪各25公里，是长江上游重要的水路驿站。秦以前属僰侯国，秦以后归僰道县。梁代置戎州（今宜宾），兼置六同郡，辖僰道、南广两县，李庄属南广县。北周时南广县迁李庄镇，隋时炜炀帝改南广为南溪县，治所仍在李庄。晚唐时因避战乱，南溪县迁至长江北岸的奋戎城，即今南溪县城。李庄作为县、州郡的历史，已长达四百余年。

抗战期间李庄外来人口最盛时多达1.2万人，而它本身只有4000来人，外来人口超出它的两倍。那时李庄与重庆、昆明、成都可以比肩，并列为抗战大后方的四大文化中心。

1940年秋天这次迁来的主要有中央研究院的历史语言研究所、社会科学所和体质人类学所、中央博物院筹备处、上海同济大学和中国营造学社。

中央研究院历史语言研究所和体质人类学所住在镇辖的板栗坳，即现在的永胜村，是山间的一个小盆地，离李庄镇约8华里。坳上有栗峰书院，建在山脊上，是张姓家族几辈人建成的宅院。所长傅斯年住坳里桂花院，旗下的历史组、民族组、考古组、语言组、图书馆等分散在张家七处大院子里。历史语言研究所是中研院最大、人数最多的一个所，自1928年在北京成立以来，历经几次迁徙，先是由北平北海静心斋迁到上海曹家渡小万柳堂、南京北极阁，"七七"事变后，先迁长沙圣经学校，再迁云南昆明，这次又迁到四川南溪李庄。傅斯年1896年生于山东聊城，21岁考入北大国学门，24岁考取官费留学生，在欧洲留学7年，却没有取得学位，曾遭不少人非议。创建历史语言研究所后，他才走上新学术的征程。

中央研究院社会科学所住在镇的石崖湾和门官田，距李庄镇二三公里，而两个村也相隔二三公里。所长陶孟和住在东岳庙附近的姚家大院，所址在门官田，因离家远，他很多时间都在单位办公。陶孟和早年留学英国，获博士学位后回国，积极从事社会调查活动，主持中华教育文化基金会社会调查部，后更名"北平社会调查所"，1934年并入中央研究院社会科学研究所，陶孟和任所长。陶孟和做过北大教务长，白崇禧是他的学生。他与傅斯年有师生之缘，但他们的治学风格迥异。陶更多的是无为而治，他只管督促检查。傅则对治学考虑得很细，他认为手下人有压力，才出成果。

同济大学亦不在镇上，校部在禹王宫，工学院在东岳庙，理学院在南华宫，医学院在祖师殿，图书馆在紫云宫，大地测量组在文昌宫，体育组在曾家院子。同济大学前身是20世纪初德国医生埃里希·宝隆在上海创办的同济德文医学堂，1917年收归国有，10年后更名为"国立同济大学"，抗战前已是拥有医、工、理三个学院的综合性大学。后千里辗转，5次搬迁，最后才从昆明来到李庄。

同济校长六年三任其位。第一任校长周均时，四川遂宁人，留学德国，专攻相对论，抗战爆发，在昆明接任同济校长。后者为丁文渊（丁文江之弟）、徐诵明。三江碛是这里的一景，中间是个大足球场，简易篮球板，边上排列着跳高、跳远的沙坑，沿着这片开阔地有一条长长的石坎，单杠、双杠就摆在看台上。每到李庄集市，附近祭天坝、长宁、宋家山等地的农民挑米到这里来卖。担米的脚夫在路上彼此加油："快！早点拢李庄，放下担子，好到河坝头去看打皮球！"1943年，同济工学院就从宜宾牵电线到李庄，使江边这个小镇，比县城南溪早十年用上电灯。同济大学迁来不久，就在李庄办起了附中和完小，解决了居民和教职员工四五百名学龄儿童的入学问题。梁思成被邀到同济大学土木系讲过课，他告诉学生，学建筑的不要把传说看成无稽之谈，与建筑相关的那些神话，也是研究中国建筑史不可或缺的部分。

中央博物院筹备处在张家祠堂，是唯一在镇上安置的中央单位。筹备处主任李济1896年生于湖北钟祥，15岁考入清华学堂，毕业后被派往美国克拉克大学、哈佛大学攻读社会学和人类学，获博士学位。回国后在南开、清华与梁启超、王国维、陈寅恪、赵元任四大导师同执教鞭。李济敢想敢做，突破清华围墙，把课堂搬到田野里去，把考古变成一门以自然科学为基础的独立学科。1929年他被聘为历史语言研究所考古组主任。1934年他接任筹备处主任，但仍兼历史语言研究所考古组主任。李济一家住在镇上羊街7号，距单位只有300米。

中国营造学社住在李庄镇西两三里地的上坝村，一个叫月亮田的张家老房子里。房东与营造学社的人合住在一起。费慰梅的一篇文章详细地记录了当时的情形：

营造学社在李庄的总部是一座简单的L形平房农舍，它的长臂是南北走向。这一臂的一侧从南到北是一个打通的工作间，备有供画草图和写作用的粗糙桌凳。对面是女仆的房间、储藏室和三个初级研究人员的卧室排成一行。走过一条狭窄的走廊，就是向东延伸的L形的短臂。

一穿过走廊就是两间卧室，一间是外婆和宝宝的卧室。另一间是儿子的。再过去就是梁氏夫妇的两间房，一间卧室，一间书房，这就是短臂的全部了。他们的房子是朝南的，窗外是浓荫覆盖的、赏心悦目的一个院子。徽因的帆布床就安在这间房里（大家睡的则是光板和竹席）。

对面，在L形长臂的西边，是一处更大的天井，大部分是参天樟树，点缀着小丛的香蕉林。在院落中还散落着一些小平房，一间做厨房，远些的一间是食堂，留出些地方给莫宗江睡觉，最远的一处则是户外厕所。

工作间的布置和装修是沿着当年工作间在北京皇宫院里的时候策划的营造学社正规道路上前进了一大步，刘敦桢安家的地方离得不远。思成多年的初级助手莫宗江、刘致平和陈照达都可随叫随到。

到李庄后，梁思成与营造学社的同人立刻展开了工作，派人参加了历史语言研究所、中央博物院组派的联合考察，对四川彭山豆坊沟、崖子山、江口镇等汉代崖基进行了发掘。

傅斯年对这次考察十分关注，他在信中提醒考察团成员，不要只停留在随闻随录或风俗逸话的层面，应注意发掘问题，多照相，也就是要把考古提升到现代学术的层次，而不只是传统文人"记游"类作品的延续。

这次考察发掘惊世骇俗，在彭山寨子山崖墓550号第二层檐崖发掘出男女秘戏浮雕图。图像中两人做坐式，男人右手置女人右肩下抚其乳，左手抚女人下体；而女人左手搭男人左肩，右手执男人左腕。男女相吻，妇人的舌尖稍稍吐出。

高去寻考证此石雕图，写出了《崖墓中所见汉代的一种巫术》一文。领队吴金鼎向中博院筹备处主任李济建议，"将其移运嘉定存藏中博院仓库"，以防"道学先生敲碎"。

营造学社还与历史语言研究所、四川省立博物馆、北大文科研究所等单位联合，在成都发掘了前蜀王建墓。

在战火纷飞的抗战中，一群扛着锄头的知识分子，寻找着中华民族失落的古老文明。

梁思成的弟弟梁思永一家先于林徽因来到李庄，租住在羊街8号罗南陔家，他每周一到板栗坳山上历史语言研究所上班，周六晚才回到家中休息一天。在山上工作之暇，他身穿背心短裤，打乒乓球锻炼身体，晚上因天热无法工作，便到戏楼院观四川南溪李庄镇赏台染火熏蚊，打着蒲扇谈天说地。他也参加了历史语言研究所、中博院、营造学社组织的联合调查，后因生病而未能成行，1941年他在病榻上与董作宾合作，完成了中国大型田野报告《城子崖》一书，在李庄石印出版。

不久，同济大学在李庄办起了附中和完小，林徽因给宝宝和小弟也报名入学。他们每天迎着初升的太阳，穿着姥姥千针万线做的布鞋，背起书包，高高兴兴地到东岳庙学校驻地去上学。

罗哲文是梁思成到李庄后从宜宾招收的练习生，比小弟和刘敦桢的儿子大不了几岁，常在院里趴在地上打弹子，卢绳看到后，写了几句打油诗贴在那棵大樟树干上：

　　早打珠，晚打珠，
　　日日打珠不读书。

叶仲玑身体瘦弱，希望自己长得胖些，他心血来潮，也写了一张条子贴在大樟树干上：

　　出卖老不胖半盒。

宝宝常患感冒，也写了一张条子贴在大樟树干上：

　　出卖伤风感冒。

一座偌大的院子，被几个年轻人做成了欢乐的海洋。

林徽因坐在那扇窗子里面，高兴地望着窗外的一切。她羡慕窗外跑动的孩子，羡慕竹梢上跳跃的小鸟，在安谧的冬阳里，没有日机的轰鸣，没有拉响的警报，大地呈现出从未有过的宁静，只有阳光从窗上给她泼洒下来的暖暖的橘黄色的写意。

林徽因此时想要做的，便是在这里完成一种生命的接引。

# 27

## 患难中的光亮

小村上坝是李庄一处美丽与寂寞的所在，青烟、竹篁、水田、白沙、牯牛、茅屋，主宰着这里的一切，它紧紧攫住林徽因的心，四周总像是绕着许许多多幻化的云彩。她折一根竹枝，坐下又走开，那风篁带韵，万物齐同，飘在11月的风里。大地摇着水牯苍凉的铃声，渐行渐远，伴她走向生命的深处。

然而，对这里的山水还未细加领略的时候，病魔便神不知鬼不觉地向她袭来，她的肺病又复发了。她高烧不退，体温迅速上升到摄氏40度，三九天气，她像一株雨中苦楝，全身被淋得湿透，一条毛巾能拧出水来。她头晕目眩，四肢无力，几周下来，竟然不能下床走动了。

梁思成束手无策，守候在她的床边，只能用毛巾一次次为她拭去身上的汗水。

每到这时，她反倒安慰梁思成："纵浪大化中，不喜亦不惧，应尽便须尽，无复独多虑。"她的话大气磅礴，穿云裂石。梁思成围衾而坐，低下头嘤嘤地哭了起来。

林徽因这次发病，完全是川南的气候条件使然。他们居住的房屋看似不错，其实是用木板、竹篾和泥巴垒起来的墙，根本不足以抵御冬季的严寒，且川南气候湿冷，潮气很重，本地无生火取暖的习惯，加之迁川旅途的劳累，便引发了林徽因的旧症。

接着，傅斯年和梁思永也病了。

　　傅斯年患的是高血压，他只得辞去中研院总干事之职，把历史语言研究所交给董作宾全权代理，他到重庆治病，两年后才返回李庄。傅斯年虽身在重庆，心仍留在历史语言研究所，他几乎一两天就得与李庄通一封信，为租赁房屋、安置同人、组织钱粮、协调关系、开展业务等操心，对于发生的那些不如意的事，常常暴怒。

　　梁思永与林徽因一样，得的也是肺结核症。历史语言研究所在山上为他装了"新房子"，当思永过了危险期之后，就搬到山下羊街去了，房东罗南陔见思永生病，把自己的"植兰书屋"腾出，让给他养病。梁思永很满意这个环境。罗南陔很喜欢文史，梁思永那时正研究宋史，他俩在兰花丛中，或躺或卧，一谈便是几小时。梁思永的妻子李福曼是他的表妹，从小青梅竹马，此时对梁思永也无微不至地护理，擦身、消毒、营养配餐、换洗衣服、读报纸、抄稿子，生活安排得井然有序，梁思永一年后就慢慢好起来了。

　　梁思成得知弟弟生病后，每隔几天便来家一趟，看缺什么，有时也捎点菜来。罗家亲戚多，常从乡下送来瓜果蔬菜，罗南陔每次都准备两份，送给成、永兄弟各一份，以减少他们上街买菜的花销。

　　后来，梁思成给在广东婆家暂住的妹妹梁思庄的信中描述了梁思永的病况：

> 　　三哥到此之后，原来还算不错，但今年二月间，亦大感冒，气管炎许久不好，突然转为肺病，来势异常凶猛，据医生说是所谓galloping T.B.（奔马痨，一种肺病），好几次医生告诉我critical（病情危急），尤其是旧历端阳那天，医生说anything may happen anytime（随时可能发生意外）。形势异常危急，把我骇得手足无措。其实也因二嫂已病了一年，医疗看护方面都有了些经验，所以三哥占了这一点便宜。He was benifited by二嫂's experience。幸喜天不绝人，竟渡过了这难关，至六月中竟渐渐恢复常执……

　　李庄缺医少药，更无良医，即使历史语言研究所在板栗坳建起一个小型医务所，也不过是昙花一现。梁思成心里明白，肺结核是世界性的不治之症，谁要摊上这种病，唯一的办法就是休息和营养，别无良药可治。为此梁思成学会了护理、打针、蒸馒头，土制"甘蔗酱"，尽其所能为林徽因改善生活，使她增强体质。

李庄这个地方1940年春旱接着伏旱，庄稼颗粒无收，榆树叶子、野菜都被摘光挖净，他们来后就闹着饥荒。这年10月，又受到宜昌沦陷的影响，本来飞涨的物价，此时更加凶猛。

战前，中央研究院的职员薪俸是很高的，书记的月薪是30至60元，事务员、助理员60至180元，专任编辑、技师120至300元，专任研究员最高月薪可到500元。后来国民政府发出通知，国难期间薪金60元以下者照发，60元以上者暂支60元。像傅斯年、董作宾、李方桂、李济、梁思永等这样待遇优厚的学者，拿到手的薪金只相当于原来的十分之一，完全降到一般水平线以下。就连傅斯年也说："此一职业，在战前颇为舒服，今日所入，几夷为皂隶，弟亦如此也。"

生活最困难的时候，傅斯年每餐只能吃一盘"藤藤菜"（空心菜），有时只喝稀饭。实在接济不上时，便靠卖书度日。

经济凋敝下的中国，物价像一蓬野火，四处燃烧，拿到手里的薪水，如不换成米面，一夜间便变成一堆废纸，任谁也无计可施。

一箪食，一瓢饮，在陋巷。

身居穷乡僻壤的林徽因一家的生活也陷入了困境。营造学社的经费几近枯竭，中美庚款基金会已不再补贴，只好靠重庆的教育部那杯水车薪的资助。梁思成的工资大部分买了药品，用于生活上的开支就拮据起来。每月开了工资必须马上去买药、买米，通货膨胀如洪水猛兽，稍迟几天，工资就化乌有。

实在没有钱用的时候，梁思成只得到宜宾典当行去当卖衣物。

每当站在当铺高大的柜台下面，梁思成的双腿就忍不住发抖，觉得自己的身躯在一点一点地矮下去。留山羊胡的账房先生，总是从那双高度近视的镜片后面闪出一种嘲弄的目光，他只对梁思成递过来的东西感兴趣，可每一次他都把价钱压得不能再低。梁思成拙于谈价钱，账房先生的算盘打得飞快的时候，那声响如同一梭子子弹

1941年，林徽因在李庄上坝村家中

打在他的心上，每一次他都逃一般地弹出那家当铺。

衣服当完了，便只好把宝贝一样留下来的派克金笔和手表送到那山一样巍峨的柜台上。账房先生对梁思成视为生命的东西，却越来越表现出冷漠和不耐烦。一支二十年日夜伴随他的金笔，一只从万里之遥的美国绮色佳购得的手表，当出的价钱只能在市场上买两条草鱼。

拿回家去，他神色凄然地说："把这派克笔清炖了吧，这块金表拿来红烧。"

林徽因除了苦笑，却什么也说不出来。

在病情稍微稳定下来以后，林徽因开始读书。她的床上堆满了梁思成从历史语言研究所图书室借来的中外书籍，种类繁多，但中心还是与中国建筑史的研究相关。其中包括《史记》《汉书》《元代官室》《北京清代官殿》《宋代堤堰及墓室建筑》《洪氏年谱》《战争与和平》《通往印度之路》《狄斯累利传》《维多利亚女王》《安那托里·费朗西斯外传》《卡萨诺瓦回忆录》、萨缪尔·巴特勒的《品牌品牌品牌》以及莎士比亚、纪德等人的作品。

在阅读这些书籍的过程中，林徽因的创作灵感常常被点亮，激起创作冲动。有一阵子她想用英文写一部《汉武帝传》，并对宝宝讲了她有声有色的构思。她从这些著作中重新汲取了力量，如同一个在沙漠里跋涉太久的旅人，惊喜地发现了甘泉和绿洲。

然而，李庄集中了许许多多的学者、专家，除林徽因外，却找不到一个作家，她的艺术天赋和创作激情仿佛泯灭在病痛中。前来与她交流最多的是同样有着留英背景的曾昭燏小姐。她是曾国藩的后人，留英时攻读考古专业，获博士学位，回国后供职于"中央博物院"筹备处，中华人民共和国成立后任南京博物院院长。

斯人独憔悴。林徽因为病痛所折磨，眼看着一天天消瘦下去，眼窝深陷，面色苍白，几个月工夫，便失去了她那美丽的面容，很难再走出门槛一步，沦落为一个长年卧床喘息的病人。

林徽因常常觉得有些惋惜，她写信告诉费慰梅，告别了创作的习惯，失去了同那些诗人、作家们的联系，并且放弃了她所喜爱的且有着某些才能和领悟的新戏剧方面工作的一切机会，为此她不无忧愁和失落。

费正清和费慰梅夫妇知道了他们在李庄的困境，数次来信劝他们去美国治病，同时在那里也可以找到一份报酬丰厚的工作。

林徽因和梁思成很感激老朋友的关心，他们商议着给费正清夫妇写了一封回信，婉言谢绝："我们的祖国正在灾难中，我们不能离开她，假如我们必须死在刺刀或炸弹下，我们要死在祖国的土地上。"林徽因说："我们决不做中国的白俄。"

林徽因的病未好，又传来弟弟逝世的消息。1941年3月14日，她最疼爱的三弟林恒刚从航校毕业不久，在一次与日机的战斗中，牺牲在成都上空。梁思成瞒着林徽因到成都处理后事，一个月后才回到李庄。当林徽因得知这一噩耗时，她痛不欲生，但还是以极大的毅力克制了心中的悲痛。

暑假到来时，金岳霖翻山越岭来昆明看望林徽因，他的到来，不仅给全家人带来欢乐，也带来老朋友们的信息和问候。更重要的是，他还有一部要重写的哲学论著《知识论》，这件事一直为西南联大的朋友传为美谈。

这部六七十万字的书稿早已完成，在一次跑空袭中，他扛着这部沉重的稿子到山里避难，他气喘吁吁地放下稿子坐在上面休息，待警报解除，他起身便走，等到他想起稿子，到山里去找，稿子早不翼而飞了。

金岳霖只得借这次来李庄休假之机重写。

恰在此时，林徽因又接到费慰梅从美国辗转三个月寄来的信件，林徽因、梁思成和老金传阅着，患难见知己，他们孩子般地笑着，商量着立刻回信。林徽因先写大队日机从李庄上空飞过，接着写他们家年轻能干的女佣，最后写梁思成和老金：

> 思成是个慢性子，喜欢一次就做一件事情，对做家务是最不在行了。而家务事却多得很，都来找寻他，就像任何时候都有不同车次的火车到达纽约中央火车站一样。当然我仍然是站长，他可能就是那个车站！我可能被轧死，但他永远不会。老金（他在这里呆了些日子）是那么一种客人，要么就是到火车站去送人，要么就是接人，他稍稍有些干扰正常的时刻表，但也使火车站比较吸引人一点和站长容易激动一点。

林徽因写完，问他们要不要写几句。老金看了信，也写了几句附言：

> 面对着站长，以及车站正在打字，那旅客迷惘得说不出任何话，也做

不了任何事，只能眼睁睁看着火车开过。我曾经经过纽约中央火车站好多次，一次也没看见过站长，但在这里却两个都实际看见了，要不然没准儿还会把站长和车站互相弄混。

梁思成看了信和附言，在信尾写道：

现在该车站说话了。由于建筑上的毛病，它的主桁条有相当的缺陷。而由协和医学院设计和安装的难看的钢支架现在已经用了七年，战时繁忙的车流看来已动摇了我的基础。

这封诙谐的信，涉笔戏趣，那些话如蓬如萍相互碰撞，又顾盼生姿，把患难中的亲情、友情描绘得风声有韵，花香沾衣。

细心的费慰梅读信后感到，那信的纸质之劣，使用之节俭，与邮票的昂贵价格形成鲜明对比，此时才觉得给徽因增添这样的破费，而心里十分懊悔。

1941年，几乎是老金来李庄的同时，梅贻琦、罗常培、郑天挺等也来到了板栗坳，参加附读在历史语言研究所的北大文科研究所的研究生答辩，学生有任继愈、马学良、刘念和、李孝定等人。闲暇之余，他们亦到上坝村张家大院月亮田看望林徽因、梁思成夫妇。

1942年9—10月间，林徽因收到傅斯年处转来的，傅斯年从财政部长翁文灏处代签的领物后条子和给朱的一封信的抄件。

1942年春天，傅斯年病愈后回到了李庄，他得知梁思成、梁思永兄弟生活困窘的情况后，4月18日向教育部兼中研院代院长朱家骅和经济部长翁文灏同时上书求助。他在信中说：

骝先吾兄左右：

兹有一事与兄商之。梁思成、思永兄弟皆困在李庄。思成之困是因其夫人林徽因女士生了T.B.，卧床二年矣。思永是闹了三年胃病，甚重之胃病，近忽患气管炎，一查，肺病甚重。梁任公家道清寒，兄必知之。他们二人万里跋涉，到湘、到桂、到滇、到川，已弄得吃尽当光，又逢此等病，其势不可终日，弟在此看着，实在难过，兄必有同感也。弟子看法，政府对于他们兄弟，似当给些补助，其理如下：

一、梁任公虽曾为国民党之敌人，然其人于中国新教育及青年之爱国思想上大有影响启明之作用，在清末大有可观，其人一生未尝有心做坏事，仍是读书人，护国之役，立功甚大，此亦可谓功在民国者也。其长子、次子，皆爱国向学之士，与其他之家风不同。国民党此时应该表示宽大。即如去年蒋先生赙蔡松坡夫人之丧，弟以为甚得事体之正也。

二、思成之研究中国建筑，并世无匹，营造学社，即彼一人耳（在君语）。营造学社历年之成绩为日本人羡妒不已，此亦发扬中国文物之一大科目也。其夫人，今之女学士，才学至少在谢冰心辈之上。

三、思永为人，在敝所同事中最有公道心，安阳发掘，后来完全靠他，今日写报告亦靠他。忠于其职任，虽在此穷困中，一切先公后私。

总之，二人皆今日难得之贤士，亦皆国际知名之中国学人。今日在此困难中，论其家世，论其个人，政府则皆宜有所体恤也。未知吾兄可否与陈布雷先生一商此事，便中向介公一言，说明梁任公之后嗣，人品学问，皆中国之第一流人物，国际知名，而病困至此，似乎可赠以二三万元（此数虽大，然此等病症，所费当不止此也）。国家虽不能承认梁任公在政治上有何贡献，然其在文化上之贡献有不可没者，而名人之后，如梁氏兄弟者，亦复少！二人所做皆发扬中国历史上之文物，亦此时介公所提倡者也。此事弟觉得在体统上不失为正。弟平日向不赞成此等事，今日国家如此，个人如此，为人谋应稍从权。此事看来，弟全是多事，弟于任公，本不佩服，然知其在文运上之贡献有不可没者，今日徘徊思永、思成二人之处境，恐无外边帮助要出事，而帮助似亦有其理由也，此事情况谈及时千万勿说明是弟起意为感，如何？乞示及，至荷。

专此敬颂

道安

弟斯年谨上

四月十八日

弟为此信，未告二梁，彼等不知。

因兄在病中，此写了同样信给咏霓，咏霓与任公有故也。弟为人谋，故标准看得松。如何？

弟年又白

林徽因后来见此信后，感激涕零。她本不想由自己回信，无奈梁思成在重庆未归，踌躇再三，她还是报书相答：

孟真先生：

接到要件一束，大吃一惊，开函拜读，则感与惭并，半天作奇异感！空言不能陈万一，雅不欲循俗进谢，但得书不报，意又未安。踌躇了许久仍是临书木讷，话不知从何说起！

今日里巷之士穷愁疾病，屯蹶颠沛者甚多。固为抗战生活之一部，独思成兄弟年来蒙你老兄种种帮忙，营救护理无所不至，一切医药未曾欠缺，在你方面固然是存天下之义，而无有所私，但在我们方面虽感到 lucky（幸运）终增愧悚，深觉抗战中未有贡献，自身先成朋友及社会上的累赘的可耻。

现在你又以成、永兄弟危苦之情上闻介公，丛细之事累及咏霓先生，为拟长文说明工作之优异，侈誉过实，必使动听，深知老兄苦心，但读后惭汗满背矣！

尤其是关于我的地方，一言之誉可使我疚心疾首，夙夜愁痛。日念平白吃了三十多年饭，始终是一张空头支票难得兑现。好容易盼到孩子稍大，可以全力工作几年，偏偏碰上大战，转入井白柴米的阵地，五年大好光阴又失之交臂。近来更胶着于疾病处残之阶段，体衰智困，学问工作恐已无分（份），将来终负今日教勉之意，太难为情了。

素来厚惠可以言图报，惟受同情，则感奋之余反而缄默，此情想老兄伉俪皆能体谅，匆匆这几行，自然书不尽意。思永已知此事否？思成平日谦谦怕见人，得电必苦不知所措。希望咏霓先生会将经过略告知之，俾引见访谢时不至于茫然。此问

双安

林徽因

傅斯年为梁家兄弟送来这笔款子，无疑是雪中送炭，解人于危难。

1942年春天，梁思庄带着女儿吴荔明长途跋涉从广东老家来到了四川李庄上坝村，路上走了好几个月。梁思庄母女的到来，给梁思成一家增添了许多欢乐，林徽因和梁思庄相别五年，有说不完的话，常常中英文夹杂。林徽因虽体弱但仍快言快语，梁思庄坐在一边，总是比手画脚，又说又笑。因屋子太小，梁思成便让小弟带吴荔明出去玩，直到吃饭时才回家。梁思成又带思庄到羊街去看生病的思永，她看二哥思成如此操劳，不仅侍候二嫂徽因，又要照顾三哥思永，深切感受到"长子如父"的责任。在李庄，梁思成还再三嘱咐思庄，"你三哥的病情千万不要告诉在北平的大姐思顺，因她多嘴，说出去要把娘（思永生母）急坏了。"

1942年8月，费正清被美国战略情报机构派往重庆，林徽因、梁思成热切地希望他到李庄来。梁思成告诉他：

> 从重庆坐一艘破轮船到李庄，上水要走三天，回水要走两天。没有任何办法可以缩短船行时间或改善运输手段。然而我还是要给你一张标出我们营造学社位置的地图，以备你万一在李庄登岸而又没人去码头接你时之用。船是不按班期运行的。每一次到达在这里都是突发事件。但你仍然可以用电报通知我们你搭乘的船名和日期。电报是从宜宾或南溪用信函寄来，两地离此都是60里，它可能在你来到之前或之后到达。

11月初，费正清在中央研究院社会科学研究所所长陶孟和的陪同下，从嘉陵江搭乘小火轮溯江而上，整整四天旅程，11月14日来到李庄镇。费正清是专程来探望这对老朋友的。他们自1935年圣诞节分手以来，直到1942年9月26日在陪都重庆与梁思成相逢，差不多7年时间没有见过一次面。那次相逢，他们激动地握着手达5分钟之久。

他们一进门，费正清愣住了，他不敢相信自己的眼睛。在这几乎是原始人类穴居状态的生存条件下，这两位中国第一流的学者，竟然成了半残废状态，却仍拼尽最后一点力气，全身心地投入工作之中。在他们的病榻周围，是堆积如山的资料和文稿。

费正清望着林徽因，心情十分激动。几年不见，她竟变得几乎认不出来了。

费正清终于忍不住说："我很赞赏你们的爱国热情，可在这样的地方做学问，也确实太难了，你们是在消耗自己的生命。要是美国人处在这样的环境下，他要做的第一件事情，是改善自己的生存条件，而绝不是工作。西部淘金者们，面对着金子的诱惑，他们做的第一件事却是设法使自己有舞厅和咖啡馆。"

陶孟和说："还是去兰州吧，我的夫人也在那里，西北地区干爽的空气有助于治好你的病。先把病治好了，再去写你们的书。"

费正清也建议林徽因去美国治病，他可以提供经济上的帮助。

林徽因说："你们住上几天，也许会有另一种看法。"

后来，费正清在他的《费正清对华回忆录》一书中，满怀深情地谈到当年去李庄访问林徽因和梁思成的情景。

梁家的生活仍像过去一样始终充满着错综复杂的情况，如今生活水准下降，使原来错综复杂的关系显得基本和单纯了。首先是佣人问题。由于工资太贵，大部分佣人都只得辞退，只留下一名女仆，虽然行动迟钝，但性情温和，品行端正，为不使她伤心而留了下来。这样，思成就只能在卧病于床的夫人指点下自行担当大部分煮饭烧菜的家务事。其次是性格问题。老太太（林徽因的母亲）有她自己的生活习惯，抱怨为什么一定要离开北京；思成喜欢吃辣，而徽因喜欢吃酸的，等等。第三是亲友问题。我刚到梁家就看到已有一位来自叙州府的空军军官，他是徽因弟弟的朋友（徽因的弟弟也是飞行员，被日军击落）。在我离开前，梁思庄（梁思成的妹妹）从北京燕京大学，经上海、汉口、湖南、桂林，中途穿越日军防线，抵达这里，她已有五年没有见到亲人了。

林徽因非常消瘦，但在我做客期间，她还是显得生气勃勃，像以前一样，凡事都由她来管，别人还没有想到的事，她都先行想到了。每次进餐，都吃得很慢；餐后我们开始聊天，趣味盎然，兴致勃勃，徽因最为健谈。傍晚五时半便点起了蜡烛，或是类似植物油灯一类的灯具，这样，八时半就上床了。没有电话，仅有一架留声机和几张贝多芬、莫扎特的音乐唱片；有热水瓶而无咖啡；有许多件毛衣但多半不合身；有床单但缺少洗涤用的肥皂；有钢笔、铅笔但没有供书写的纸张；有报纸但都是过时的。你在这里生活，其日常生活就像在墙壁上挖一个洞，拿到什么用什么，别的一无所想，结果便是过着一种听凭造化的生活。

　　我逗留了一个星期，其中不少时间是由于严寒而躺在床上。我为我的朋友们继续从事学术研究工作所表现出来的坚忍不拔的精神而深受感动。依我设想，如果美国人处在此种境遇，也许早就抛弃书本，另谋门道，改善生活去了。但是这个曾经接受过高度训练的中国知识界，一面接受了原始纯朴的农民生活，一面继续致力于他们的学术研究事业。学者所承担的社会职责，已根深蒂固地渗透在社会结构和对个人前途的期望中间。如果我的朋友们打破这种观念，为了改善生活而用业余时间去做木工、泥水匠或铅管工，他们就会搞乱社会秩序，很快会丧失社会地位，即使不被人辱骂，也会成为人们非议的对象。


　　费正清因感冒在床上休息的时候，林徽因便拿了她在李庄写的诗给他与陶孟和读。让他们惊奇的是，在这样恶劣的生存条件下，林徽因居然还洋溢着诗情。

　　费正清退烧以后，林徽因、梁思成陪他们去外边散步，费正清对这川南小村产生了浓厚的兴趣。林徽因说："中国南方的民居，最充分地体现了中国的人文精神，我有个设想，等身体好起来的时候，要对江南民居做一番详细的考察。"

　　费正清说："林，我已经明白了，你的事业在中国，你的根也在中国。你们这一代知识分子，是一种不能移栽的植物。"

　　在参观了傅斯年位于板栗坳的历史语言研究所之后，费正清还用一个下午的时间看望了来自美国南达科他州斯宾克县的传教士詹森博士，而后与陶孟和重登小火轮返回重庆。

　　1943年6月，李约瑟来李庄访问。他是英国的生物化学家，以热爱和研究中国古代科技史而著称。抗战期间，他在英国驻重庆使馆任科学参赞。在李庄他访问了中研院的历史语言研究所、中博院筹备处、同济大学和中国营造学社。在上坝村，他还看望了生病的林徽因。林徽因写信给费慰梅描述：


　　　　李约瑟教授来过这里，受过煎鸭子的款待，已经离开。一开始人们喜欢彼此打赌，李教授在李庄会不会笑一笑。我承认李庄不是一个特别使人兴奋的地方，但是作为一个中国早期科学的爱好者，又不辞辛劳在这样的战时来到中国，我们也有理由期待他会浅浅一笑。最后，这位著名的教授在梁先生和梁夫人（她在床上坐起来）的陪同下谈话时终于笑出了声。他说他很高兴，梁夫人说英语还带有爱尔兰口音。我从前真不知道英国人这么喜欢爱尔兰人。后来在他访问的最后一天下午，在国立博物院的院子里，当茶和小饼干端上来的时候，据说李教授甚至显得很活泼。这就是英国人爱好喝茶的证明。

便是李约瑟这次李庄之行，梁思成把中研院社科所所长陶孟和与历史语言研究所所长傅斯年成功地拉到一起，摒弃前嫌，十分友好地握手。许多人暗自为这件事鼓了掌。林徽因写信对费慰梅说：梁思成"应当得到诺贝尔和平奖金"。

这件事是李约瑟在中研院大礼堂作讲演之前那一刻发生的。

这一年，营造学社的经费仍不见好转，刘敦桢迫于全家生计，只得去重庆中央大学建筑系任教，买舟东下前的那个晚上，在学社简陋的工作室里，油灯下摇曳着两个人的影子。他们促膝长谈，没有浅斟慢饮，没有诗词唱和，一个仁风，一个德雨，直到斗柄云横，日映朝霞，最后他们竟然热泪滂沱，匼地悲声起来。

他们俩自1932年在营造学社共事以来，度过了人生相当漫长和似水流年的甘苦岁月，一朝分别，没有了对方，失落的情绪立刻笼罩心头。对于营造学社的社务，他们是那么笃定，那么默契，然而，国难当头，民生凋敝，那横亘在他们面前的立体灾难，造成了不得已而为之的选择。十一年的日出日落，他们无可避免地都老了，星空下的小屋若有知，也会记下他们难以割舍的别离。

林徽因在给费慰梅去信时谈起此事：

> 刘先生是一个非常能干、非常负责的人。全部账目以及思成力不能及的复杂的管理工作都托付给他。现在这些将要全部落在思成肩上了！

刘敦桢走后不久，陈明达也为生活所迫到西南公路局供职去了。

这别离，是那样悲感交集，使人怅惘和惋惜。

惨烈的北风吹打着东岳庙上空的晚霞，天井山迷蒙在一片灰色阴影里。社会所所长陶孟和的夫人沈性仁病逝在她的居所，一座离东岳庙不远处的姚家大院里。

沈性仁也是林徽因的好友，生前过从甚密。她与林徽因一样，同样罹患肺结核症。为了治好夫人的病，陶孟和让她搭乘资源委员会的汽车，到西北兰州，希图借那里干爽晴朗的气候，使夫人的病情有所好转。

在昆明和李庄，中博院筹备处主任李济两个活蹦乱跳的女儿先后被夺去了生命，林徽因为此很是伤怀。

沈性仁是浙江嘉兴沈家三姐妹的小妹，亦是民国才女，1920年她曾与陶孟和合译了凯恩斯的《欧洲和议后的经济》，被列入她翻译的房龙的《人类的故事》（名《遗扇记》），1925年由上海商务印书馆出版。沈性仁高贵贤淑，一袭月白旗袍，足穿高跟鞋，"少年似昔"，真可谓光艳照人。金岳霖曾题藏头联曰："性如竹影疏中日，仁是兰香静处风。"可见其才学美貌名倾一时。

费正清在文章中感叹："她是我们朋友中最早去世的一个。"

金岳霖在悼文中说："一月二十三晚上，我看到乙黎所发电报。当时就像坐很快的电梯下很高的楼一下子昏天黑地，等我稳下来时，又看见性仁站在面前。我总不相信电报所说的是真的……"

林徽因与沈性仁同病相怜，她与梁思成第一时间为57岁的陶孟和送去悼念和安慰。

1943年，梁思成和大后方知识分子的生活到了极端贫困的地步，他们商议设立"救友代办处"，共推陈岱孙为"群主"，在同道和部分教师群体内，由他来负责总调度，在有限的条件下，开展互补互救活动，以解燃眉之急，共同渡过难关。梁思成一家也加入行列之中，还大谈手表品质和生意，以获取剩余价值，维持着柴米油盐最基本的衣食之需。

9月27日，梁思成给陈岱孙写信说：

岱老：

前几天林耀有宜宾飞滇转印，托他带上一涵，未知已达记室否？许久无音讯，也许他在滇未停留，未得晤面，未能将信面交，也不一定。我私人的那张美金汇票已托他带印代兑了。

学社那张汇票不知已否取得？如汇款，乞汇"宜宾中央银行苗培华先生收转梁思成"最妥。其次则为邮汇，汇"四川李庄四号信箱中国营造学社"。屡次麻烦老兄，磕头磕头。

闻周公（注：周培源）全家赴美，不胜佩服之至；在这年头，能偕妻带女飞过喜马拉耶山，真可谓神通广大。但抵佛国之后，再向西去，不知是飞还是坐船。若是坐船，提心吊胆的滋味太不好受，未知行程如何走法，乞便中示知。

John F.（注：费正清）时任美国国务院文化关系司对华关系处文官和美国驻华大使特别助理，回渝后有信来说熙若病了，大概是typhus（注：斑疹伤寒）之类，不知到底是甚病？近况何如？甚念。

F.T.（注：陈福田）不知已自印回来否？许久以前弟曾寄他一信，久未得复，所以我疑心他不在昆明。

老金（注：金岳霖）在华府跌入Rock Creek（注：岩溪），将唯一的裤子打湿。那晚穿着在印度买的Military Shirt & Shorts（注：军衬衫与军短裤）与Wilma Fairbank（注：费慰梅）在饭馆吃饭，引起全食堂的注意，以为是"Chinese guerrilla chieftain"（注："中国游击队长"），老板竟不收饭钱，遂得白吃一餐云云！

双十节前后弟或赴重庆成都一行，端公（注：钱端升）若尚未离渝，或可见着。

徽因近来不时起床走动走动，尚无不良影响。谨并闻。

弟思成　九月廿七日

此信大意是有张汇票由人带你，如收到并代兑可寄营造学社，另外告诉周培源、费正清、金岳霖等人近况。

11月4日，林徽因给陈岱孙致信说：

岱老：

从通信之频繁上看，就可以知道你新设立之"救友agency（注：代办处）"规模已略可观，此该受贺还是被人同情，观点不一，还是说可贺好一点。

我们复你的信刚刚发出，立刻又有"三表之讯"，好事接踵，大可兴奋。如老兄所言：二加二可等于四；我们尽管试做福尔摩斯一次。

据我的观察，现时救人救肚子，这三表如同维他命一样都是准备我们吃的。表之自然用处早已是为滋补生命而非记录时间。为其如此故据在行者说国内表已到了饱和点，故如非特别讲究或时髦的，有时颇不易"变化其气质"，正如这里牛肉之不易蒸烂！而在美国因战时工业之故，表价则相当之高。博士（注：即金岳霖）到底书生家死心眼，还始终以为表所含的滋补最为丰富！实可惋惜。

——我的意思是恐怕一表分数人吃，无多大维他命也。

愈是经过了困难，思公对表兴趣愈大，现已以内行自居，天天盼着弄到一只好表可以一劳永逸。

此次胡博士（注：胡适）曾送傅胖子（注：傅斯年）十七钻之Omega一只，外貌又时髦内容又是相当之"中等"，如果金博士（注：指金岳霖）所购亦有此规模，则不但我们的一个可留，你经手那一只大概亦可多榨出一点油水脂肪也。

此信之主要点除向"救友agency"道谢外，便是请代检查表之等级以备思公参考决定解决之法。如果是个中表（那便是我们所盼之"好表"），再烦人带到重庆交John（注：即费正清），在替手未来前，他总不会离开，而思成自己便快到重庆去了。

徽因 十一月四日

此信说你新设"救友代办处"一事，此该受贺。今刚给你复信，又有"三表之讯"，望代为珍查。

1944年5月22日，梁思成给陈岱孙写信说：

前些日子接到老兄汇来一万二千元，救了一个急。前日我们忽得了一点意外的接济，手边松了一点。因想昆明的穷朋友们也许有需要接济的，故现在汇上一万二千，请老兄分配。别人我们不知，熙若一定窘之尤者也。又烦老兄做agent（注：代理人）一次！对不起。

老金的那两个手表若尚未卖出，（在将开参政会之时）请托人带重庆交傅孟真（注：即傅斯年）带给我。最近在宜宾打听得知手表在宜宾销路尚好，价亦比昆明重庆略高，不妨在此一试也。或留一个在昆明售出，寄一个来。

徽因自三月底又病至今已两月。痰液化验结果无T.B.菌（注：结核杆菌）而甚多Streptococcus（注：链球菌）与Staphylococcus（注：葡萄球菌），才知道一向气管炎都受这毛病的磨折，吃了许多Sulfathiazole（注：磺胺塞唑），现在已不发烧，颇足告慰。但一病两月亦真难乎其为病人也。

近来宜宾机场已扩充为美国空军空运基地，终日头顶轧轧机声，打破乡下历来的沉寂。不过河南战事紧张的时候，我们只能看见一星期乃至十天前的重庆报，真急煞人！

博士六月十二日起程，听说行李限制重量极严，怕回来连冬天衣服都带不了多少，他原有的又已送了人，不知他如何过冬也。昆明朋友们近况何如，乞赐数字。

敬颂

研安。

弟思成　五月廿二日

前接老兄汇来12000元，救了一个急。今忽得一点意外救济，原数奉还前款，请解昆明穷朋友燃眉之需。徽因又病两月，真难为她了。宜宾已扩美空基地，轧轧声震破乡野。

1944年8月5日林徽因给陈岱孙写信：

岱老：

你以元老的资格给我们的信早已收到。又有款来的新闻自是好新闻。那时正值思永相当的窘迫，得了这新闻自是感激Agency组织之扩大与周密，老朋友关心之实际化。

当时一得消息我连忙派了再冰小姐做联络员上山去报告她的三叔，谁知这小姐本来有点不好过，赶了一个来回之后便病倒了，那时我又在家发热，家中便又陷入纷乱而思公便忙了起来。这下子倒弄成了我们两人都没有回你一信的事实。

日子过得真快，再冰一病也就三星期，这一波未平时便又被从诚少爷将了一军：原来重庆清华中学招生就在七月廿九。一切迫在眉睫，于是老子连孩子本人都临时抱起佛脚，请了先生补补温温。此外做母亲的便找女工来为小学生赶制蚊帐及衣服！这年头买不起布，所以便拆了这件变成另一件，居然在十日之内穿的、盖的、用的一切也都有了几件可以拿出去洗而不会立刻破成碎段的。这在我们家庭中已是桩很吃力的事。那时又正是寒暑表到了九十几度（华氏）的时期。大家出钱的出钱，出力的出力，而又都出了汗。

这也都是说我们未写回信之"尚可原谅之处"，想必理会得到。我们的确很惨，也很懒，也很可原谅的忙不过来。

上次寄回款的原故是因为我们骤然收到两三处给我们接济，一时感到过于阔绰及自私，所以先寄还你那边接济其他需款之尤急者。这次如果寄来，则我们不但自当接受，并且也大有需要。儿子上学，爸爸送去，这一下子是去了全部可动之财产。所以当日之阔绰情形已成过去。而今后之穷酸情形正在侵入中。

两只金表之从重庆转到李庄，大家检查观摩叹息了，但亦尚未卖出。原来还是个十九钻石者，真可惜外貌之不扬若是。思公带了一个到重庆，预备如何临时有在陈之忧时出脱，另一个在宜宾候主顾。一切又都该向你道谢也道歉，请你别烦厌这重复的几句话。思公七月二十七到达重庆的，忘了说了。……

来信说种胜利菜园，非常羡慕。我们每年六颗番茄在花台中，今年全数失败！

照例我把信写到无法签名时为止，这封也是如此。

徽因谨签名于此了

八月五日


你以元老资格又寄款来，感激"救办处"扩大与周密，关心之实际化。因再冰生病三周，从诚少爷复习报考清华中学，老子、儿子都抱佛脚，这次款来实乃大有需要。一切都向你道谢也道歉！

9月2日林徽因再陈岱孙写信：

岱老：

上次人太糊涂，给你的信忘却写上"航空"两字，现在一直在幻想着它失落在十八盘三十六盘等深山之中！

以许锡良名义汇来巨款已收到两周。肉已多买几斤，且吃过一只肥鸡。钱之作用今年又多了一层认识。梁思永一家穷愁相当，经此"汇"之后眉头确见开展。感激不尽。

如果上次的信真的失落，那么在此再报告一下：梁氏父子到京里（重庆）投考状元去也。至少梁从诫是去投考。昨有信来，两校均已录取，成绩不坏，可是中间又费踌躇，不知决进何校为宜。一慕母校之名，一贪沙坪坝有友人照应之便，结果仍入了南开。儿子一路如刘姥姥进入大观园，闻见莫不感新异，老头儿却眼见车费饭费之大贵，天天叫苦连天，叹息不已。本要立刻回李，又不幸得到"中基"结束消息，只好守在首都等等碎骨头啃。整年挣扎汗流满背，现在一半寄居博物院之篱下，滋味甚苦，"中基"结束正不知下文如何！！

今夏我的养病等于零，精神上太劳苦，体温又上去，真不愿在（金）博士回来时告他此种不争气的消息，但不说则必需说瞎话，正不知如何是好。不过博士大约也是预备割舌头的，他并不告我们坐船而瞎说大约八月中才离美等等！我真希望海上真的安全，他这种走法实是增加友人惦挂，严格说，并不慈悲。

林耀六月廿六在前线机中弹失踪至今无消息。大约凶多吉少。闻讯怆然累日，一切不堪回想。抗战七年直接伤亡消息以空军为最重，我已多次惊弓之鸟，见到不常见之空军友人姓名在信封上，就知道常见的名字已不能自己签名来信！难过之极。

端公信不日就回。你的菜园安吉否，念之。极念熙若一家，却因自己无信，不敢问候。

徽因匆匆
九月二日

信概而言之，汇来巨款收到两周，思永愁眉开展，钱之作用又多了一层认识。梁思成父子重庆投考状元，两校均录取，最后入南开，老头儿眼见车费、饭费大贵，叫苦连天。现一半寄居博物馆篱下，滋味甚苦，真不该告诉你这不争气的消息。你的菜园安吉否，念之。

1945年4月15日，梁思成再次给陈岱孙写信：

岱老：

在渝相左，归来又已两月，怅何如之！去冬汇下之一万四千元（内学社一万，老金薪四千）徽因固早已收到；昨天又接苗培华转来汇下一万二千，大旱云霓，感甚感甚。想此是处分老金表之结果，在此年头表之"不正当用途"确较"正当用途"重要多矣！此事累及老兄，经年累月，歉疚无亟。徽因近来又感冒，经过一个月，尚未肃清，亦未知引起旧病否，真令人焦灼也。敬请

研安。

弟思成拜上
四月十五日

林徽因先前曾给陈岱孙去信说了李庄情况：

近一年来李庄风气崇尚打架，所闻所见莫不是打架；同事与同事，朋友与朋友，职员与上司，教授与校长，inter-institute（注：机构之间），inter-family（注：家庭之间）。胖子（注：傅斯年）之脾气尤可观，初与本所各组，后与孟和公（陶孟和），近与济之公（注：李济），颇似当年老金所玩之蟋蟀，好勇斗狠之处令人钦佩！！！这里许多中年人牢骚，青年人发疯自不用说，就是老年人也不能"安之"。济之老太太已一次游重庆，最近又"将"儿子"一军"，吵着重游旧地。方桂（注：李方桂）把老太太接来之后，婆媳间弄得颇僵，（媳妇便先赴渝去看自己母亲）老太太住了些日感到烦闷又要回重庆，因此方桂又

大举奉母远行。故前星期当这里博物院（注：指中央博物院）职员押运石器时代遗物去重庆展览之时，同船上并有七十六岁之李老太爷一人，七十三岁之李老太爷一位。一舱四位就占去两李家的老人两位，虽不如石器时代之古，责任上之严重或有过之，同行之押运员当然叫苦连天。好在方桂自己也去，只是李老太爷一人需要extra service。

近来各人生活之苦及复杂本来可以增加大家之间彼此同情，可是事有不然者。据我们观察，大家好像愈来愈酸，对人好像倾向刻薄时多、忠厚处少，大可悲也。我们近来因受教授补助金之医药补助过两次，近又有哈佛燕京（注：指哈佛燕京学社Harvard Yenching Institute）之款，已被目为发洋财者，思成感到中研院历史语言研究所之酸溜溜，曾喟然叹曰：洋人固穷，华人穷则酸矣，颇有道理。好在我们对于这里各机关仍然隔阂，对于各种人之寒酸处不甚有灵敏之感觉，仍然像不懂事之客人，三年如一日，尚能安然无事，未曾头破血流如其他衮衮诸公，差足自慰。此两三段新闻写得不够幽默，比起实在内容差得太远，但无论如何仍是gossip（注：闲话），除至熟好友如继侗（注：李继侗）、叔玉（注：萧蘧）、熙若（注：张奚若）诸公，实不足为外人道也。

穷吵嘴，富打架。李庄发生的事情正应了这句俗话的经验之谈。

困难中的学界同仁，在国难当头的困境中，想出了成立"救友代办处"一法，真是高风亮节之举，对盟主陈岱孙先生，他的品德和组织才能，应该高呼一声万岁！

# 28

## 三弟之死

山雨滂沱。

雨的鞭子抽打着如磐的大夜，鞭影闪着遥远的电光，竹林匍匐下来，十万竿竹子一起发出爆裂的声音，小屋像雨中的一片叶子，忽明忽暗，跌跌撞撞地在夜的灼伤处飘荡着。

林徽因坐在窗前，倾听雨声与夜的厮杀，闪电在空中挥舞着猩红的血光，整个世界在恐怖的夜雨中睡得平稳而安详。

一首诗刚刚写罢，诗句在稿纸上燃烧着，每个字都像雷声撼动她的心壁。

这是一首写给三弟林恒的诗，今天是他壮烈殉国的三周年忌日。

弟弟，我没有适合时代的语言，
来哀悼你的死；
它是时代向你的要求，
简单的，你给了。
这冷酷简单的壮烈是时代的诗，
这沉默的光荣是你。

假使在这不可免的真实上，

多给了悲哀，我想呼喊，
那是——你自己也明了——
因为你走得太早。

林徽因三弟林恒

这是1944年的秋天，你离去已经三年了，时光这个万能的医师，却不能使心灵的伤口愈合。那道伤口将会永远新鲜如初，不经意碰一下，就会引发灵魂的血崩。三年来，一切都历历在目，如同昨天，唯一忘掉的，是听到那个噩耗的时刻。

那天，你的姐夫从重庆回来，一脸凄然之色，沉默许久，才说出了你遇难的消息。已经整整三个月没有接到你的信了，白发的母亲天天倚门盼望。孩子们天天望着空中发呆，不知舅舅在哪片云朵上。一种不祥的预感，天天笼罩在心头，这种预感每日让林徽因彻夜难眠。父亲遇难的时候，这种纷乱的心绪每天缠绕在她的心头，不幸的消息如期而至，任何盼望都已落空。如今又轮到你了，我天天惶恐着，心里一遍又一遍为你祈祷着平安，母亲也似乎预感到什么，每天的话题总离不开你，还悄悄地去庙里为你烧过香。

你的后事，是你的姐夫瞒着我和母亲去办的。他最终无法隐瞒这个让人心碎的消息，看到他带回的那把"中正剑"——林恒留下的唯一遗物。两个孩子哭成了一团。在晃县与他们邂逅的一批特别朋友——航校学员，每到休息日，便到家里来玩，诉说乡愁和苦闷。他们学成时，林徽因、梁思成被邀请做"名誉家长"出席毕业典礼。没想到此后不到两年，这批朋友先后牺牲了，连仅有的一个幸存者，也在不久前的衡阳战役中被击落失踪了。他们阵亡后，私人遗物寄到林徽因这里，每一次林徽因都失声痛哭一场。而她早已没有了眼泪，在父亲去世时就已经流光了。

太早了，弟弟，难为你的勇敢，
机械的落伍，你的机会太惨！

三年了，你阵亡在成都上空，

这三年的时间所做成的不同，
如果我向你说来，你别悲伤，
因为多半不是我们老国，
而是他人在时代中辗动，
我们灵魂流血，炸成了窟窿。

弟弟，你走得太早了，你刚刚23岁，死神将为你永远保留这个美丽的年龄，本来你离它是那么遥远。在我的记忆里，你还是那个夏天长了一头痱子，哭起来惊天动地、彻夜不眠的小淘气，你还是经常把自己的名字写成"亘忄"，爹爹来信说该挨打的小淘气。刚刚毕业的时候，你到家里来辞行，你是多么年轻的空军上尉呀，说是要上战场了，你那么轻松，仿佛是要进行一次愉快的远足，赴一个美好的约会。

然而，弟弟，你并不知道，战争对于它的参加者意味着什么。你讲过你的同学那么多悲壮的故事，炸弹不是美丽的花束。你轻松地告别，是怕母亲为你担惊受怕，从那个时候起似乎你已经长大了。这就是战争，它能让一个孩子在瞬间变得成熟；它是文明的逆子，又是文明的慈母。它毁灭着，它创造着，它需要用千千万万青年的血，来浇灌那橄榄枝条。

我们已有了盟友、物资同军火，
正是你所曾经希望过。
我记得，记得当时我怎样同你
讨论又讨论，点算又点算，
每一天你是那样耐性的等着，
每天都空的过去，慢得像骆驼！

现在驱逐机已非当日你最向往
驾驶的"老鹰式七五"那样——
那样笨，那样慢，啊，弟弟不要伤心，
你已做到你们所能做的。

　　弟弟，我仿佛看见你驾驶着"老鹰七五式"——你的铁鸟，呼啸着冲上天空，舷窗外的云彩燃烧着，整个天空，翻滚在雷与火之中。你的机翼下面，是一座和平宁静的城市，母亲在轻轻哼唱着摇篮曲，摇篮里的孩子，睡得那么香甜。而你，只听到了云的啸叫，敌机身上的"太阳"标记，刺痛着你的眼睛。

　　你按动按钮，你感到了天空被撕裂的阵痛。你们离得已经很近了，也许你看到了那张脸，让你觉得竟然有几分熟悉，如果不是战争，你们也许会是经济交往中的伙伴。你看到那张脸极度地扭曲着，你想对他吹一声口哨，然而，你的机身突然颤抖了一下。

　　你多少次抱怨过你的飞机，说它是那样地笨拙，那样地老态龙钟。你说这是世界上最糟糕的装备，你经常幻想着你能够驾驶一架灵巧的铁鸟。在你参战之前，你和你的一群同学到家里来，谈的话题总是这些。你们用模型一遍遍比着，设想了各种各样的战斗场面，还拉了我做你们的参谋。那房间里的"空战"，轻松得像一场游戏，可你们却是那么认真，在你们看来，那也许是真正的短兵相接，尽管死亡离你们那样遥远。

　　别说是谁误了你，是时代无法衡量，
　　中国还要上前，黑夜在等天亮。

　　弟弟，我已用这许多不美丽的言语，
　　算是诗来追悼你，
　　要相信我的心多苦，喉咙多哑，
　　你永不会回来了，我知道，
　　青年的热血做了科学的代替；
　　中国的悲怆永沉在我的心底。
　　啊，你别难过，难过了我会给不出安慰。
　　我曾每日那样想了几回：
　　你已给了你所有的，同你去的弟兄
　　也是一样，献出你们的生命；

已有的年轻一切；将来还有的机会，

可能的壮年工作，老年的智慧。

也许，从童年时你就读懂了战争，读懂了死亡。父亲遇难之前，你们同家里的大人一样，木鸡似的在人前愣着，虽然你们不明白，战争将会给你们带来什么。爹爹的平安电报发回家来的时候，你们拿着电报纸大声欢呼着，冲锋似的在院子里奔跑着，叫着"爹爹没有事，爹爹好好的"。

当爹爹的死讯传来，你们泪盈盈攒聚在一起，相互偎依着，睁大了迷茫的眼睛，你们不知道为什么天空好端端地会塌了下来。

爹爹出殡的时候，几个兄弟忘掉了恐惧，小四、小五在灵前翻着跟头，嘻嘻地打闹着，小小的年纪，实在不懂得死是怎么一种含义。而你那时却默默地握紧了拳头。

办完了父亲的丧事，你把几个兄弟召集在一起，将军一样地宣布，你们要组织童子军，杀到关外去，替爹爹报仇，你们趁着夜色悄悄离家，是母亲哭泣着把你们拖了回来。有好长一段时间，你一句话也不说，都说你的性格变了。你曾是兄弟中最活泼的一个，每次志摩大哥到家里去的时候，总是你同他嬉笑，缠着他讲故事，一听说他要走，就忙着去藏他的帽子。

从那之后你变得深沉了。你的深沉，同你8岁的年纪是那么不协调。中学毕业后，你准备报考清华大学机械系，将来走实业救国的路子。发生在1935年12月的那场运动，使你彻底改变了自己的抉择，在游行的学生队伍中，你是走在最前面的，为此你遭到了穿黑夹克的政治宪兵的毒打，那天你失踪了。你的姐夫思成跑遍北平接受受伤学生的所有医院，我一刻不离地守在电话机旁，每声铃响，都让我心惊肉跳，直到后半夜才有了你的消息，我驱车赶往西城一个偏僻胡同，把你接回家里。你的伤没有痊愈，便放弃了进清华大学机械系的设想，毅然报考了空军学院。你立志将来从武，你报考空军学院时谁也拦不住，你把生命的意义过早地看穿了，你终于在穿上军装之前，就成为懂得死亡的军人。

从战争爆发以来，你就随学院南迁，1939年夏天到了昆明，1940年春天，你以优异的成绩毕业，在同班一百多名学员中，名列第二。短短的几年，你脸上的稚气渐渐消退了，你经常一个人把自己关在屋子里沉思。你成了一个成熟的男人，一个老练的空军驾驶员，对这个经常同死神照面的职业，你却从来不后悔自己的选择。

可能的情爱，家庭，儿女，及那所有
生的权利，喜悦；及生的纠纷！
你们给的真多，都为了谁？你相信
今后中国多少人的幸福要在
你的前头，比自己要紧；那不朽
中国的历史，还需要在世上永久。

你相信，你也做了，最后一切你交出。
我既完全明白，为何我还为着你哭？
只因你是个孩子却没有留什么给自己，
小时我盼着你的幸福，战时你的安全，
今天你没有儿女牵挂需要抚恤同安慰，
而万千国人像已忘掉，你死是为了谁！

弟弟，我又看到那一团燃烧的云了，它烧得那样热烈，那样壮美，那样灿烂！

在云的另一面，你冲了出来，你的铁鸟燃烧着，它的翅膀折断了，它的血液斑斓了全部天空，也许在那个时候，你看到了那张脸，他狰狞地笑着。

什么也没有来得及想，你拼尽了最后的力气，朝那张脸撞过去，云天里一声雷般的轰鸣，火光烧红了半壁天空。

很快，天空复又一碧如洗，缕缕微弱的黑烟，终于消失得无影无踪，似乎一切都没有发生过。没有更多的人听到那声贯耳的雷鸣，没有更多的人知道在他们头顶发生或结束过什么。

弟弟，你折戟沉沙的英雄故事，只有巍巍的峨眉山会记下你的名字，不管它的草木经历过多少番枯荣；只有奔腾的岷江会记下你的身影，不管它流逝过多少江水。

战争，原本是让女人走开的，可是我却一步步走近了它。你把所有的都交出了，是那样慷慨，那样义无反顾。

然而，你注定会被忘却。

历史原本就是一个神秘的作坊，上帝的魔掌随意操纵着它，改变着它，任何一个个体的生命都小如芥子，没有人会计算你所付出的代价。

弟弟，我知道这一切你都不会计较，因为死亡保留了你最美丽的年龄。

这是你独有的一份辉煌。雨和夜的厮杀终于结束。

弟弟，你看今天太阳多好！

29

## 工作着是美丽的

早在1942年，梁思成就接受"国立编译馆"的委托，编写一部《中国建筑史》。

这也是林徽因、梁思成早在英美留学时的夙愿，由他们执笔的《中国建筑史》，将是第一部中国人自己写的建筑史。为了这部书的写作，实际上他们在几年前就开始收集资料了。

林徽因的肺病越来越严重，经常大口大口地咯血，梁思成的身体也垮了下来。他的脊椎病复发，写作的时候，身体支撑不住头的重量，只好找一只玻璃瓶垫住下巴。

病情稍微好些的时候，林徽因便躺在小帆布床上整理资料，做读书笔记，为梁思成写作《中国建筑史》做准备。那张小小的帆布床周围总是堆满了书籍和资料。

林徽因只是从窗外景物的变化上感受着季节，夏天来临了，小屋里的气温骤然升高，闷得像蒸笼。宝宝放了暑假，空闲下来的时候，她便教宝宝学习英语，她用的课本是一册英文《安徒生童话》。暑假结束，宝宝已经能够用英语很流畅地背诵那些故事了。

小弟也上了小学，虽然生活环境艰苦，可是这孩子的个头儿还是长了不少。这里一年到头，他几乎一直打着赤脚，快上学的时候，外婆才给他做了一双新布鞋。

病中的林徽因，躺在小帆布床上坚韧地工作着，承担了《中国建筑史》全部书稿的校阅和补充工作，并执笔写了书中的第7章，五代、宋、辽、金部分。这一章共有7节，分别为：五代汴梁之建设，北宋之宫殿园囿寺观都市，辽之都市及宫殿，金之都市宫殿佛寺，南宋之临安，五代、宋、辽、金之实物，宋、辽、金建筑特征之分析。

　　在这一章中，她介绍了宋、辽、金时代，中国宫室建筑的特点和制式，以及宗教建筑艺术、中国塔的建筑风格、辽、金桥梁建设乃至城市布局和民居考证。

　　大量资料来源，是他们数年来考察中国建筑获得的第一手材料。仅是中国的塔，她就列举了苏州虎丘塔、应县木塔、灵岩寺辟支塔、开封开宝寺铁色琉璃塔、涿县北塔及南塔、泰宁寺舍利塔、临济寺青塔、白马寺塔、广惠寺华塔、晋江双石塔、玉泉寺铁塔等数百种。她细心地研究了它们各自的建筑风格、特点和宗教意义，成为集中国塔之大成的第一部专著。

　　另外，林徽因还以翔实的资料，分析了中国佛教殿宇的建筑艺术，对正定县文庙大成殿、山西榆次永寿寺雨花宫、辽宁义县大奉国寺大殿、山西五台山佛光寺文殊殿、正定龙兴寺摩尼殿和转轮藏殿、宝坻广济寺三大士殿、山西大同华严寺薄伽教藏及海会殿、善化寺大雄宝殿、河北易县开元寺毗卢和观音以及药师三殿、少林寺初祖庵大殿、山西应县净土寺大雄宝殿、河南济源奉仙观殿、江苏吴县玄妙观三清殿等殿宇的建成年代、廊柱风格、斗拱结构、转角铺作诸方面进行了论证与分析。这些都是前人没有做过的事情。

　　在这部书稿紧锣密鼓进行中的时候，林徽因给费正清去信，为下一步图书出版寻求帮助：

　　　　思成有一个想法，把一些关于中国建筑的图版做成黑白片子，加上中英文说明，在完成以后送到你那里做成缩微胶片寄到美国去出版或找到出版社资助。英文的文字稿随后出，中文稿在中国出版。这样，我们的一书两套著作就可以在战争结束之前或者战争刚刚结束的时候面市。这样，这里的工作人员就会有些盼头或者说我们明年的工作就会有一个确定的目标。有这么多单位给我们写信，问我们有没有关于中国建筑的书出版，看来我们过去没有在印刷方面做更多的努力真是可惜。

费正清给林徽因、梁思成回信，表示愿意给予帮助。他在接到这部11万字的书稿后，很快做了安排，把建筑图画做成缩微胶片，共复制了两份，受梁思成委托，将其中一份寄到华盛顿保存。

1944年，梁思成、林徽因经过几度寒暑，草木枯荣，《中国建筑史》终告完成，结束了中国没有建筑史的缺憾。李庄没有铅印条件，他们只能用蜡纸在钢板上刻印了几十份，题名为《中国艺术史建筑篇》，装订成册，上送"国立编译馆"。

这部书稿林徽因没有署自己的名字，但全部文字都经过她加工润色，融注了她的心血。

与此同时，他们又用英文写成了《图像中国建筑史》一书，这部书以图片为主，加以文字注释，也是他们夫妇在李庄合作的另一部著作。梁思成在《图像中国建筑史》前言中说：

> 最后，我要感谢我的妻子、同事和旧日同窗林徽因。二十多年来，她在我们共同的事业中不懈地贡献着力量。从在大学建筑系求学的时代起，我们就相互为对方"干苦力活"，此后，在大部分的实地调查中，她又与我做伴，有过许多重要的发现，并对众多的建筑物进行过实测和草绘。近年来，她虽罹重病，却仍葆其天赋的机敏与坚毅，在战争时期的艰难日子里，营造学社的学术精神和士气得以维持，主要归功于她。没有她的合作与启迪，无论是本书的撰写，还是我对中国建筑的任何一项研究工作，都是不能成功的。

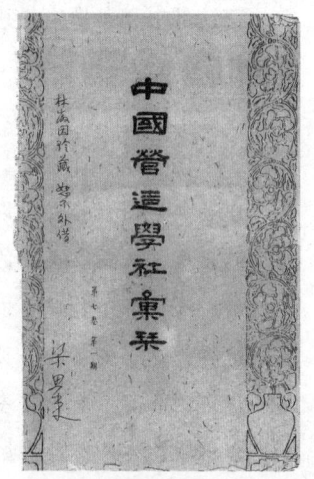

《图像中国建筑史》告罄，同样融注着林徽因的心血，梁思成从实地考察、学社维持、文字撰写等方面，对这位妻子、同事和同窗，给予了全方位的评价和赞誉。

《中国营造学社汇刊》战前一直在北京出版，是学社一本业务性刊物，学术在李庄印刻的学社汇刊性很强，抗战开始就停刊了。为了把学社抗战期间的考

在李庄印刻的学社会刊

察研究报告发表出来，以传薪火，林徽因、梁思成和大家一起商量恢复营造学社已经停了几年的社刊。

抗日战争时期的四川，出版刊物是非常困难的，尤其是在李庄乡下。没有印刷设备，他们就用药水、药纸书写石印。莫宗江的才华得到了最大的发挥，他把绘制那些平面、立体、刨面的墨线图一揽子包了下来。他描出的建筑图式甚至可与照片乱真。从抄写、绘图，到石印、折页、装订，学社的同人一起动手，最紧张的时候，连家属和孩子们也都参与了劳动。一期刊物漂漂亮亮地出版的时候，大家高兴得又笑又跳。

林徽因翻译撰写的《现代住宅设计的参考》长文，刊登在汇刊的第7卷第2期上，全篇洋洋洒洒4万多字。

继抗战前的6期汇刊之后，第7期刊物便诞生在这两间简陋的农舍里。

工作着是美丽的。林徽因、梁思成在写作中获得了极大的快慰，他们在创作的时候，便进入了忘我的境界。

他们梦想着等战争结束了，他们的身体好起来，能再去全国各地考察。梁思成说，他做梦也想去一次敦煌，如果上帝给他以健康，他就是一步一磕头，也要磕到敦煌去。林徽因说，她最向往的是对江南民居的考察，在南方待这么多年，没有来得及实地考察真是太遗憾了。

1945年夏天，费慰梅作为美国驻华使馆文化专员来到中国，并与在重庆的梁思成相逢。8月15日，日本侵略者宣布无条件投降。消息传来，全国人民欣喜若狂，八年的离乱终于结束了，好像陷进古井里的人一下子看到了阳光。可是梁思成当时不在李庄，他正在重庆与两位年轻的作家在美国大使馆食堂共进晚餐。费慰梅与梁思成相约，到李庄去看望分别数年的林徽因，把这个喜讯第一时间告诉她。

林徽因庆祝的方式是极其特别的，她拖着病骨支离的身体，坐轿子到茶馆去，这是她四年来第一次离开她的居室，以茶代酒，庆祝抗战的胜利。费慰梅、梁思成乘美军飞行员的飞机到宜宾，然后赶回李庄，他用家里仅有的一点钱买了肉和酒，还请了莫宗江等一起相庆。林徽因也开了不喝酒的戒，很痛快地饮了几杯。

乘着酒兴，梁思成大声教宝宝和小弟朗诵杜甫的诗：

剑外忽传收蓟北，初闻涕泪满衣裳。

却看妻子愁何在？漫卷诗书喜欲狂！

白日放歌须纵酒，青春做伴好还乡。

即从巴峡穿巫峡，便下襄阳向洛阳。

宝宝看到将要随父母回到阔别多年的故乡北平了，也雀跃起来。

中秋节就要到了，这是中国人的传统节日。捷因在英国一家博物馆当馆长，是来考察中央博物院的，下榻在李庄的张家祠堂，这个外宾自然由李济和他的夫人陈启华招待。林徽因考虑，李济一家三代同堂，特别是李济的父亲李权（1868年—1947年）老人曾是清政府的命官，旧式文人，中秋节家团圆，家中出现一个高鼻蓝眼的"毛子"，内心的不平衡就可想而知了，于是她在中秋节的前两天，给李济和他的夫人为捷因节日吃饭的事写信：

济之先生、李太太：

昨晚你们走后忽然想起廿日是中秋节，晚上你们有老人也许要家宴，有外客实在不便。我们这里已经有了一个外客且为她已备几菜晚饭，加入一人倒无所谓。有了费太太（注：慰梅），熟人在一起，为此外人计，他也可以不拘束一点。所以想当晚就请那位捷因先生过来同我们过节。晚上再派人用火把把他送回，在那一段吃饭时间内，也给你们以喘气机会。珠罗小帐已补好，洗好（老妈病了，自己动手），今晚即可送来。如何请决定，一切我们都可以配合起来，省得大家有何过分不便及困难。

匆匆

徽因敬上

一信刚送，林徽因怕事情没有说清楚，或怕李济不在家，又给李济夫人陈启华再写一信：

李太太：请您千万不要客气，告诉我一下老太爷是不是希望中秋节有个家宴，多个外人与你们不便？

我们这边的确无问题。老妈虽病，做菜请客事素来可以找学社工友，与老妈无关（如果客人在此住，则早饭方面因我们不能跑厨房，自己房间又得先收拾出客人才有坐处，则必狼狈不堪，招架不来，我说实话）。现在客人住你们那里，我希望能够把他请来吃晚饭，让你们家吃团圆饭，方便清静许多。真希望你们不要客气同我直说，我可以分配对付这毛子，不要害得你们中秋节弄得不合适。

这边人极少，且已有费太太，费又同捷因很熟，故在一起过节连老太太、莫宗江等才八个人，可以完全合适毫无不便之处。

至于找思成及费太太过去吃晚饭事，如果不是中秋我想我一定替他们答应下来。因为是中秋，而思成同我两人已多年中秋不在一起，这次颇想在家里吃晚饭，所以已做了四五个菜等他。不要笑我们。

如果客人在此吃饭，与你们的过节，方便两边都极妥当。饭后思成可送他回去，一路赏月，且可到江边看看热闹，陪同济之先生一起招呼这洋人也。

请千万不要客气，随便决定，因为我们这边菜饭一样准备了。帐子如果真的有，我就不送过来，但请千万不要客气，昨天我只补了几个洞，小姐帮着洗出，毫不费力，只因未大干故未送来。

对不起，我信送得太晚，济之先生已上山，两下不接头，但一切等济之先生决定，反正不影响任何事情。

徽因敬复即

为了这件小事，林徽因可谓设身处地，考虑得细致入微，亦可看出患难中两家人的友谊。

然而，在抗战胜利前夕，林徽因看到和听到的消息，使她心中非常不安，虽然日寇已经投降，可是歌乐山上空依然是战云密布，蒋介石调兵遣将，准备打内战。

1946年1月，她从重庆写给费慰梅的信中说：

正因为中国是我的祖国，长期以来我看到它遭受这样那样的罹难，心如刀割。我也在同它一道受难。这些年来，我忍受了深重苦难。一个人毕生经历了一场接一场的革命，一点也不轻松。正因为如此，每当我察觉有人把涉及千百万人生死存亡的事等闲视之时，就无论如何也不能饶恕他……我作为一个"战争中受伤的人"，行动不能自如，心情有时很躁。我卧床等了四年，一心盼着这个"胜利日"。接下去是什么样，我可没去想。我不敢多想。如今，胜利果然到来了，却又要打内战，一场旷日持久的消耗战。我很可能活不到和平的那一天了（也可以说，我依稀间一直在盼望着它的到来）。我在疾病的折磨中，就这么焦躁烦躁地死去，真是太惨了。

在这同时，林徽因为另一桩事心情一直很沉重。营造学社经费来源完全中断，已无法再维持下去。梁思成觉得，中国古建筑研究，经过营造学社同人数年努力，已基本理清了各个历史时期的体系沿革，可以告一段落，战后最需要的是培养建设人才。

他们一家商量着，先到重庆看看病，再到昆明会会老朋友，建议西南联大负责人梅贻琦在清华大学增设建筑系。

过了一段时间，他们搭乘历史语言研究所一辆去重庆的汽车，一大早就上路了。去之前，历史语言研究所的朋友们劝她："林小姐，还是到协和医院去治疗吧，重庆毕竟不是北平。"

到了重庆，她大部分时间待在聚兴村中研院招待所里，那时费慰梅来华在美国大使馆当文化专员，继李庄相会不久，她们又第二次在重庆见面。费慰梅有时开车带她到城里去玩，有时开车到郊外南开中学去接在那里读书的儿子小弟，有时开车到美国大使馆食堂一同就餐，有时到她和费正清刚刚安顿下来的家里小坐。在重庆，费慰梅还请著名的美国胸外科大夫里奥·埃娄塞尔博士检查了她的病情。林徽因的身体条件允许的时候，费慰梅还带他们全家去看戏和电影，林徽因和儿子小弟还参加了马歇尔将军在重庆美新处总部举行的一次招待会，在那里见到了共产党的高级领导人周恩来，"基督将军"冯玉祥等名人。

后来，他们又找了一家比较好的教会医院再次检查，梁思成说，咱们一定要把身体全面检查一下，回去路上心里也踏实。

X光检查以后，医生把梁思成叫到治疗室说："现在来太晚了，林女士肺部都已空洞，这里已经没有办法了。"

梁思成如五雷灌顶，一下子跌坐在椅子上。他不知自己是怎么和林徽因走出医院的。

林徽因却很坦然，安慰梁思成："现在我觉得好多了，回到北平，很快就会恢复过来。"这话如一把刀子扎在梁思成心上，全身每一个器官都在流血。

在重庆他们商定，梁思成先回李庄处理北返事宜，费慰梅同林徽因乘机去昆明。

重访昆明的住所是军阀唐继尧后山上的祖居，那祖居的窗户很大，有一个豪华的大花园，几株参天的桉树，枝条垂下来的芳香随风摇曳。

长期的分离之后，又有张奚若、钱端升夫妇、老金等老朋友聚集在她的身旁，她欣喜若狂，床边总是围绕着没完没了的话语。这年2月28日，林徽因给费慰梅写信，报告了她昆明之行的情况：

> 我终于又来到了昆明！我来这里是为三件事，至少有一桩总算彻底实现了。你知道，我是为了把病治好而来的。其次，是来看看这个天朗气清、薰风和畅、遍地鲜花、五光十色的城市。最后并非最无关紧要的，是同我的老朋友们相聚，好好聊聊。前两个目的还未实现，因为我的病情并未好转，甚至比在重庆时更厉害了——一到昆明我就卧床不起。但最后一桩我享受到的远远超过我的预想。几天来我所过的是真正舒畅而愉快的日子，是我独自住李庄时所不敢奢望的。
>
> 我花了11天的工夫才充分了解到，处于特殊境遇的朋友们在昆明是怎样生活的。……加深了我们久别后相互之间的了解。没用多少时间，彼此之间的感情就重建起来并加深了。我们用两天时间交谈了各人的生活状况、情操和思想。也畅叙了各自对国家大事的看法，还谈了各人家庭经济，以及前后方个人和社会状况。尽管谈得漫无边际，我们几个人（张奚若、钱端升、老金和我）之间，也总有着一股相互信任和关切的暖流。更不用说，忽然能重聚的难忘的时刻，所给予我们每个人的喜悦和激奋。

尽管昆明的海拔高度对林徽因的呼吸和脉搏有不良的影响，但她周围有许多老朋友同她做伴，有看不完的书，还有女仆和老金热心周到的照顾，她心里感到十分惬意。林徽因还给费慰梅写信讲述了住在唐继尧"梦幻别墅"的感受：

> 　　一切最美好的东西都到花园周围来值班，那明亮的蓝天，峭壁下和
> 小山外的一切……房间这么宽敞，窗户这么大，它具有戈登·克莱格早
> 期舞会设计的效果。就是下午的阳光也好像按照他的指令以一种梦幻般
> 的方式射进窗户里来，由外面摇曳的桉树枝条把缓缓移动的影子泼到天
> 花板上来。
> 　　不管是晴天或者下雨，昆明永远是那样的美丽，天黑下来时我房间
> 里的气氛之浪漫简直无法形容——当一个人独处在静静的大花园中的寂寞
> 房子里时，忽然天空和大地一齐都黑了下来。这是一个人一辈子都忘不
> 了的。

　　梁思成的建议很快得到了梅贻琦的支持。梅贻琦答复，首先在清华大学工学
院开办建筑系，并聘他为系主任。梅贻琦还告诉他，清华大学不久就要返平，让
他也做好回去的准备。

　　这年7月，西南联大教工北返，林徽因、梁思成一家也跟他们一起，乘坐一架
改装的军用飞机，由重庆顺利地回到北平。

第四章

**万古人间四月天**

阔别九年的故都，
又重新走回林徽因的梦里。

# 30

## 重返北平

阔别九年的故都，又重新走回林徽因的梦里。

林徽梁思成一家走下西郊机场的悬梯，迎上前来的是陈岱孙教授和安排好的接人的车辆。陈岱孙在昆明时是林家的常客，宝宝、小弟对他并不陌生，他帮林徽因、梁思成拿着东西，又拉着姐弟二人，走出机场的停机坪。

陈岱孙是清华著名的经济学教授，又具有很强的管理才能，这次北返，梅贻琦校长特派他先回清华，安排教职员工的食宿。在日军侵华期间，军队驻扎在清华园，教师宿舍成了马厩，偌大的学府变成了一座军营，日本人在校园内大兴土木，弄得伤痕累累，风景不再。陈岱孙回京后，第一任务便是清除路障，整修屋舍，恢复校园原貌，在苍苍西山之下，等待教授回归、四方学子再度云集。

他们一家乘车进城，沿途风景依旧，唯见西直门外五塔寺附近建有日人"华北农业试验所"，占地极广，其中有洋房数十栋。各家店铺照常营业，有几家因赔累而停业。汽车从西直门进城，由新街口向南，到宣武门内西南联大复员教职工接待处暂住。

回到北平后，南京教育部指令梁思成创建清华大学建筑系并任系主任。不久，梁思成接到通知，教育部和清华大学委派他赴美考察战后美国建筑教育，梁思成亦收到美国耶鲁大学和普林斯顿大学的邀请，去美国做访问学者，并请他参加"远东文化与社会"国际研讨会的领导工作。美国大学发出这样的邀请，是基于梁思成在第二次世界大战中，不畏艰难地坚持研究中国古代建筑及其取得的成果，其论文引起了国际学术界的广泛关注并得到普遍赞扬，他成为国际上的知名人物。

　　这次美国之行，梁思成有很多准备工作要做，但他唯一放心不下的是林徽因的身体。这年8月，他从北京经上海乘船远赴美国。

　　梁思成走后，建筑系主任暂由土木系教授吴柳生代理。吴柳生并不过问专业事务，仅仅是协助工作，凡事都要助手罗哲文去找林徽因沟通。林徽因一直是清华的客座教授，而建筑系的创建工作却落到她的肩上。那时刘致平、莫宗江、罗哲文还未到清华，正在押运营造学社图书资料的途中，建筑系只有吴良镛、林徽因两个人，建筑系的课程设置、添置设备、聘用教师、组织教学，林徽因都要参与过问。

　　建筑系设在水力馆二楼，只有几间空房子，12名学生已到校，开学在即，只有图板和画凳，其他什么也没有，于是她把相关图书、图例从自己家里取来，把画法几何、素描课开起来。新生入学的第一次班会，林徽因觉得应与学生见见面，但她病得不能起床，只好派上中学的儿子去做代表。

　　8月，林徽因也把全家从宣武门内国会街西南联大复员教职工接待处（民初是众议院，现在是新华社所在地）搬到清华大学新林院8号，这是一些名教授的住宅区。8号是一处单层独栋的西式住宅，橙红色砖墙、灰色石板瓦，四面坡式屋顶，门窗南向，阳光充足，四周是绿篱围成的庭院，这里花木扶疏，院落幽静。金岳霖和几个老朋友住得也很近。

　　一年级的第一次设计课，是设计一座"公园大门"。12名学生和教师吴良镛经过昼夜奋战，把作业送到林徽因住处。看到新学期第一批作业成果出来，她高兴地与金岳霖以极大的兴趣品评着，说这张比例处理得好，那张不太像公园的大门，这张更具有欢迎的气氛。更有趣的是，老金抽着袅袅烟斗，不慌不忙地指着一张图说："如果把这些门排在一起，我更愿从这个门进公园！"

　　林徽因还利用营造学社剩余不多的"经费"，组织了一次对恭王府的测绘。她向教师吴良镛和12名学生做了一次"开题报告"，从和珅的为人、与乾隆的关系，到恭王府的奢华与这一组建筑的价值等。经过近一周考察，吴良镛参考从林徽因处借来的一本研究恭王府的英文书，写成《恭王府后苑的园林艺术》。林徽因看后十分高兴，认为写得很不错，让他把文章留下她来修改定稿。

　　1947年3月，费慰梅准备返回美国，行前她从南京来到北平，与林徽因和金岳霖告别。

战后的北平，由于经济萧条带来了物价飞涨，工商业纷纷倒闭。"国统区"的钞票长了翅膀。在他们回来的几个月内，北平的大米由法币900元一斤，猛涨到2600元一斤。清华大学的学生食堂前，常常拥挤着出售衣物的学生，他们把衣物铺在地上的旧报纸上，用毛笔写着："卖尽身边物，暂充腹中饥。"

看着那些孩子一张张菜色的脸，林徽因心中非常难过。饥饿的阴影笼罩着北平，也笼罩着清华园。清华园民主墙上，出现了反饥饿的呼声："内战声高，公费日少，今日丝糕，明日啃草。"也有标语写着："饿死事大，读书事小。"另一个壁报上呼吁："向炮口要饭吃！"

这时，上海、南京等地也开始了抢救教育危机的运动，反饥饿、反内战的浪潮，由南而北，汹涌澎湃。清华大学开始罢课，高音喇叭播送着学生的罢课宣言："今天饥饿迫使我们不能沉默。今天为了千千万万在死亡边缘挣扎的人民，为了在内战炮火下忍受饥饿的全国同胞，我们不得不放下了我们的书本。……一切根源在于内战。内战不停，则饥饿将永远追随人民。"

林徽因家的日子越来越难过了。

他们一家流寓大西南，整整九年，回来已是两手空空，带出的衣物，也在四川当光吃净。刚刚踏上故土，贫困和饥饿如影子一样又跟随他们而来。

她的病也越来越厉害，痛苦又在苦苦地折磨着她。

1947年夏天，在欧洲战场饱经硝烟浸染的著名作家萧乾由上海来北平探望老友林徽因，这一别便是八年，他说：

> 1947年我从上海飞到北平。事先她写信来说，一定得留一个整天给她。于是，我去清华园探望她了。
>
> 当年清华管总务的可真细心，真爱护读书人。老远就看到梁思成住宅前竖了块一人高的木牌，上面大致写的是：这里住着一位病人，遵医嘱她需要静养，过往行人，请勿喧哗。然而这位"病人"却经常在家里接待宾客，一开讲就滔滔不绝。
>
> 徽因早年在英国读过书，对那里的一切她都熟稔、关切。我们真的是聊了一个整天。
>
> 徽因是极重友情的。关于我在东方学院教的什么，在剑桥学的什么，在西欧战场上的经历，她都一一问到了，而她也把别后八年她们一

家人的经历，不厌其详地讲给我听。

最令她伤心的一件事是：1937年她们全家南下逃难时，把多年来辛辛苦苦踏访各地拍下的古建筑底片，全部存放在天津一家银行里。那是思成和她用汗水换来的珍贵无比的学术成果。她告诉我，再也没有想到，天津发大水时，它们统统被泡坏了。

这是萧乾那次到清华探望林徽因留在脑海里的深刻记忆。

林徽因组织建筑系学生成立了工艺美术设计小组，承揽社会上一些活儿，用赚取的收入，购买一些纸张、文具和颜料，给系里生活困难的学生使用。她还鼓励学生说："'北大大，清华清'，能在清华、北大做事，就值得珍惜。当然，前提是不能饿死。"

梁思成除了在耶鲁讲学，还参加了普林斯顿大学建校200周年的庆祝活动，在"远东文化与社会"研讨会上作了《唐宋雕塑》与《建筑发现》两场学术报告，鉴于他对中国建筑方面的贡献，普林斯顿大学还授予他名誉博士学位。在美期间，他作为中国代表，参加了联合国纽约总部大厦设计咨询委员会的工作，并结识了来自世界各地的杰出建筑师，更清晰地把握了国际建筑学界的理论和实战的发展。

在美国，他与费慰梅一起修改了他带去的文稿，在耶鲁，他访朋问友，短短几个月却办了许多事，看不出是个身体有毛病的人。西南联大教授罗常培去耶鲁大学找他，撞了门锁，留下一张纸条："梁思成成天乱跑。"梁思成去访罗常培，也不在，他也回敬一张纸条："罗常培常不在家。"他们两人还互赠一句，结成一联：

梁思成：罗常培常不在家大儒常陪女弟子
罗常培：梁思成妄思伏骥拙匠思成联国楼

梁思成没想到，这时他接到北平发来的电报，林徽因的肺结核病情急剧恶化，病灶已经侵入肾脏，正要给她做一侧切除手术，必须由他做出决定。他接电后决定，立即动身赶回北平。

回国前，蒋介石在解放战争中败局已经显现，美国的朋友问他今后是否还留在国内，梁思成说，共产党也是中国人，他们也要进行建设，他愿为此而尽力。

梁思成从美国回来后，看到建筑系从空空的两间房子，到现在已初具规模，教学也走上轨道，感到非常欣慰。不久，从美国托运的行李收到了，梁思成得意地向林徽因和家人展示了他精心挑选的礼物。林徽因在给费慰梅的信中调侃说：

> ……在一个庄严的场合，梁先生向我展示了他带来的那些可以彻底拆、拼装、卸的技术装备。我坐在床上，有可以调整的帆布靠背，前面放着可以调节的读写小桌，外加一台经过变压器插入普通电源的录音机，一手拿着放大镜。另一手拿着话筒，一副无忧无虑的现代女郎的架势，颇像卓别林借助一台精巧的机器在啃老玉米棒子。……我们确实听到了录在磁带上的各种问候，但是全都不对头了。思成听起来像梅贻琦先生，慰梅像费正清，而费正清近乎保罗·罗伯逊。其中最精彩的是阿兰的，这当然在意料之中。我非常自豪，能收藏一位专业艺术家的"广播"录音，不过迄今我还没有按这机器应有的用途来做什么，只是让孩子们闹着玩的谈话。我觉得好像乾隆皇帝在接受进贡的外国钟表。我敢说他准让嫔妃们好好地玩了一阵子。

更有意思的是梁思成从美国带回的那辆银灰色Crosley（克罗斯利）小汽车，车特别小，清华的师生全叫它"小臭虫"。

梁思成的归来，是林徽因最大的慰藉。然而，林徽因一直发着低烧，梁思成诚惶诚恐地去问大夫，大夫建议，手术时间后延。

等待的日子是难熬的。宝宝去年通过了入学考试，秋天进入北大西语系。她平时住北大女生宿舍，只有周末和节假日才能回清华陪母亲。她每次回来，家里往往高朋满座，有老朋友、年轻教师和学生，简直成了一个聚会的中心。张奚若、金岳霖、周培源教授及其家人是这里的常客，他们的谈话没有固定的目标，海阔天空，侃侃而谈，什么人文趣事、政治风云、艺术见解、科学发现、学术前沿，话题十分广泛。而林徽因总是聚会的中心，她语言犀利，博学雄辩，诙谐机智，吸引着所有人的目光，在那天马行空的灵感中，不时迸发出惊世骇俗的语句。在一次聚会散去的时候，她对张奚若说"你再听我讲一句话"张奚若也说"你也听我再讲一句话"，于是二人一个门里，一个门外，这"一句话"整整讲了40分钟。可是到了晚上，她咳嗽、气喘，整宿不得安闲，难以成寐。梁思成、女儿起来为她捶背，倒水吃药。林徽因如堕五里雾中，自言自语地说："怎么白天讲起课来好像病好了，一到晚上又……"

为了驱赶林徽因心灵上的荫翳，梁思成常为她安排一些户外活动。如到颐和园游玩，梁思成在星期天给她雇好了轿子，让儿子和女儿陪着，到昆明湖、十七孔桥、湖边长廊去走一走，看一看，吸纳一下大自然的新鲜气息，补偿一下透支的身体。

又如到梁思庄家看新房子，常常又是一番宏论。她告诉梁思庄，窗帘单色的好看，如果是花的，最好是大花。她反对复杂和豪华，自己的家一定要cosy（舒适），要简单。她的主张得到梁思庄的响应，用剩下的黄底加橘黄及红色大花窗帘布给旧沙发做了罩子，地毯虽旧，客厅却熠熠生辉。林徽因再看时得意地说："你看多cosy！"

生活如细雨点点滴滴地浸润着她瘦弱的身躯。

然而，林徽因在心中多次勾勒过的北平景象，并没有因归来而使她的心情明亮起来，反而变得更加扑朔迷离，九年的浪迹萍踪，使她的身体永远失去了健康。

眼前她奉筋期待的，便是剪去因发烧而留在面颊上的那两抹淡淡的潮红。

# 31

## 心灵的低语

只有常年辗转病榻的人，才能敏锐地感受到秋天的凝重。这凝重，不同于春天的蓬勃，夏天的热烈，冬天的内敛，随着一场夜雨潜入的信风，使神奇的造物变得成熟起来，不再是昨天的阴郁，昨天的稚弱，那浮光跃金的绿色让人淡定，让人不由自主地萌生出许多新的渴望。

1947年10月，林徽因的烧退了，她住进了北京西四中央医院，准备做肾切除手术。

女儿为她在桌上插了一束含苞的金菊，她几乎是从始至终看了它开放和残落的全过程。只有在这样的时刻，她才觉得时光的短暂和冷酷。她把凋零的花瓣一片一片地收集到一只玻璃瓶里，那些日子的碎屑，残留着微弱的香气，它们从枝梢落到桌面上，就褪尽了所有的颜色。

大表姐王孟瑜来看林徽因了。

这次见面，大表姐苍老了许多，林徽因几乎认不出她。林徽因记忆中的大表姐，似乎应该永远是那个扎着两条小辫子的姑娘。

林徽因的童年是在上海爷爷家与大表姐一起度过的。大表姐长她8岁，胖胖的脸上嵌着一双明亮的眸子。后来她与大表姐随爷爷迁到北京，张勋复辟时，父亲把家搬到天津英租界红道路。那年，二娘程桂林患肋膜炎在京治病，父亲也忙于公务，顾不上照看天津的家，便请大姑母林泽民来料理家中琐事，大表姐也一同来了。表姐到后，家庭教师陈先生的讲课也开始了，当陈先生给林徽因讲唐诗的时候，大表姐有时也过来听。

后来大表姐王孟瑜、二表姐王次亮都嫁到上海兴国路72号李家。李宣龚（1876年—1953年）字拔可，亦是福建闽侯人，他与林长民一同留学日本，官至江苏候补知州，民国后供职商务印书馆，任总经理兼发行所所长，亦是诗画名家。林徽因祖父林孝恂在商务印书馆曾投有股份。

林徽因最后一次见大表姐，是在1937年南下昆明前，在北总布胡同匆匆会了一面。

大表姐也几乎认不出林徽因来了。她接到信后，得知徽因已病得很重，就焦灼不安地来到中央医院。

大表姐在病房里，更多时两人对望着，没有什么话语，又仿佛把许多年要说的话说完了。一直到大表姐离开的时候，徽因心里有许多话想说，但始终没说出来。那天下午，徽因无力走下病榻，只是隔窗望着大表姐离去的背影，大表姐没有回头，林徽因知道，那是怕她看到那双流泪的眼睛。

那天晚上，林徽因怎么也睡不着觉，她随手拿了一张纸，把给大表姐想说而没说的话、把无限的凄凉全部倾注到稿纸上：

> 当我去了，还有没说完的话，
> 好像客人去后杯里留下的茶；
> 说的时候，同喝的机会，都已错过，
> 主客黯然，可不必再去惋惜它。
> 如果有点感伤，你把脸掉向窗外，
> 落日将尽时，西天上，总还留有晚霞。
>
> 一切小小的留恋算不得罪过，
> 将尽未尽的衷曲也是常情。
> 你原谅我有一堆心绪上的闪躲，
> 黄昏时承认的，否认等不到天明；
> 有些话自己也还不曾说透，
> 他人的了解是来自直觉的会心。

当我去了，还有没有说完的话，
像钟敲过后，时间在悬空里暂挂，
你有理由等待更美好的继续；
对忽然的终止，你有理由惧怕。
但原谅吧，我的话语永远不能完全，
亘古到今情感的矛盾做成了嘶哑。

　　写完《写给我的大姊》这首诗，林徽因仿佛完成了一种诀别，了结了对人生的一份依恋，她觉得怅惘更加深重了。
　　在这些苦闷的日子里，写诗是她唯一的慰藉，仿佛只有用诗句才能把心中的话全部说完。这段日子她写了很多，每首诗都是当时心境的反映。如《六点钟在下午》《人生》《展缓》《小诗》等。她这样写生命的无奈：

当所有的情感
都并入一股哀怨
如小河，大河，汇向着
无边的大海——不论
怎么冲急，怎样盘旋——
那河上劲风，大小石卵，
所做成的几处逆流
小小港湾，就如同
那生命中，无意的宁静
避开了主流；情绪的
平波越出了悲愁。

　　　　　　　　　　　　　　　　——《展缓》

她这样写命运的渺茫：

感谢生命的讽刺嘲弄着我，
会唱的喉咙哑成了无言的歌。

一片轻纱似的情绪，本是空灵，
现时上面全打着拙笨补丁。

肩头上先是挑起两担云彩，
带着光辉要在从容天空里安排；
如今黑压压沉下现实的真相，
灵魂同饥饿的脊梁将一起压断！

我不敢问生命现在人该当如何
喘气！经验已如旧鞋底的穿破，
这纷歧道路上，石子和泥土模糊，
还是赤脚方便，去认取新的辛苦。

　　　　　　　　　　　　——《小诗》之一

她这样写人生的匆忙：

你是河流
我是条船，一片小白帆
我是个行旅者的时候，
你，田野，山林，峰峦。
无论怎样，
颠倒密切中牵连着
你和我，
我永从你中间经过；
我生存，
你是我生存的河道。
理由同力量。
你的存在
则是我胸前心跳里
五色的绚彩

但我们彼此交错

并未彼此留难。

……

现在我死了，

你——

我把你再交给他人负担！

——《人生》

这些日子，她生活在自己诗意建构的世界里。在这个世界里，她的灵魂才能接近那些像预谋幸福一样预谋死神的先哲。

在心灵的路上，落日的景象绝不仅仅是辉煌，林徽因觉得她走得已经很疲惫了，一双腿再也承受不住一个影子的重量。

有一些东西是她一生苦苦追寻过的，有一些东西却看着它在岁月的指缝里流逝。生命就是这样，当你想回首的时候，你来的路上已消失了它的全部风景。

不知什么原因，林徽因此时要见一见徐志摩的前妻张幼仪和他的儿子，许多年后在张邦梅撰写的《小脚与西服》一书里，记下了两位女士的会面：

做啥林徽因要见我？我带着阿欢和孙辈去。她虚弱得不能说话，只看着我们，头摆来摆去，好像打量我，我不晓得她想看什么。大概是我不好看，也绷着脸……我想，她此刻要见我一面，是因为她爱徐志摩，也想看一眼他的孩子。她即使嫁给了梁思成，也一直爱着徐志摩。

张幼仪没有理解林徽因要见她母子的真正含义，而林徽因也没有说话，这也许是她的另一种诀别吧。

在中央医院这个白色的世界里，白色的衣服、白色的帽子、白色的天花板、白色的墙壁，生命在这里僵滞着，没有流动，没有亢奋，只有这白色的安静煎熬着灵魂。她无法拒绝这里的一切。她现在多么需要有一只手，把她的绝望阻隔在命运之上。然而，生活却像两个走得不一致的时钟，内心的一个在没有节制地奔跑，外部的一个却早就停止不动。除了这个分裂世界，她不知道自己还拥有什么。

尽管她对这白色的煎熬已不陌生。

这个时期，她写了《恶劣的心绪》：

> 我病中，这样缠住忧虑和烦忧，
> 好像西北冷风，从沙漠荒原吹起，
> 逐步吹入黄昏街头巷尾的垃圾堆；
> 在霉腐的琐屑里寻讨安慰，
> 自己在万物消耗以后的残骸中惊骇，
> 又一点一点给别人扬起可怕的尘埃！
>
> 吹散记忆正如陈旧的报纸飘在各处彷徨，
> 破碎支离的记录只颠倒提示过去的骚乱。
> 多余的理性还像一只饥饿的野狗
> 那样追着空罐同肉骨，自己寂寞的追着
> 咬嚼人类的感伤；生活是什么都还说不上来，
> 摆在眼前的已是这许多渣滓！
>
> 我希望：风停了；今晚情绪能像一场小雪，
> 沉默的白色轻轻降落地上；
> 雪花每片对自己和他人都带一星耐性的仁慈，
> 一层一层把恶劣残破和痛苦的一起掩藏；
> 在美丽明早的晨光下，焦心暂不必再有，——
> 绝望要来时，索性是雪后残酷的寒流！

这种恶劣的心绪，无时无刻不在缠绕着她。她隐隐觉得，生命的路似乎已经走到了尽头，这时她才感到了命运这只手的强悍。她似乎早已期待过这样的结局了，生命像一个圆，从一个点出发，最终又会回到那个点上去，谁也无法逃避这种引力。

通货膨胀的火还在无声而凶猛地蔓延，市场上的菜蔬几近绝迹，偶尔有几个土豆挑子，也会立刻被人抢购一空。为了给林徽因补补身子，梁思成开了车，跑到百里外的郊县，转了半天才能买回一只鸡。

10月4日，林徽因写信给远在大洋彼岸的朋友费慰梅说：

> 我还是告诉你们我为什么来住院吧。别紧张。我是来这里做一次大修。只是把各处零件补一补，用我们建筑业的行话来说，就是堵住几处屋漏或者安上几扇纱窗。昨天傍晚，一大队实习医生，年轻的住在院里，过来和我一起检查了我的病历，就像检阅两次大战的历史似的。我们起草了各种计划（就像费正清时常做的那样），并就我的眼睛、牙齿、双肺、双肾、食谱、娱乐或哲学，建立了各种小组。事无巨细，包罗无遗，所以就得出了和所有关于当今世界形势的重大会议一样多的结论。同时，检查哪些部位以及什么部位有问题的大量工作已经开始，一切现代技术手段都要用上。如果结核现在还不合作，它早晚是应该合作的。这就是事物的本来逻辑。

这年12月手术前一天，胡适之、张奚若、刘敦桢、杨振声、沈从文、陈梦家、莫宗江、陈明达等许多朋友来医院看她，说了些鼓励和宽慰的话。

为防万一，林徽因给费慰梅写了诀别信：

> 再见，我最亲爱的慰梅。要是你忽然间降临，送给我一束鲜花，还带来一大套废话和欢笑该有多好。

在被推上手术台之前，她淡淡地投给梁思成一个无言的微笑。她躺在无影灯下，却看到命运拖长了的影子。她似乎觉得自己走向一个很遥远的地方，沿着一条隧道进入一个洞穴，四周一片混沌。

不知过了多久，她隐隐听到了金属器皿的碰撞声。

32

/

# 围城之夜

冬天和春天一起来到了清华园。

1948年，反饥饿、反内战的浪潮方兴未艾。11月6日，学校开始总罢课，饥饿迫使温文尔雅的教授和莘莘学子不能再沉默了，他们在民主墙上贴出了自己的宣言：几个月来，教育界同人除了普遍的穷困，三餐不给，儿女啼饥号寒之外，有的弄得精神失常，以致疯狂，有的服毒，有的跳楼自杀……林徽因和梁思成采取积极行动，以促使政府接受外，已别无其他办法。

整个清华园前所未有地沸腾起来，就连烧开水的锅炉上也写着"火说：烧死法西斯细菌！"的标语。全校师生员工频频举行演讲会，第一次喊出"只有反抗，才能生存"的口号。

与此同时，北平政府对学生的镇压也随之开始了。他们肆无忌惮地在学校逮捕进步教师和学生。警署还组织了海淀政府的"人民服务大队"，这些都是被保长挨户抓来的壮丁，每人发一根木棒，号称"棍儿兵"。北平特别厅发出逮捕进步学生的通令之后，清华园被反动军警和"棍儿兵"包围了数日，特务们还在西校门外的围墙上书写："消灭知识潜匪"的大字反动标语。校园被围之日，清华园内粮菜来源遂告断绝，学生和住在园内的教授们只靠一点咸菜和几个辣椒过日子。

生命的奇迹又一次回到了林徽因身上。肾脏切除手术进行得很顺利，手术后身体也在慢慢复原。然而，她被眼前这光明与黑暗的较量激动着，无法安静下来。

这时，林徽因开始整理抗战以来写的一些诗作，老金也鼓励她拿出去发表。而梁思成则不然，他有着另外一份担心。他给费慰梅写信说：

> 她的精神活动也和体力活动一起恢复了，我作为护士可不欢迎这一点。她忽然间诗兴大发，最近她还从旧稿堆里翻出几首以前的诗来，寄到各家杂志和报纸的文艺副刊去。几天之内寄出了6首，就和从前一样，这些诗却是非常好的。

这些诗是《昆明即景》二首、《年轻的歌》二首、《空虚的薄暮》二首、《给秋天》外二首、《病中杂诗》九首和长诗《哭三弟恒》等，先后发表在1948年杨振声主编的《经世日报·文艺周刊》和朱光潜主编的《文学杂志》上。

这一批组诗旋风般的问世，无疑宣告了一个伟大的存在和占领。

在清华，白天"民舞社"的学生在胜因院的小广场上演《白毛女》《兄妹开荒》，晚上就有特务、"棍儿兵"穿堂入室抓人。

有天半夜，几个脸上涂着油彩、身穿黑衣服的家伙，带着几个"棍儿兵"闯到胜因院12号林徽因家里，大声砸门，嚷着"抓学匪、抓共产党"。

林徽因气愤地从床上跳下来，大声斥骂着，把他们赶了出去。

她和梁思成都感到蒋家王朝气数已尽，中国快要大变了。

远处不时有炮声传来，人民解放军兵临城下。北平外围的国民党飞机，经常来清华园骚扰。梁思成为故都的古建筑担忧起来，他自言自语地说："这下子完了，全都要完了！"他记起朱桂老说过，从历史上看，历代宫室五百年一变，看样子，北平古城难逃劫难。有一天，梁思成开完临时校务委员会，从工字厅出来，就遇上飞机投弹轰炸，炸弹就落在梁思成身前不远的小桥边，一声轰响，弹片从梁思成耳边呼啸而过，幸而他毫发未损。回到家里，梁思成讲起这番历险，一家人都出了身冷汗。宝宝却幽默地说："还是爹爹命大，全国那么多寺庙，成千上万的菩萨保佑着你呢！"

一家人都笑了起来。

1948年12月，费正清在美国出版了他的第一部著作《美国与中国》，很快寄给了在北平的林徽因和梁思成。收到书后，林徽因给费正清、费慰梅写了回信：

谢谢你们寄来的书，费正清自己的杰作，多好的书啊！我们当然欣赏、钦佩、惊奇和进行了许多讨论，大家都对这本书有非常非常深的印象。有时我们互相以热情赞美的话说，费正清显然是把握了我们华夏臣民的复杂心态，或知道我们对事物的不同感觉，所以，这不是那种洋鬼子的玩艺儿；张奚若热情地说，他喜欢费正清的书，"没有一处是外人的误解……他懂得真不少"等。老金说这是对我们的一个"合理而科学的"总结，"费正清对有些事情有着基本的理解，他和别的外国人真是不一样"。而我和思成非常惊讶，它真的全然没有外国人那种善意的误解、一厢情愿的期望和失望。……

……说到政治观点，我完全同意费正清。这意味着自从上次我们在重庆争论以来我已经接近了他的观点——或者说，因为两年来追踪每天问题的进展，我已经有所改变，而且觉得费正清是对的。我很高兴能够如此……

……也许我们将很久不能见面——我们这里事情将发生很大变化，虽然我们还不知道是什么样的变化，是明年还是下个月。但只要年轻一代有有意义的事可做，过得好、有工作，其他也就无所谓了。

这是林徽因写给费正清夫妇的最后一封信。正像林徽因信中所言，"我们这里事情将发生很大变化"，这种"很大变化"果然不久就开始了。

11月底到12月初，国民党当局企图迫使北平各高等学校南迁。11月24日，教育部督学来北平，与清华、北大等国立大学校长正式交换迁校意见，称"在遇万一时，政府为保持民族文化，决定全力设法抢救"。

清华园展开了反迁校斗争。

清华校务会议上讨论迁校问题时，梁思成也参加了。回到家里，梁思成与林徽因说起会上迁校问题的争论，林徽因说："我们不做中国的'白俄'。"

一天深夜，张奚若带着两个穿灰军装的人来到梁思成家。张奚若介绍说："这二位是解放军十三兵团政治部联络处负责人，他们有件事情想请你们帮忙。"

两位军人给梁思成和林徽因敬了军礼说："梁先生、林先生，我们早闻二位先生是国内著名的古建筑学家，现在我们部队正为攻占北平做准备，万一与傅作义将军和平谈判不成，只好被迫攻城，兵团首长说要尽可能保护古建筑，请二位先在这张地图上给我们标出重要古建筑，画出禁止炮击的地区，以便攻城时炮火避开。"

梁思成和林徽因愕然片刻，紧紧握住两位军人的手，使劲摇晃着："谢谢你们！谢谢你们！"

望着眼前摊开的那张军用地图，梁思成和林徽因的眼睛模糊了，手中的红铅笔似有千斤重量。他们十分郑重地在那张地图上圈点着。

分手的时候，两位军人对梁思成和林徽因说："北平很快就要回到人民手中了，这些古建筑是中国文化的瑰宝，请二位先生放心，我们就是流血牺牲，也要保证不伤它一砖一瓦。"

张奚若与两位军人走了。

林徽因和梁思成却彻夜未眠。

第二天，又有两名学生动员他们留下来，梁思成和林徽因当即爽朗地表示："放心吧，我们不会走的，我们与你们一起迎接解放。"

12月13日中午时分，炮声越来越近，隆隆之声震撼着清华园。学校宣布停课，师生们奔走相告：要解放了！

15日，解放军进驻海淀，清华园解放了。几天后，在学校门口贴出中国人民解放军第十三兵团政治部的庄严布告：

> 为布告事，查清华大学为中国北方高等学府之一，凡我军政民机关一切人员，均应本我党我军既定爱护与重视文化教育之方针，严加保护，不准滋扰，尚望学校当局及全体学生，照常进行教育，安心求学，维持学校秩序。特此布告，俾众周知！
>
> 此布
>
> 政治部主任　刘道生
> 中华民国三十七年十二月十八日

林徽因让宝宝扶着她到西大门看了布告，眼里闪着泪花，喃喃地说："真的解放了！"

解放军进驻清华园后，紧张地做着攻城前的准备，他们绑扎云梯，练习巷战，吸引了不少教师和学生围观。

1949年1月，北平和平解放。等待在窗外的新年，终于被一阵阵热闹的鞭炮声迎接进了新生的北平。

1月10日，钱俊瑞代表中共北平军事管制委员会正式接管清华大学，由校务会议主席、文学院院长冯友兰宣布，清华大学从今天起成为人民的大学。

不久，在北京大学教书的沈从文被解聘，又因"反动作家"之名，不能参加全国第一次文代会，被郭沫若在文代会上斥指为"地主大资产阶级的帮凶和帮闲"，他的弟弟沈荃率部起义后，被当地政府错判，处以死刑。一连串的打击使他的精神濒临崩溃，他割腕自杀，被家人救了过来。这时林徽因、梁思成伸出援手，把他接到清华园家中居住，有时也住到金岳霖那里，病情虽没有根本好转，但情绪渐渐稳定了下来。林徽因很同情沈从文的处境，从中做了许多工作，终于把他从痛苦的思想深渊中拯救了出来。

继而，统帅部发出命令，将革命进行到底，百万大军挥师南下，解放全中国。党中央深知梁思成、林徽因是对古建筑素有研究的专家，对全国古建筑情况最为熟悉，为了在解放中国的战争中保护文化遗产，便再次派人到清华大学来找梁思成、林徽因。

梁思成立即召集了建筑系的部分教师和学生，根据他多年考察取得的资料，同时发动大家共同收集古建筑的有关文献记载。大家夜以继日地工作，从翻书，查资料，到刻钢板，折纸页，装订，都像出营造学社七卷汇刊那样，硬是用手工劳动，在一个月的时间内，完成了厚厚一本《全国重要文物建筑简目》。

在这本简目中，将作为一级保护的古建筑有北平城、故宫、敦煌、云冈、龙门诸石窟，山东曲阜孔庙等。条目头上加注了四个小圈，大家都戏称为"四星将"。次之的三个小圈，以此类推。总计条目四百五十多条，重要加圈的就近二百条。条目下附有详细所在地点，文物性质，建造和重修年代以及特殊意义和价值等。

林徽因对全书的条目，一一作了审核。并建议在说明中特别指出："本简目主要目的，在供人民解放军作战及接管时保护文物之用。"

这本小册子，1949年6月由华北高等教育委员会图书文物处印行，发给各路解放大军，成为解放战争中部队转战南北，保护文物在战火中免遭破坏的指令和依据。

这年春天，北平各大学的文科学生纷纷参加"南下工作团"，宝宝和张奚若的女儿张文英也报名参加。

宝宝离开家的时候，建筑系的教师们一起来梁家为她送行。宝宝穿着缝制粗糙的厚厚的棉军服，腰里扎着皮带，头上戴了一顶灰军帽。小弟跑前跑后，拿着一架照相机，为人们拍照。

在这样的时候，大家都很惊奇，林徽因怎么舍得让她唯一的女儿离开身边？而这一去将意味着永别。林徽因和梁思成开始不同意女儿离开，最后还是支持了女儿的选择。

林徽因在送行的人群中，娓娓地嘱咐着宝宝，好像宝宝是去做一次短暂的旅行。

宝宝和父母拥抱告别，笑着和大家一一握手，在女伴们的簇拥下登上了汽车。

送行的鞭炮声爆开了校园蓬勃的"迎春"。

33

/

## 新生活的开端

光的道路，从历史的一端铺展过来。这个季节给了它最亢奋的色谱，它肆意涂过的每一小块地方，岁月的青苔便纷纷剥落。

北平——一座胚芽骚动的城市。没有谁会怀疑胚芽的存在，没有谁会怀疑胚芽的力量，这个胚芽，从一粒千年的古莲子中萌发出来，在明亮、空灵和芬芳上展开它的风景。

林徽因的生命中也出现了前所未有的奇迹，在同死神的角力中，她又一次成了胜利者。1949年，她在新生的清华园里，担任了建筑系一级教授，主讲市镇设计课。

清华大学建筑系设在旧水利馆二楼，最初开办时只有12人，现在也不过三五十人。建筑系从1948年就成立了市镇组，开设了市镇设计课，可以说是国内最早的城市规划设计的雏形。

林徽因主讲的住宅设计专题，很注重适应战后恢复城镇建设的需要。她从人对阳光、水、绿茵、鲜花、林石的需要，讲到人与人、人与建筑、人与自然之间的情感；从园林艺术的空间关系，讲到四合院的结构语言；从苏轼的"东风袅袅泛崇光，香雾空月转廊，只恐夜深花睡去，故烧高烛照红妆"，讲到民居的缘情作用、精神功能和感情色彩，进而从北京城市的发展，讲到城镇规划的基础、城市交通、市政工程和城市绿地。

中华人民共和国成立后，梁思成担任了北京市都市计划委员会副主任，林徽因也担任了委员会委员。梁思成受中央领导委托，负责北京城区的规划方案，

他的工作也随之忙碌起来。战
争结束了，人民需要医治战争创
伤，中央领导同志委托他组织人
员对北京城的规划进行研究，并
成立了研究小组。

林家的茶会又有了许多新的
客人，他们大都是为了北京市的
都市规划，由梁思成从外地调来
的青年建筑学家，有陈占祥、程应
诠、朱畅中、胡允敬、汪国瑜、戴

1950年，林徽因和清华大学营造系师生合影

念慈等。这段日子，大家每天聚在一起，有时从下午一直谈到深夜，聊得最多的
还是新北京的规划问题。

当时，梁思成和陈占祥已经设计出了一个北京新城的规划方案。他们主张，
把新市区移到复兴门外，将长安街西端延伸到公主坟，把西郊三里河作为新的行
政中心，把钓鱼台和附近湖泊组织成新的绿地和公园。这个方案由梁思成和陈占
祥联名写成《对首都建设的建议》一文，由梁思成自费刊印，报送中央领导同志
审阅。

在茶会上，大家对这个方案也展开了热烈的讨论。林徽因一如既往地成为茶
会的主角，她谈了"多核同心圆"城市、"潜在带形"城市、"集成化"城市、
"星座式城市群"，还谈了柯布西埃和尼迈亚。她主张，一个城市应该是个美
的整体，它的形象语言所表达出来的思想是十分清楚的，建筑并不只是纯形式的
美，它的思想性、伦理性和感情色彩，对于艺术性的欣赏来说是一种压倒一切的
精神力量。这种精神力量，并不亚于物质功能，它有一种进取精神，有着更强大
的生命力。一个伟大的时代已经开始，这个时代应该拥有体现时代精神的作品。
建筑作为人们生活、活动的物质对象，显然应该随着社会和人们的生活、活动的
变化而变化。建筑作为一个审美对象，随着新时代的到来，人们对建筑艺术的理
解和审美要求也将会改变。

林徽因认为，北京的许多名胜古迹，如故宫、天坛、中海、南海、北
海、颐和园、玉泉山以及西山一带的风景区和休养区，应该用一些河流和林
荫大道把它们串联起来，成为一个绵延不断的公园系统，这座城市的每一条大

街、每一条河道都应该成为公园的一部分。

大家谈起北京的古城墙时，社会上很多人主张拆掉，林徽因则不然。她说："我们为什么不在城墙上修路做公园呢？这样既保护了古建筑，又利用了古建筑，这不是两全其美吗？美这个东西来自社会现实，没有美社会现实就不可能发展得和谐，所以它又是社会文明的灵魂。它形象地教育着人们，使人类走向共和国的新生，使林徽因如沐春风。她觉得，有许多事情在等着她去做，最要紧的是把自己的知识和智慧，献给新中国即将到来的建设高潮。她总是抱怨时光太短暂，她在病床上躺不下去了，立即收集有关资料。在收集资料过程中，她偶然发现了苏联N.窝罗宁教授所著的《苏联卫国战争被毁地区之重建》一书，欣喜若狂。她要和梁思成赶快把这本书翻译出来，这正是目前中国所需要的。她在译者体会中写道：

从这本书里，我们愤怒地看到了德国法西斯几番在人民苏联绝灭人性的破坏，较比日寇在中国暴行有过之无不及，曾几何时，德、日法西斯和美国法西斯强盗及其帮凶们又在我们手足之邦，向所有的城市、乡村和爱好和平英勇不屈的朝鲜人民进行同样灭绝人性的破坏和屠杀。苏中两国人民在八九年前，十余年前所面临的正与朝、中两国人民今天所面临的敌人是一模一样的。而且今天的强盗吸收了昨天的强盗的经验，是"青出于蓝"，变本加厉的。负责重新设计平壤的朝鲜建筑师金正熙同志告诉我们，平壤今天已真正成为一片"平壤"：将来重建平壤就同重建斯大林格勒一样艰巨。

一整个区域因为战争的破坏而发生了政治、经济、地理上的大变动时，他们就有计划地迁移整个村庄乃至市镇，使这属于区域城乡规则范围的布置更合理了。整个城市洗劫了，他们就将整个城市有计划地重建起来，且在建中修正了过去的缺点。至于个别的建筑物就更不用说了。这一切计划不只在平面上区分、筑路，而且在立体上予以同样缜密的考虑；不只是关于经济的、生产的、居住的，而且是关于文化的，娱乐休息的；不只是房屋建筑的、街道桥梁和公用设备工程方面的，而且是关于山林园圃，池沼溪河，树木花草种种方面的部署的；不只是蓝图和施工说明书的，而且是材料的生产、分配和运输，以及人力的组织和分配的各方面的努力。这种全面计划和组织工作就是准备期间最主要的工作。

"重建工作必须考虑到民族传统，把它融会到新计划之中；把它和新兴的、现代标准所需要于建筑的各方面调和起来……""建筑师必须考虑到个别地区的生活的历史传统和建筑传统，在他的设计中保留一切合理的和有历史价值的。……他所计划的市镇或村庄还必须构成自然地形成风景中的一部分"（第二章）。"计划必须同时考虑到居民的习惯和苏维埃人民在文化和美感上的要求……需要建筑师做出高度艺术价值的图样，城市的整体必须与当地的地形和风景相和谐"（第四章）。由作者所举许多实例中，我们可以看到苏联的建筑师们在重建一个市镇时如何小心翼翼地从原有基础上发展，同时又有远见地将原有不合理的、错误的加以改正和"现代化"。

我们的中国是一个具有五千年灿烂的文化历史的国家。差不多任何一个中国的市镇都有数百年乃至数千年的文物。我们有伟大优良的都市计划传统和建筑传统；除去几个大都市外，全国所有的市镇，那就是全国百分之九十以上劳苦人民现在所正在居住的，并且所正在继续不断地建造的市镇和房屋正是遵循这伟大优良的传统建造的。但是今天中国的建筑师们，无一例外地（译者们在内）都是直接或间接由外国学来的。年长一点的由学习古希腊、罗马，文艺复兴开始，年轻一辈的学习资本主义理论的体系结晶，即所谓"功能主义"（机械唯物主义）的"现代化"或"国际式"（世界主义式）流派。我们在这前后两种毒素中酣醉了数十年。

翻译这本书的难度是较大的，这本书在伦敦出版已经七年，他们是从英文转译的。同时，林徽因的病况也随着天气变化不断加重，冬天到来的时候，清华园没有暖气供应，他们家住的房子又高又大，四面透风，梁思成只好找了些牛皮纸，把整个天花板和墙壁糊起来。

为了保暖，屋里燃着两三个炉子，而伺候这些炉子，也需要消耗大量的体力和精力。在翻译工作紧张时，林徽因常常要熬夜，身体更加支撑不住了。因此，温度对这样一个病人就愈加重要，有时炉子管不好，快灭时就要发动一场"抢救炉火"的战斗，每当这时，梁思成就会弄得筋疲力尽，满身满脸都是炉灰。

全部翻译工作结束的时候，又一个新的春天已经开始了。

34

／

# 情系国徽

这是灵魂的白夜。

银河的潮汐汹涌着，星光漫过堤岸，荡起一片灿烂水声。

在这个春天里，有一种来自星外的音乐，它的手指正缓缓地抚摸着树木、花草、岩石、水和金属，所有醒着的心灵被浸润、被催生，到处是愿望拔节的声音。那琴弦正被一双看不见的手拨动着，每一次颤动，都是一次热烈而又真挚的降落。

这个房间里的灯光，已经几夜未熄了。这里是清华大学营建系国徽小组的设计室。林徽因和她的助手李宗津、莫宗江、汪国瑜、胡允敬、张昌龄、朱畅中、罗哲文等，围着一张桌子热烈地讨论着。满桌子满墙壁都是他们画出来的草图。

梁思成从新政协筹委会国旗国徽评委会上，带回了国徽图案参考资料，也一张一张地堆在桌子上，供大家参考，拓展思路。

1949年7月10日，中华人民共和国成立前夕，新政治协商会议筹委会在《人民日报》等各大报刊刊登了公开征求国旗、国徽图案及国歌词谱的启事，征稿截止日期为8月15日。对国徽的设计要求是：甲、中国特征；乙、政权特征；丙、形式须庄严富丽。

"澳大利亚的国徽，左边是一只袋鼠，右边是一只鸸鹋。"

"罗马尼亚有丰富的石油资源，所以它的国徽上有顶天立地的钻塔。"

"尼泊尔是高山之国，因此他们的国徽图案是一片崇山峻岭。"

林徽因还找了一些古代的铜镜、玉环、玉璧等工艺美术作品，作为参考资料，以启发灵感。

对于国徽审查小组要求在国徽图案中有天安门图像的意见，林徽因认为这是一个很好的构想，立刻派朱畅中去画天安门的透视图。营造学社藏有测绘天安门建筑的图纸，有百分之一比例和二百分之一比例的天安门立面、平面、剖面图。当时在北京，其他单位要找这样的图纸是不可能的，幸亏营造学社保留了这么完整的资料。

林徽因特别关照朱畅中说："在国徽图案中采用天安门立面图，可以使比例尺寸严格正确，同时在视觉上可以让人感到天安门广场的广阔深远。"她还建议，把两个华表向左右方向拉开距离，这样有整体上的开阔感，构图也比较稳定。

一张又一张图纸，一场又一场争论，大家的设计思路越来越明确了。林徽因始终主张，国徽应该放弃多色彩的图案结构，采用中国人民千百年来传统喜爱的金、红两色，这是中国自古以来象征吉庆的颜色，用之于国徽的基本色，不仅富丽堂皇，而且醒目大方，具有鲜明的民族特色。

宝宝从南方回来探亲，一进门大吃一惊，往日整洁有序的家，现在像个大作坊，满地堆的都是资料和图纸，地毯遮住了，没有下脚的地方。更使她惊讶的是，往日病得爬不起来的母亲，此时精神焕发，显得有一股使不完的劲。

清华小组先后做了二三十个正式完成的国徽图案，陆续送政协国徽审查小姐和中央领导同志审阅。

1950年6月，经过几个月的昼夜奋战，一个定型的国徽图案诞生了。迎接终评的前一天，林徽因和大家都很兴奋，但也有隐隐不安。6月20日下午，全委会召开国徽审查会议，梁思成和林徽因都病倒了，便让兼任秘书工作的朱畅中去参加评选会议。林徽因一遍遍叮嘱着："畅中，我等候你的消息，评选结束了，多晚也要赶回来。"

评选会议在中南海怀仁堂进行。会议厅的中间墙上挂着两个国徽图案。

左边的是清华方案，图案外圈环以稻穗，下端用红绶带绾接在齿轮上，国徽中央部分和下方是金色浮雕的天安门立面图，上方绘有金色浮雕的五星，衬在红色的底子上，如同天空中飘展的五星红旗。整个图案左右对称，庄严肃穆。

右边挂的是中央美院的方案，天安门的图像是一幅彩色的风景画，天安门形象一头大、一头小，一头高、一头低，有强烈的透视感，华表只画一个，立在一侧，碧蓝的天空，金色的琉璃瓦，红柱红墙，加上金桥的白石栏杆和白石华表，铺地的大石块依稀可见，石缝里还画着青草。

会场中间排列着三四排沙发椅，参加评议的委员们，在两个国徽之间穿梭着，热烈地争论着。朱畅中心里没底了，脸上浸出了热汗。正在这时，周总理来了。总理和大家亲热地打过招呼之后，走到两个图案前，仔细地审视着。过了一会儿，他让大家发表意见。田汉说："我认为中央美院的方案好，透视感强，色彩比较明朗。"许多委员都赞成田汉的意见。坐在后排的朱畅中心里咚咚地敲起鼓来。张奚若站起来说："我认为清华的方案好，有民族特色，既富丽，又大方，布局严谨，构图庄重，完全符合政协征求图案的三条要求。"周总理注意到了中间靠右边沙发上的李四光，他走到李四光座位旁边，扶着沙发背问："李先生，你看怎样？"李四光沉思片刻，用右手指着清华的方案说："我看这个有气魄，有中国特色。"周总理再次走到两个图案前，看了一会儿，转过身去，再次让大家发表意见，多数委员都赞成清华的方案。周总理说："那么好吧，我也投清华一票。"朱畅中一颗心像要跳出胸膛，他真想飞跑出去给林徽因打电话。周总理说："清华的梁先生来了没有？"张奚若回答："梁先生和林夫人都病倒了，清华小组的秘书来了。"又叫朱畅中："小朱到前头来。"周总理把朱畅中叫到清华的图案前指点着问："这是什么？"

朱畅中回答："这是稻穗。""能不能向上挺拔一些？"周总理比画着。朱畅中回答："稻穗下垂是表示丰收，向上挺拔，可以改进。"周总理说："稻穗向上挺拔，可以表现时代的精神风貌嘛，从造型上也更为美观。1942年冬天，宋庆龄同志在她的寓所，为欢送董必武同志返回延安举行的茶话会上，桌上就摆着重庆近郊农民送来的两串稻穗，被炉火映得金光灿灿，当时有人赞美这稻穗像金子一样。宋庆龄说：'它比金子还宝贵，中国人口百分之八十都是农民，如果年年五谷丰登，人民便可以丰衣足食了。'当时我就说，等到全国解放，我们要把稻穗画到国徽上去。"

会场中，有的委员提出，中央美院是受邀请设计国徽的，他们的方案虽然未被选中，但是他们付出了努力，建议也发给设计奖金。周总理说："可以嘛，奖金的款项请财政部长李先念同志解决。"评选结束后，已是深夜，朱畅中没吃夜宵就急着赶回了清华。张奚若说："你们回去讨论一下周总理的指示，一两天内画好正式图纸，送政协全体会议审查。"

第二天，林徽因和梁思成立即组织国徽小组研究讨论周总理的指示，大家群情激奋，只用了两三天的时间，就完成了修改任务，重新画了大幅国徽图案，在图纸上首，林徽因用红纸剪了"国徽"两个字，图的下方用隶书写了"国徽图案说明"：

一、形态和色彩符合征求条例国徽须庄严而富丽的规定。

二、以国旗和天安门为主要内容，国旗不但表示革命和工人阶级领导政权的意义，亦可省写国名。天安门则象征"五四运动"的发源地和在此宣告诞生的新中国。合于条例"中国特征"的规定。

三、以齿轮和麦穗象征工农，麦稻并用，亦寓地广物博的意义，以绶带紧结齿轮和麦稻象征工农联盟。

修改后的国徽图案立即送往中南海。

1950年6月23日，全国政协一届二次会议召开，林徽因被特邀参加了这次会议。会上，在毛主席提议下，全体代表起立，以鼓掌的方式通过了由梁思成、林徽因主持并设计的国徽图案。当掌声在大厅里回荡的时候，林徽因激动得热泪盈眶，她病弱的身体，已无力从座位上站立起来答谢了。

政协会议之后，他们又对国徽细部做了一些技术上的修改，由高庄把平面国徽雕塑成立体模型。他为此也付出了极大的心血，严肃认真，精雕细刻，对原有图案进行了精致的修改和完善，完成了国徽石膏模型。8月18日，全国政协国徽审查组召开专家会议，讨论通过了国徽图案浮雕模型的审查。

1950年9月20日，中央人民政府毛泽东主席，发出了公布国徽图案的命令。

这一年，林徽因被任命为北京市都市计划委员会委员兼工程师。

中华人民共和国成立后的第二个国庆日，病骨支离的林徽因，由梁思成、莫宗江陪同来到天安门金水桥头。仰望着天安门城楼上悬挂的国徽，林徽因的泪水模糊了双眼。

那枚金红色的朝暾在她眼前飞升、幻化，她仿佛正沿着一条光的道路，进入虹的拱门，她倾听到了一个声音，那个声音从历史的方阵上空传来，她的内心渗出这声音的光芒。

没有拥有，只有这光的昭示，此刻她脚下的位置便是世界的全部。这是她用自己的骄傲捧出的辉煌。

35

/

# 复苏景泰蓝

海王村古文化市场又恢复了往日的喧闹。

进海王村公园的拱门，四周搭满了出售古旧书籍和珍品玉器的小摊。有的扯起布篷，有的露天而设，琳琅满目，五光十色。

旧书摊以书架作围，从南数是荣华堂孙氏、长兴书局孙氏、九经阁谷氏、养拙斋李氏、群玉斋张氏、久安堂李氏，都是小书摊。

书籍插函装架，井井有条，经史子集，分门别类，细心的文化人，总能在这书海里淘出二三珍本。

古董摊大都设在棚子里，所售都是珍玩玉器、古老佛像、金银首饰之类。那些面具摊、香烛摊、风筝摊，还有那些卖兔爷、卖鸡毛掸子、卖空竹的小贩，是进不了海王村这个大院的，便在门外设摊，红火热闹地摆到厂甸。

海王村是清代烧制琉璃瓦的土窑，又名琉璃厂。乾隆年间，这里发掘出辽代柱国李内贞的墓碑，才知道是辽代的村地。这里从明、清两代便是书市荟萃之地，《四库全书》总目协勘官程鱼门有诗称："势家歇马评珍玩，估客摊前买旧书。"林徽因、梁思成是这里的常客，早在二三十年代就经常同张奚若、徐志摩、沈从文等一班朋友到这里光顾。

这一天，她又由梁思成陪着来到了海王村。在一个旧古玩摊上，一只景泰蓝花瓶吸引住了她，这只花瓶几乎同她小时候在上海爷爷家看到的那只一模一样，她拿在手里仔细观赏着。摊主是一位老人，见林徽因很喜欢这只花瓶，便说：

"二位先生还是有眼力的，这是正宗老天利的景泰蓝，别处你见不到了。就是老天利这家大字号，也撑不住，快关张了，北京的景泰蓝热闹了几百年，到这会儿算绝根儿了。"

林徽因买下这只花瓶后，老人还告诉她，北京景泰蓝以老天利和中兴二厂为最大，都是清康熙时的老厂，现在已经办不下去了。至于德兴成、天瑞堂、全兴城那几家小厂，就更加难以为继。

回到家里，林徽因总是想着老人的话，不禁为这种传统工艺的命运担忧起来。她与梁思成再三商量，决定在清华营建系成立一个美术组，抢救濒于灭绝的景泰蓝。这个美术组除了原国徽组高庄、莫宗江两名主将，还有常沙娜、钱美华、孙君莲三个小姑娘。后来常沙娜担任了中央工艺美术学院院长，钱美华担任了北京珐琅厂总设计师，是国内为数不多的景泰蓝专家之一。她们现在还经常回忆起与林徽因一起抢救景泰蓝的那段难忘的日子。

在美术小组第一次会上，林徽因拿出这只花瓶让大家传看。这三个姑娘都感到很惊奇，这是她们第一次欣赏到景泰蓝。

梁思成说："包豪斯曾倡导过，艺术不是一种专门的职业，艺术家和工艺师之间，根本没有任何区别。建筑、雕塑、绘画应该构成'三位一体'的环境艺术，三者都应该转向与工艺的结合。"

林徽因给大家讲起了景泰蓝的历史和工艺特点。

景泰蓝也叫铜胎掐丝珐琅，是北京著名的特种工艺品，最早始于唐代，而以明朝景泰年间流传最广，因其主体颜色多为孔雀蓝珐釉料，故名景泰蓝。这种工艺素以造型美、花纹细、色彩绚丽而闻名中外。它雍容华贵、庄重的艺术风格早就独树一帜，为世界所称道。

林徽因接着说："景泰蓝是国宝，不能在新中国失传。"

为了调查景泰蓝的生产状况，林徽因、莫宗江与常沙娜、钱美华、孙君莲一起跑了一整天，才找到了几家不显眼的小作坊。这些小作坊都是一副破败凄凉之象，有的只有三五个老师傅，几副小炉灶，产量很低，而且产品也销不出去。

一个老师傅听林徽因说他们是为恢复景泰蓝工艺做调查的，激动得老泪纵横，握着林徽因的手说："你们救救景泰蓝吧！"

通过一段时间的调查，他们基本摸清了北京仅存的几家作坊和景泰蓝的生产情况。这些厂子大都处于倒闭边缘，新老艺人青黄不接，几百年来一直是作坊式操作，图案单调，缺乏对整个工艺市场的刺激，因而没有竞争能力，产量低，也销不出去。

要拯救这一濒临灭绝的民族艺术，使其起死回生，最关键的是调整生产结构，全面更新设计。

林徽因找出了珍藏的历代装饰图案，让大家分析研究。用于景泰蓝的图案只有荷花、牡丹那么几种，几百年来一直没有变化，而中国的装饰图案始终是在千变万化中发展着的。

林徽因把那些图案指点给大家看："中国的传统图案是这样表现它的象征意义的，世界上所有的民族、所有的文化也都有着自己的象征体系。中国的吉祥图案就是一例，它源于商周，始于秦汉，成熟于唐宋，兴盛于明清。吉祥图案以传统的装饰纹样，通过自然现象的寓意、谐音或附加文字等形式，来表现人们的愿望和追求。吉祥图案的内容大都是福禄喜庆、长寿安康。题材是动物、植物、器物、神人、符图等。这些装饰图案有着浓重的民族色彩，至今，它的民族底色不仅没有全然褪去，而且愈磨愈亮，显示了一个古老民族的传统。然而，任何事物有变化才能有发展。景泰蓝的图样设计很少有变化，这也是它不能发展的原因之一。景泰蓝这种民族工艺，要体现多方面的艺术特色，才能走出困境。我们应该编一部中国的历代图案集，推陈出新，闯一条新的路子。让王逊写文，小常、小钱、小孙你们几个画图，很快就能搞出来。"

林徽因兴奋起来，面颊泛出了红晕。梁思成走过来说："你又激动了！"

林徽因这才觉得已经很累了，疲倦地靠在枕头上。

他们又多次到景泰蓝作坊调查研究，从掐丝、点蓝、烧蓝、磨光、镀金，一道工序一道工序地跟着老工人干活，熟悉每一个工艺流程。

在调查过程中，他们看到老师傅把一条细扁铜丝，蘸上白及汁，圈成各种各样的花纹，然后用焊药烧一下，固定在坯胎上，这就完成了"掐丝"的过程。然后，在花纹的空隙中填上各种彩釉，这是一种细活，要求做到不串色，浓淡有层次，填好彩釉后，把它放在通风处阴干，"点蓝"的工艺就完成了。"烧蓝"的火候最重要，釉料在烧结过程中有收缩现象，需填补釉料，再次烧结，反复四五次，才能烧成。烧结以后，铜丝与釉料已与胎骨熔合，然后施以锉工，打平毛刺，再细研磨，这就叫"磨光"，一件绚丽的成品就此诞生，豪华的还要施以"镀金"，那就更漂亮了。

林徽因发动大家为景泰蓝设计新的图案，要求每人画若干幅。林徽因已病得不能动笔，她的创作构想就由莫宗江来完成。

景泰蓝厂的老师傅见林徽因病成这样，不忍心让她拖着病体一趟趟往厂里跑，他们就主动到林徽因家里切磋。这样，一批又一批新产品试制出来了。

这年春天，常书鸿在故宫午门城楼上举办了敦煌艺术展。林徽因得到消息，马上组织大家去观摩。常书鸿1936年从法国回来，在国立北平艺专任教时，梁思成曾多次鼓励他去敦煌。1942年秋季，梁思成又问常书鸿愿不愿意担任敦煌艺术研究所的职务。1943年3月，常书鸿在敦煌建立了第一个敦煌研究机构："国立敦煌艺术研究所"，开始了终生研究敦煌的事业。这几年，梁思成帮了他不少忙，曾为研究所的经费等问题多方奔走。常书鸿破釜沉舟，在敦煌一扎数年，这个展览是他发掘敦煌艺术的全部成果。

林徽因由莫宗江搀扶，艰难地登上了午门城楼。面对着精彩的敦煌壁画摹本，她惊呆了，半天说不出话来。她紧紧握住常书鸿的手说："老常，感谢你给我带回了敦煌。"

常书鸿也激动地说："还不全靠梁先生的鼓励和支持。"

常书鸿的临摹壁画，把林徽因带入一个久远的年代。她看了北魏时期的《狩猎图》，看了隋代的《供养人与牛车》，还看了唐代的《飞天》和反弹琵琶的《乐伎》等，这些不同时期的壁画，透过佛教的色彩，感受到了当时生动的社会生活。最吸引她的，还是反弹琵琶的飞天，那柔和飘逸如烟云舒卷，表现了生命的飞动。她对莫宗江说："艺术家从眼中的自然，经过他独特的感情、思想、意念，审美胸襟融裁运化过程，将自然的形、色、线条综合为视觉意象，赋予特定的精神内涵，才创造出了以空间幻觉为特征的造型艺术，这也是中国民间艺术最缺乏的东西。舍弃了飞动的生命，那些象征就只有图解的意义了。"

回来以后，她同莫宗江设计了一套以敦煌飞天为题材的景泰蓝图案，马上交给工厂试制。烧制出来的产品，果然别开生面。当时，正在北京召开"亚洲及太平洋区域和平会议"，苏联文化代表团也在中国访问，这具有敦煌艺术风格的第一批产品，作为礼物送给客人，得到了极高的赞誉。苏联著名芭蕾舞演员乌兰诺娃高兴地说："这是代表新中国的礼品，真是美极了！"1951年，林徽因在起草《景泰蓝新图样设计工作一年总结》中说：

北京特种工艺（包括景泰蓝，烧瓷，雕漆，挑花，地毯，象牙玉石雕刻，封绢纸花，料器等十余种行业）在过去一向是受压迫行业的艺术。在经济上先是仰赖封建阶级的"恩赐"，后来则呻吟在中间商人，买办，和帝国主义"洋商"的剥削下，勉强维持。作为一种艺术活动，它们也是被压迫的，受尽屈辱的。这主要表现在图样方面的循规蹈矩，师守成法，偏向无原则的繁琐工巧。——工匠师傅们虽然尽了最大努力制作出一些重要精致工细的作品，但是他们没有能够发挥出他们真正的创造力。

……在帝国主义侵入中国以后，北京特种工艺被帝国主义的殖民者喜爱。他们把中国看作不文明，稀奇古怪。他们也就把北京特种工艺当作不文明和稀奇古怪的代表，并且更进一步鼓励往稀奇古怪的方向发展。这样也就被北京特种手工艺更脱离了人民和我国原有的健康传统，主要地变成了外销商品。

新图样设计的目的，是为了配合全面地争取自主地发展的工作。所以新图样设计工作的中心任务就是同封建主义的，帝国主义的，买办的残余影响，不良作风进行斗争。

我们的设计总的方向是为了产生新中国的新的人民工艺而努力。这个新的人民工艺必须是民族的，科学的，大众的。

所谓民族的就是要表现出我们民族风格的伟大丰富的内容。旧日景泰蓝中有模仿日本七宝烧的。例如装饰杂花的葡瓶，花纹胎形和色彩都是日本作风。这是我们坚决反对的。我们还反对，例如象牙雕刻中的半裸体美人，或林黛玉式的病美人，那是低级庸俗的。我们还反对一向因袭保守满清平西太元时代的繁琐杂乱，病弱无力的古怪作风。……我们要求承继优良的传统，而且不只是承继，我们还要求发展出新的民族工艺。它们必须是民族的，而更重要的是它们必须是今天的。

……经过一年来的试验，我们发现景泰蓝的表现能力很强。它可以表现出很多种其他的材料所能表现出的风格。景泰蓝能否产生古玉的湿润半透明的效果，也能够有柔瓷的自然活泼，绵缎的富丽，甚至京剧的面谱也给我们以启发。我们曾利用过建筑彩画的手法，战国金银错的手法，唐宋以来乌木或黑漆镶嵌的手法。尤其今春，敦煌文物展览开幕以来，敦煌艺术宝库的丰富内容更供给我们大批材料。……

后来，这个报告发表在同年8月13日的《光明日报》上。

1952年1月，林徽因应《新视察》杂志之邀，撰写了以《我们的首都》为总题的专栏文章，陆续介绍了中山堂、北京市劳动人民文化宫、故宫三大殿、北海公园、天坛、颐和园、天宁寺塔、北京近郊的三座"金刚宝座塔"、鼓楼、钟楼、什刹海、雍和宫和故宫等。

1953年第二届文代会召开，林徽因由于拯救景泰蓝艺术的成果被邀请参加。开会那天，萧乾坐在会场后边的位子上，林徽因远远地向他招手，他走了过去，坐在她旁边，照往常一样悄声说："林小姐，您也来了！"林徽因笑着："还小姐哪，都成老太婆了！"在全国美术家协会的报告上，美协负责人江丰对清华美术小组和林徽因挽救景泰蓝艺术的成果给予了充分肯定和高度评价。

几十年过去了，北京景泰蓝工艺在飞快地发展，由解放初期的几个品种拓展到上百个品种，并显示了综合工艺的水平，已成为世界性的工艺产品。但没有人会想到，是那一双纤弱的手为它涂上了第一抹新生的釉彩！

36

## 灵魂的丰碑

一阕石头的音乐升腾着。

金子一样的天空，通往所有星座的道路全部被它照亮。

石头的音乐向天空生长，天空好像越来越低地俯伏到海面上来，浪花跳跃着，奔跑着，加入这雄浑磅礴的旋律。那阕石头的音乐是一座宏伟的丰碑，它通过漫长的黑夜，伸向天空，新生的太阳给了它所有的颜色，它的身上披满了花环。林徽因从梦中醒来，猛地拉亮电灯，梁思成也被惊醒了，慌慌张张找来药瓶。林徽因说："我不是吃药，给我拿张纸来。刚才在梦里有一个设想，我得立刻把它画下来。"

自从接受设计人民英雄纪念碑的任务，林徽因不知多少次这样从梦中醒来。

1949年秋天，毛泽东主席为人民英雄纪念碑的奠基填了第一抔土。1952年由梁思成和雕塑家刘开渠主持纪念碑设计；参加设计工作的林徽因，被任命为人民英雄纪念碑建筑委员会委员，此时她病得已不能起床了。在起居室兼书房里，她安放了两张绘图桌，与她的病室只有一门之隔。

梁思成每天奔走于城里和清华园之间。在早晨进城之前，他先与林徽因共同制订出一天的工作计划，由助手执笔，随时拿到床前由林徽因指导修改。她的助手是建筑系应届毕业生关肇邺，是个二十岁出头的很机灵的小伙子。

林徽因主要承担的是纪念碑须弥座装饰浮雕的设计，从总平面规划到装饰图案纹样，她一张一张认真推敲，反复研究。每绘一个图样都要逐级放大，从小比例尺的全图直到大样，并在每个图上绘出人形，保证正确的尺度。

在设计风格上，林徽因主张以唐代风格做蓝本，选出许多资料，跟助手逐一分析，详细讲解，掌握基本特点。

林徽因说："盛唐文化是中国历史上的华彩乐段，显示着时代风貌和社会形态。'霓为衣兮风为马，云之君兮纷纷而来下。虎鼓瑟兮鸾回车，仙之人兮列如麻。'这是何等气派！任何艺术从气势和风度讲，显然都应该和社会时代相一致。秦汉雕塑以阳刚之美为主，体现了积极进取的生命力量，而唐代雕塑则刚柔并济，同时吸收了南朝文化的精致、细腻、华美的自然灵气。秦汉雕塑在空间造型上讲究体积的庞大，气势的充沛，以大为美，以充实为美，而唐代雕塑则是浑厚中有灵巧，粗犷中有妩媚，豪放中有细腻，凝重中有轻盈。秦汉雕塑表现为物质世界的扩张和征服，唐代雕塑同时还讲求这种扩张和征服与内心世界的刻画相统一。唐代雕塑代表着完满、和谐，在'比德'和'畅神'方面都作出了努力，基本上完成了中国古代文化艺术的结构体系。这些正是我们要借鉴的。唐代艺术具有与欧洲文艺复兴类似的人文主义特点，能更好地表达人民对英雄的歌颂与怀念。"

林徽因说完，又拿起关肇邺设计的一幅图，半开玩笑地说："这幅好像是乾隆趣味，不配表现我们的英雄。"

经过比较，他们最后选定了一种以唐风为主的风格。

两个月的时间，林徽因和关肇邺画了数百张图，最后选定了以橄榄枝为主体的花环设计。

在选用装饰花环的花卉品种上，他们很伤了一段时间脑筋。最初选用了英雄花，经咨询花卉专家，得知木棉并非中国原产，随后放弃了这一构想。

在上千种花卉中，他们最后选定了牡丹、荷花和菊花三种，象征高贵、纯洁和坚忍。须弥座正面设计为一主两从三个花环，侧面为一只花环。同基座的浮雕相互照应，运用中国传统的纪念性符号，如同一组上行的音阶，把英雄的乐章推向高潮。

1953年8月，北京市政府召开"关于首都文化建筑保护问题座谈会"，梁思成、林徽因也应邀参加。会上林徽因做了长篇发言，从对文物古建筑保护理论、保护原则、保护范围到保护作用，做了全面系统的阐述。她认为，北京是一个无与伦比的城市规划的杰作，城墙与城市是一个完整的不可分割的整体，如果只保存一部分，就破坏了原来的基础和完整性，损失了它的存在价值，希望中央和市政府认真考虑。她激动地说："北京九个城门是对称的，一旦破坏，便不是原来的基础了。再如天坛只保存祈年殿，其他都拆掉，也不是保存文物的办法。"

其实，早在1950年，梁思成、陈占祥就已有上书中央的"梁陈方案"，1951年梁思成又著文提出"建城墙公园"的建议主张，他对"毁城派"说，解决交通阻碍问题也不难，"只要选择适当地点，多开城门即可解决"。他还对某领导人说："五十年后，你们会后悔的！"在保护古代建筑问题上，林徽因也都是站在梁思成一边的。

然而，由于北京古建筑保护形势逆转，1954年以后，城墙和牌楼还是决定要拆除。一时间车奔马嘶，尘土扬天，那些具有文化符号的华夏建筑在一片喧嚣声中灰飞烟灭。北海团城的保留，是周恩来总理亲临勘察，决定中南海城墙南移，马路绕过团城西去，这才得以幸免。这是梁思成面陈总理后唯一的一次成功。

拆城风袭来，林徽因只能扼腕叹息，无言以对。她的身体又一次垮了下来，生命的热能仿佛彻底耗尽了。每到寒冬，她的病情就更加严重，药物已不能奏效，只能保持居室的温度。即使是一场感冒，对林徽因也是致命的。每到秋天，梁思成就要用牛皮纸把林徽因居室的墙壁和天花板全都糊起来，几个火炉也早早地点上。

这年9月，中国建筑学会成立，林徽因被选为理事，兼任中国建筑研究委员会委员，并担任《建筑学报》编委。

1954年6月，林徽因当选为北京市人民代表大会代表，8月10日，《北京日报》介绍了她的简历。

这一年秋天，林徽因的身体实在不能抵御郊外的寒冷，为方便治疗，北京市副秘书长薛子正专门在城内西单北大街整修了一套四合院，装上暖气，让林徽因住在那里养病（林逝世后给了水利部部长傅作义居住）。建筑系教授吴良镛去看她的时候，一个大院落，空空荡荡，只有林徽因一个人躺在一间大房子里，她不讲她的病情，而是问了吴许多问题，对于建筑思想和理论等一些问题，她明显地感到困惑与彷徨，她似乎已疲惫不堪，再无原先的锐气了。不久，林徽因病情恶化，住进了同仁医院。

1955年春节刚过，建工部召开了设计和施工工作会议，各部、局的领导和北京市委宣传部门的负责人参加了这次大会。会上，根据近年来各报陆续披露的基本建设中的浪费情况和设计工作中的"复古主义""形式主义"偏向，进行了激烈的讨论和批判。这次会上，还组织了一百多篇批判文章，已全部打好了清样。

从此，对"以梁思成为代表的资产阶级唯美主义的复古主义建筑思想"的批判，在全国范围内展开了。十多年以后，梁思成在回顾这场批判时，谈了他的困惑和思考。

40年代末，我在美国考察时，国际上新建筑理论又有了发展，我深感我国在建筑理论上的落后。回国后，我把这些理论贯彻到教学中去。但50年代初在开展爱国主义思想教育运动中，批判崇美思想，把这些新建筑理论和我修订的教学计划，统统算在美帝的账上给批掉了。

我第一次看到莫斯科大学建筑系的教学计划和教学大纲时感到十分吃惊，因为它仍旧是沿袭巴黎美院学院派的传统教育体制。但是当时正是学习苏联的高潮，认为苏联的经验都是先进的，便把它照搬了过来。

当时，我也深感不解，怎么斯大林提出的民族的形式，社会主义内容的建筑和我20年代在宾大所学的那一套完全一样？我自己的解释是：苏联建筑与欧美折衷主义建筑之不同，主要在"内容"上。但是在建筑上"社会主义的内容"和"资本主义的内容"究竟有何区别，我之所以说不清，是因为我不懂得什么是社会主义，将来我懂得什么是社会主义时，自然就会懂得什么是社会主义内容了。

我学习了毛主席的《新民主主义论》，对于新民主主义的文化应是梁思成为林徽因在八宝山设计的墓体"民族的形式，新民主主义的内容"这一提法，感到很受启发。我想我们新中国的建筑也应该是具有"民族的形式，社会主义的内容"。认为我过去研究的那些古建筑，它们的形式就是"民族形式"，至于"社会主义的内容"，则我既不了解什么是社会主义，也说不清在建筑中哪一部分才算是"内容"。这一直是梗在我心中的一个问题。

还有一个使我从心底信服苏联的"民族形式"理论的重要原因，就是莫斯科的美。那统一考虑的整体，带有民族风格美丽的建筑群，保护完整的古建筑。再和英美城市的杂乱无章相比，使我深刻体会到社会主义的优越。所以我也就努力学习苏联，提倡"民族形式"——"大屋顶"了。

我承认，在我所受的教育中，"形式主义""唯美主义"的思想影响很深。但是在30至40年代我是反对普遍建造"大屋顶"的，为什么到了50年代，反而积极地提倡搞"大屋顶"呢？我想有两个原因：在客观上受当时"学苏""一边倒"国策的影响。……主观原因则是由于我从事多年的古建筑研究，对古老的建筑形式有很深的偏爱，认为人们反对大屋顶，是因为他们缺少文化历史修养，有"崇洋"思想。

尽管这场批判只发了十几篇文章就草草收场，但一场又一场的批判会、讨论会已使他难以支撑。甚至他与林徽因20世纪30年代合写的《平郊建筑杂录》那篇文章也成为复古主义的典型，被一批再批。而这一切都是无法瞒住与死神做最后角力的林徽因的。

梁思成每次从批判会场回到林徽因的病床边，他们都只是默默地望着，相对无言。

林徽因感觉到，她的生命如下午的日晷，疲惫的影子已经渐渐淡远模糊。

而逝去的一切却随之清晰起来。已经很久不敢再照镜子了，她怕在那块明亮的玻璃上，看到她瘦骨嶙峋的面容和一生跌跌撞撞的路程。那无疑是生命中最残酷的一幕。

梁思成也因肺结核住进了同仁医院，病房就在林徽因的隔壁。然而一道墙壁却如同一座山岭，似乎要把他们永远地分开了。

梁思成没有住院的时候，三两天还能到医院来一趟，现在住在她的隔壁，却一步也不能走近她。他们每天只是通过送药的护士传一张纸条，互致问候。

每到周末和节假日，小弟也到病房陪床。儿子进了北京大学历史系读书；女儿在新华社上班，1953年夏天结婚，将要临产，林徽因住院前还为女儿张罗婴儿衣被等。孩子满月后，女儿立即赶到医院去看她，她不顾自己的病痛，却一副欣慰的样子，高兴地对护士说："你们快看我女儿，她的身体和脸色多好啊！"

曾在清华工作过的女弟子钱美华来看他们。小钱提着水果走进病室，梁思成正在聚精会神地看《西游记》，这是院系调整后两年多的再度重逢。梁思成告诉小钱，林徽因入冬后就住院了，他也因肺部受风寒发烧住院。稍后他把小钱带到林徽因的病房，自己则回病房休息。林徽因的病房比梁思成的病房要大一倍，她几乎被医疗设备包围了。小钱叫了一声"林先生"，过了一会儿林徽因说话了，她关心地问小钱的生活及工作情况，却不谈自己的病情。小钱向林徽因报告了近年特艺公司在梁、林二师的指导和帮助下已走出困境，公司领导很感谢清华大学和两位老师。林徽因听着听着，脸上泛出了喜悦的神情，便说："景泰蓝是国宝，不要在新中国失传。"林徽因每吐一个字时，鼻子上的输氧管便颤动一次。

这是钱美华和林徽因在病床前的最后一次见面。

林徽因夫妇病重的时候，吴良镛借开会之机又到同仁医院看望他们。一进去，他便去楼上高干病房，林徽因躺在病床上，她笑着对吴良镛说："你看我们这对难夫难妇。"吴良镛这次见她，例外地未谈业务，她的情绪还爽朗，而吴良镛的心情却很沉重。

梁思成在他的病室告诉吴良镛，同仁医院为林徽因会诊过，北京名中医施今墨（建国初期北京四大名中医之一）说，从片子上看，她的肺大部分都坏了。她后来也拒绝吃药了……

林徽因的病危通知已经发出。几天来，她一直高烧不退，肺部开始大面积感染。医院领导立刻成立抢救小组，组织医院最精湛的力量，想尽一切办法进行治疗。肺部的感染像一场大火蔓延着，她的生命最后被这熊熊的火焰吞没了。

3月31日晚上，同仁医院打电话到新华社通知她的女儿宝宝，她妈妈病危。放下电话，宝宝立刻赶到医院，但母亲此时已昏迷不醒。护士问她，要不要叫你的父亲过来，宝宝像疯了似的喊道："要，要啊！快叫他过来呀！"护士把梁思成搀过来时，他坐在床前，拉着林徽因的手失声痛哭，他边哭边喃喃地说："受罪呀，徽，受罪呀，你真受罪呀！"

也许是回光返照，这一天深夜，林徽因忽然用微弱的声音对护士说，她要见一见梁思成。护士回答，夜深了，有话明天再谈吧。然而，林徽因已经没有力气再等待了，那最后几句话，竟没有机会再与梁思成说了。

4月1日晨6时20分，林徽因终于告别了这个世界，走完了她51岁生命的里程。

4月2日，《北京日报》刊登讣告，治丧委员会由张奚若、周培源、钱端升、钱伟长、金岳霖等13人组成。

众多的花圈和挽联上，她几十年的挚友——金岳霖教授和邓以蛰教授联名写的挽联异常醒目：

一身诗意千寻瀑，

万古人间四月天。

林徽因的追悼会在东城区金鱼胡同贤良寺举行，钱端升致悼词。追悼会后，宝宝代表家属向同仁医院的医生、护士致谢，感谢他们为挽救母亲的生命所做出的努力。

会场一片唏嘘之声。

追悼会后，林徽因遗体被安葬在八宝山革命公墓。墓由人民英雄纪念碑建筑委员会负责修建，同时还将林徽因生前为人民英雄纪念碑设计的饰雕刻样移在她的墓碑上，碑的上方刻着"建筑师林徽因之墓"。

梁思成为林徽因在八宝山设计的墓体

八宝山革命公墓北隅，绿荫和萋萋青草掩映着矮矮的墓碑。如今碑上没有铭文，没有姓名（碑上所刻姓名在"文革"中被毁，近年恢复），只有一只浮雕花环，橄榄枝环抱着圣洁的牡丹、荷花、雏菊。那是林徽因生前为人民英雄纪念碑须弥座设计的碑样，朴实无华地镶嵌在这里。

一座无字碑。

然而，它却是一方有体温的石头！

这块石头的血液永远不会冷却，它在大地的脉管中汩汩流淌着，温暖着一个祈望。

一座无字碑。

然而，它却是一方能歌唱的石头！

歌手先于英雄死去，它向脚下的泥土、身旁的绿草、面前的白花，歌唱着不朽与永恒。

林徽因追悼会上的遗像（1945年摄）

一座无字碑。

然而，它却是一方有灵性的石头！

它把千言万语，带给了这个世界。那一只永不凋敝的橄榄花环，宁静而忠实地护卫着一个操守。它站在生命之上，站在永恒之上，站在岁月之上，同时它又紧紧贴近了泥土。它守护着一个生活过的人！一个在生活中点燃了她的灵性的人。

太阳把它的光芒大笔大笔地写在广场上。

这里在举行人民英雄纪念碑落成典礼。国歌高奏，红领巾高举起手臂，三军将士高举起手臂，向历史庄严行礼！

一阕石头的音乐，向金子样的天空升腾。通往所有星座的道路，全部被它照亮！

纪念碑上，那一只只永恒的花环，招展着一个季节的新绿！这个时候，是谁把一束芬芳的丁香，放在她那座安详的墓碑之下？

1991年12月至1992年4月终稿
1993年3月初版
2010年9月修订再版

# 主要参考书目

《林徽因　中国现代作家选集》，人民文学出版社。

《林长民给林徽因的信（26札）1913—1923》，手稿。

《林徽因给胡适的英文信（7札）1926—1923》手稿，白增华译。

《梁思成先生诞辰85周年纪念文集》，清华大学出版社。

《梁思成文集》，中国建筑工业出版社。

《建筑师梁思成》，林洙著，天津科学技术出版社。

《梁任公年谱长编》丁文江、赵本田编，上海人民出版社。

《徐志摩文集》，商务印书馆香港分馆。

《徐志摩书信》，晨光编，湖南文艺出版社。

《徐志摩年谱》，陈从周编印。

《徐志摩怀念集》，奉贤次编，台湾兰亭书店。

《徐志摩新传》，梁锡华著，香港联经出版事业公司。

《费正清对华回忆录》，知识出版社。

《梁思成与林徽因》，[美]费慰梅著，中国文联出版公司。

《清华大学史稿》，中华书局。

《东北大学建校65周年纪念专刊》，东大北京沈阳校友会合编（内部）。

《新月派诗选》，人民文学出版社。

《志摩的信》，虞坤林编，学林出版社。

《梁启超和他的儿女们》，吴荔明著，北京大学出版社。

《建筑师林徽因》，清华大学建筑学院编，清华大学出版社。

《发现李庄》，岱峻著，四川出版集团，四川文艺出版社。

《金岳霖回忆与回忆金岳霖》，刘培育主编，四川教育出版社。

《小脚与西服》，张邦梅著，谭家喻译，台湾智库文化出版公司。

《林徽因文集·文学卷、建筑卷》，梁从诫编，百花文艺出版社。

《蒋百里传》，焦菊隐著，中华书局。

《困惑的大匠——梁思成》，林洙著，作家出版社。

《不欢而散的文化聚会——泰戈尔来华讲演及论争》，孙宜学编，安徽教育出版社。

谨向上述著作者

和提供文献资料诸位先生、女士致以衷心谢忱！

# 林 徽 因 家 族 世 系 简 表

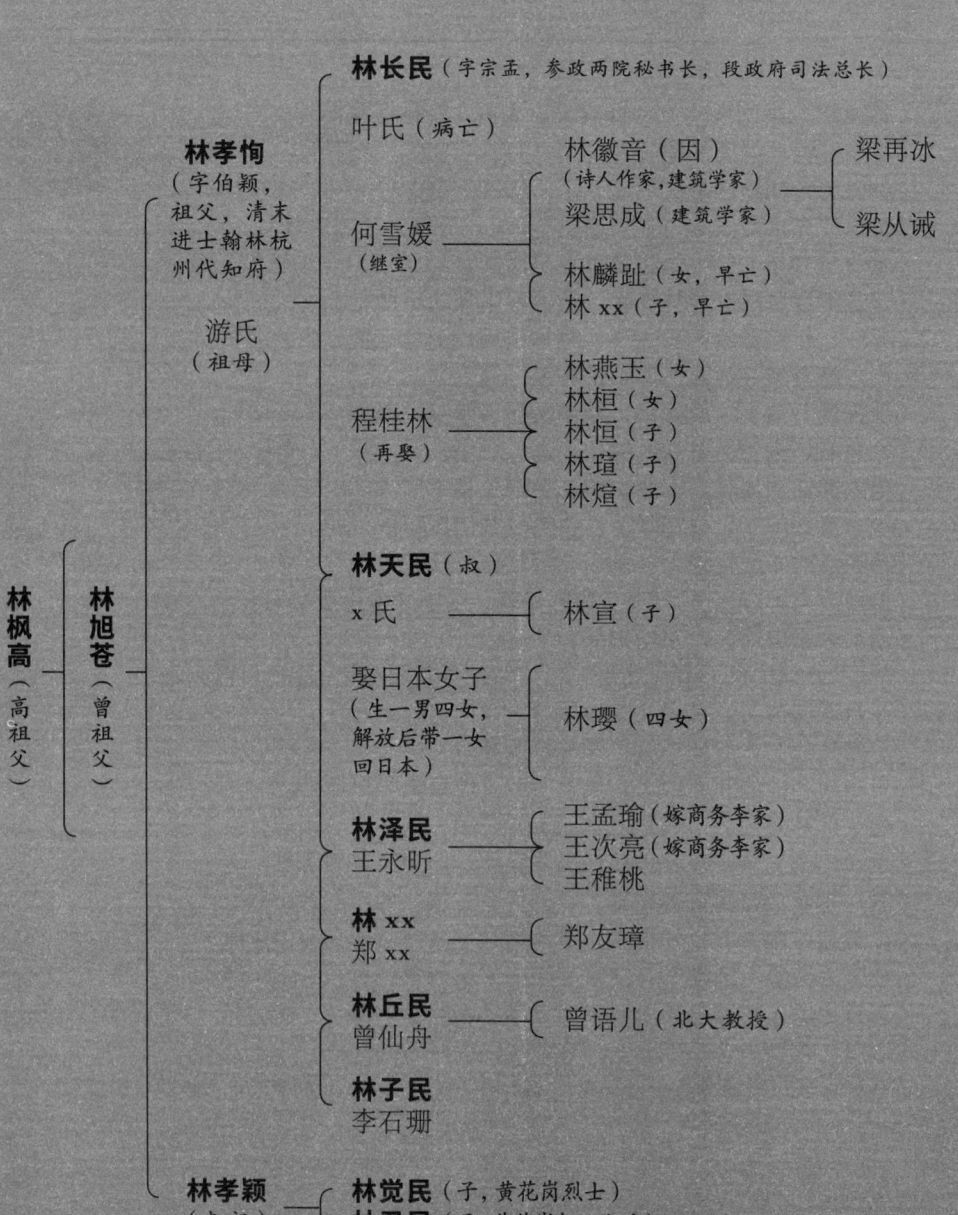

**林枫高**（高祖父）

**林旭苍**（曾祖父）

**林孝恂**（字伯颖，祖父，清末进士翰林杭州代知府）

游氏（祖母）

**林长民**（字宗孟，参政两院秘书长，段政府司法总长）

叶氏（病亡）

何雪媛（继室）

  林徽音（因）（诗人作家,建筑学家）—— 梁再冰

  梁思成（建筑学家）—— 梁从诫

  林麟趾（女，早亡）

  林 xx（子，早亡）

程桂林（再娶）

  林燕玉（女）

  林桓（女）

  林恒（子）

  林瑄（子）

  林煊（子）

**林天民**（叔）

x 氏 —— 林宣（子）

娶日本女子（生一男四女，解放后带一女回日本）—— 林璎（四女）

**林泽民** 王永昕

  王孟瑜（嫁商务李家）

  王次亮（嫁商务李家）

  王稚桃

**林 xx** 郑 xx —— 郑友璋

**林丘民** 曾仙舟 —— 曾语儿（北大教授）

**林子民** 李石珊

**林孝颖**（叔祖）

  **林觉民**（子，黄花岗烈士）

  **林尹民**（子，黄花岗起义士兵）